個の自立と地域の民主主義をめざして

徳永功の社会教育

まえがき

無常迅速。

まだまだ若く老いてはいないという気持ちが強いのだが、気がつくと八十歳という歳を超えてしまった。唖然とし、取り戻すことの出来ない現実の姿を思うばかりである。七十歳の時から腎臓悪化のため人工透析を余儀なくされ、以後、週三日、四時間半の透析を欠かさず続けざるを得なくなっている。この間、幾度か救急車を呼ばざるを得なかった時もあり、ペースメーカーを胸に埋める状態にもなった。なんとか無事に過ごしてはいるものの、終焉の時をふと意識することも否定できなくなった。馬齢を重ねてきた長い間、自分は一体何をしてきたのだろうかと忸怩たる思いである。

敬愛する先輩たちから「書いてきたものをまとめて置きなさい」と助言を幾度か頂き、その時は「残せるほどのものは何もない」と正直に思ってきたのだが、現在は自分がこの世から居なくなったときのことを考えると「自分なりに精一杯努力してきた証」を残して置きたいと思うようになった。色川大吉氏がいう「時代状況を踏まえた自分史」を書き下ろしたいという気持ちもあるのだが、ここでは、取り合えず、これまで書いてきたものを集め、まとめることにした。

国立という地域の中で、主としてめぐまれない青年たちや農村の青年たち、そして向上心を持った婦人たち一人ひとりに向き合いながら、各人が自分の頭で考え、地域の中で生き甲斐のある生活を続け、住みよい地域社会をつくりあげていけるようにという目的をもって、公民館活動に打ち込んできた青春時代であった。

「地域民主主義の確立」のために、いかなる学習実践を具体化し、人と人との連帯をどのようにして強化できるかについて、「都市化」という状況の中で自分なりの努力を続けてきたつもりである。そのことの考え方や実践の内容を求めに応じて書いて来た主なものを拾い集めてまとめた次第である。恥ずかしながら、これが自分の過去のありのままの事実であり、姿である。

読み返してみて、内容の重複する文章があるが、歴史的な経過もあり、部分削除は難しく、調整はあえてしなかった。

敬愛する多くの先輩たちの学恩やさまざまな人たちとの親しい交流を思い起こし、それらの人たちのお陰で、これらの文章もまとめることができた、と感謝している。

解説の文章を小林文人先生にお願いした。小林さんとは長い付き合いである。九州から上京、東京に職を得られた時、国立に長いこと住まわれたご縁で、国立市公民館の運営審議会委員をはじめ、公民館の講師としてもたびたび登壇していただいたが、馴染みの居酒屋でもしばしば飲む楽しみを共にし、公私ともに深い付き合いに恵まれることができた。都立立川社教会館の運営委員もご一緒したが、後に「三多摩テーゼ」と呼ばれるようになった提言の作成を共にするなかで、指導的な役割を果していただいた方である。このような親しく学恩のある小林先生に一文の寄稿を快諾していただけたことは無上のしあわせであり心から感謝している次第である。

はじめての本づくりに際して、エイデル研究所の山添路子さんにはいろいろとお世話をいただき、有り難かった。最後に、不規則で奔放な現役時代を寛大に支えてくれた妻いと子にも深く感謝する。

個の自立と地域の民主主義をめざして　徳永功の社会教育

（注）本書への収録にあたり原文の一部に修正、加筆等を行った箇所があります。

第1章

私と公民館

1　私と公民館

地域民主主義の確立をめざして

原題　私と公民館―地域民主主義の確立をめざして
掲載誌　『明治大学社会教育主事課程年報No.8』明治大学社会教育主事課程、一九九九年三月

1　敗戦の前後

私が公民館活動に青春を賭ける結果になったそもそもの動機（遠因）は、敗戦の前後における教師たちの態度に失望し、自分ならこうしたであろうという教育への思いが心の中に刺さったトゲのように残っていたことである。日本が戦争に敗れて、終戦になったのは昭和二十年八月で、私の生まれた年は昭和五年八月であるから、私の幼年時代はまさに一五年戦争そのものであった。

旧制中学に入学したのは昭和一八年で、太平洋戦争（大東亜戦争と呼ばれた）の真っ只中であった。一年生の時から、農家へ勤労奉仕に行かされた。五年生が班長で数名からなる班が編成され、春と秋の農繁期には、毎日現地集合で、田植えや田の草取り、麦刈りや稲刈りなどの作業に従事した。ある時は旅館に泊まりこんで、牧場（冬はスキー場）を下から上まで開墾させられたこともあった。三年生になると、四、五年生は県内や名古屋の軍需工場へ勤労動員されていなくなり、とりあえずの最上級生ということで、学校に残された。学校を守るということだったが四〇〇mトラックのある運動場を畑に耕して農作物をつくり、さらに泥棒除けの不寝番までさせら

れて、収穫物はすべて教師たちのものになった。工作室と武道場が軍需産業の工場の一部に改造され、そこで職工の真似事をさせられた。

入学の時、両側が花の匂いに満ち溢れた百メートルほどの桜並木の道を歩いて行った時の感激を忘れることはできないが、その桜の木が一本残らず切り倒されて軍需工場の燃料にされ、その一部を炭に焼く作業もさせられ、できた炭はみんな教師たちの家庭に運ばれた。教師たちの家の庭に防空壕を掘ったり、便所の汲み取りをして、畑となった運動場に運ぶといった作業も授業の一環として命令された。町が空襲されたことは一度も無かったが、空襲警報はしばしばあり、その度に、弾薬庫とされていた近くの大きな屋敷の倉庫に駆けつけるように指示され、学校には来なくともよいとされた。大本営移設で有名な松代にあった軍需工場に動員され、雑用のために、一ケ月ほど毎日電車で通ったこともあった。

そのような生活の中でも、それこそ寸暇を惜しんで勉強に励んだことが思い出される。陸軍士官学校とか海軍兵学校といった軍人の幹部になる学校に入るためには、今の東大受験と同様の難関で、目的意識と使命感を燃やしながらの勉強はとても緊張感があり、充実したものであった。四年生から受験できたのだが、昭和一九年には三年生で受験できる海兵予科が設けられた。一年上の学年の数名が受かって、颯爽とした姿が羨ましかった。何故か陸軍が嫌いで、海軍に憧れていた私は、どうしても海兵予科に入りたいと、一生懸命だった。しかし、その夢は受験日の前に敗戦ということになり、実現はしなかった。

以上のような中学校生活は、客観的にはとても悲惨なことであったというべきだが、私の実感からすれば、惨めというよりむしろ生き甲斐のある、充実した毎日であった。だから、そのことに対しては、戦争への恨みよりもむしろ誠に得がたい体験だったという思いの方が強い。

問題は、敗戦後の教師たちの態度であった。戦時中は、朝礼のたび毎に「男なら軍人になれ！」と繰り返し説教され、健気な小国民だった私たちはそれに盲従し、そのために身体を鍛えて、頑張ろうと心に誓ったものだった。疎開してきた生徒が「お父さんから軍人の学校ではなく、高等学校から大学に進学しなさいと言われています」と希望を述べた時には、頭の禿げていた教頭がそれこそ頭から火の出るような勢いで「そんな非国民の態度は許されん」と言って怒鳴り散らしたものである。

ところが、である。戦争が終わった途端、そのような態度を取ったことについての反省の言葉は一つも聴くことはできなかった。後から考えると、教師たちは自分たちも被害者だと思っていたのかもしれないのだが、どうして戦争に負けることになったのか、そして自分たちがどうしてあのような態度を取ってきたのかについての説明も反省もないままで、直ちに占領軍の指示にしたがって、教科書から軍国主義を想起させるような文字や絵のすべてを墨で真っ黒になるほど塗りつぶすことを指示し、まるで手のひらを返したように、「戦争に敗れたのは日本国民みんなが悪かったのだ。だから、これからは軍国主義を全面的に否定し、平和主義と民主主義で行かなければならない」と言い始めたのだった。あまりの変わり方に、我々の幼い心の中には何か釈然としないものが残された。一方では予科練帰りの先輩たちが軍靴で下級生を殴ったりして、校内が騒然としたこともあった。

そういった状況の中で、これからは新しい生き方をしなければならないと模索していた私は、公布前の「新憲法」の解説にやってきた国会議員たちの講演会に積極的に参加し、講演終了後も熱心に質問した。そして、そこで仕入れた知識でもって、「公民」の授業の時に、教師に質問を浴びせたところ、教師はシドロモドロな応答しかできず、そこでも大変失望したことも記憶に鮮やかである。またＧＨＱの指示でフリートーキング（自由討議）という時間が設けられた時、担任教師が、その話し合いのテーマとして「消火用のバケツはだるまストーブの上に置いたほうがよいか、それともストーブの脇に置いた方がよいか」と、全く馬鹿げた提案をしてきたのである。思うに、自由討議と言われても、この教師にはその意味ややり方が分からず、何とか無難にやり過ごそうとしたのである。あまりの馬鹿馬鹿しさに、それまでは大人しかった私ではあるが、多少の批判精神に目覚めていたこともあって、とても我慢ができず、「そんなことより、この学校から追放されるべき教師は居ないのかについてを議題にしたらどうか」と発言したところ、それが職員室で大問題となり、放課後、担任の家に呼ばれて「誰の指しがねか」と責められたし、挙句の果てに、保証人のところにまで報告がなされ、親共々こっぴどく叱られるに至った。そういうことで、教師への不信感と反撥心はますます大きくなっていった。

このような時に、二つの事件が起きた。一つは、音楽鑑賞会の時の出来事である。当時は珍しいことだったのだが、東京から呼んだ軽音楽団の演奏を生徒全員が講堂で聴く催しの最中に、来賓として招いた他校の校長の前の席（長椅子）で頭痛のために横になっていた同級生が、不謹慎であるという理由から「無期停学」の処分をされてしまったのである。この生徒は不良という評判で、成績も良くなく、かねてから職員会議でマークされていたために、ろくな調べもなく、直ちに処分がなされてしまったのである。聴いてみると、本当に頭が痛く起きていられなかったのだとのことで、反省の色も強かった。そこで、彼とは肌が合わなかった私ではあるが　数人のクラスメイトと一緒に「何とか考慮して下さい」と校長のところへお願いに行ったのであるが、しかし納得できる説明もなく、何の配慮もしてはもらえなかった。

そして、その直後に、もう一つの事件が起きたのである。私たちが計画した「レコードコンサート」、それは高等女学校から女学生を招き、胸をときめかせての楽しい企画であった。まだ男女共学ではなく、男と女が席を同じくすることはなかった時のことである。それが始まって間もなく、解説者であった音楽の教師とかねてから仲の悪かった化学の教師が、酔っ払った勢いで怒鳴り込んできて会を無茶苦茶にしてしまったのである。責任者でもあった私は、早速その翌日、校長に対して何らかの処分をして欲しいと申し入れたのだが、これについては何の沙汰もなく、不問に付されてしまったのである。

この二つの事件で、私の憤りは爆発した。生徒の利害と教師の利害が対立している以上、我々は「生徒自治会」をつくって、生徒の利益を守ろうと決意し、断固たる思いで生徒自治会の組織化に情熱を燃やしたのである。それまでの自分は人を積極的にリードできるような性格ではなかった筈なのだが、鬱積していた正義感に突然火がついてしまったのである。当時、「生徒会」というのは、アメリカ流のものが推奨されていて、重要な問題については必ず顧問の教師や校長の事前許可が必要であるという雛型が示されていたのだが、それでは駄目だから、あくまで「生徒自治会」として、顧問教師などは置かずに、生徒のことは生徒自身で決めるという内容で（校長には通告だけはする）規約をつくって、誕生させたのである。クラス毎の役員選挙をふまえ、民主的な手続きの上で、私が初代生徒自治会長に選出された。

以後、朝礼では、校長の挨拶のあと間髪を入れず、教頭の事務連絡などの前に必ず生徒自治会長として堂々と挨拶をし、所信を述べた。それはあらかじめ校長の許可を得たわけではなく、生徒自治会長の地位は校長の次であると勝手に決めての行動であったのだが、咎める教師が一人も居なかったのが不思議であった。相当な背伸びであると思っていたのだが、自分から止めるわけにはいかなかったので、今度は何を話そうかと苦心したものである。内心では、誰か気骨のある教師が「無理をするな」といって、諭してくれるのを密かに期待していたのだが、逆に「困った生徒だ」とか「危険人物である」といった職員会議の噂が聞こえてくるだけだったので、それなら意地でも続けてやろうと、私の抵抗心は強まって行った。

昭和二三年（一九四八）に学校制度が変わり、新制高校に編成された。私の学年は旧制中学五年を卒業し、新制高校の三年生になり、低学年は併設中学校の生徒ということになった。

この時、授業料を値上げするということになった。社会部という部活動をしていた私は、早速アンケートをとったところ「授業料が値上げされると、学校を続けられない」という者が数名出てきたので、これは大変だと受け止めた。生徒自治会長として校長に「値上げしないようにして欲しい」と訴えたところ、「それは県議会で決めることで、私には何もできない」と取り合ってもらえなかった。それでは県知事に会って、提案を取り下げてもらおうと考え、どうせやるならと、数校に働きかけて「北信ブロック授業料値上げ反対連盟」を組織した。同じような考えを持ち、直ぐに呼応する者が他の高校（旧中学校、女学校、実業学校）にも居たことはとても心強かった。会見に応じた社会党所属の県知事は、納得できるような説明は何もせず、「諸君の意見が正しいか、私の提案が妥当であるか、良識の代表である県議会で決めてもらう」と冷たく言い放ったのである。社会党は貧困者の味方である筈なのに、それに選挙権もない我々に対して、その言いぐさは何たることだと憤激し、大人たちや政治というものに失望せざるを得なかった。

このことを知った校長は、「私の顔をつぶす気か。直ぐに止めなさい」と激怒した。「生徒自治会を代表して行動しているので、みんなに報告しないうちは止めることはできない」と言ったら、「それでは、報告しなさい」ということになった。生徒全員が集められ、教師全員も出席した前で、県知事との交渉の経過を報告した後に、校長と生徒自治会長の私の間で議論になった。私の論調が勝り、不利になった校長は突然「みんな教室に戻りなさい」と打ち切ってしまった。そのあとクラス毎に、担任教師が「こういう運動は危険である」などと懸命に説得に当たり、この運動は終結させられた。

このような経験の中で、私はますます教師たちへの絶望感を深めざるを得なかったし、「自分が教師だったら、もっと直接生徒と向き合って、生徒の気持ちを理解し、助言もできたのに」と痛切に思い、嘆き、悲しんだ。そして、「いつかきっと教師になって、生徒のことを良く理解し、生徒から信頼される存在になろう」と強く誓ったのである。

こんな風に述べていると、私という人間はいかにも政治的にませた人物のように思われるかもしれないが、反面、別なことも実践した。まだ敗戦の痛手から立ち直れず、非常に暗かった世相の中で、何か町の人たちを元気付けることはないかと考えた末、仮装行列を全校生徒に提案したところ、みんな大賛成で、直ぐにやろうということになった。昭和二二年秋のことである。生徒たちは嬉々として張り切り、クラス単位に思い思いの趣向を凝らして、町の中をパレードしたのである。町の人たちは予想以上に、熱狂的に歓迎し、喜んでくれた。初めは反対で、なかなか賛成してくれなかった校長は、同窓会の人たちをはじめ、町の多くの人たちからの大評判の反響に驚き、余程感激したのであろう。私宛に「よくやった」「我が校の誇りである」「貴君のお蔭である」などなど、達筆な字で綿々と書き記した巻紙を満面の笑顔で手渡してくれた。

また、そういう私のことをそれなりに認めてくれていたのだろうか、その後は何かにつけて抵抗した私ではあるが、この校長は、私が就職することになった会社の採用通知が労働争議の関係で遅れ、どうなるか分からないといった時に、すすんで小学校代用教員の世話をしてくれ、小学校長宛に丁重な推薦の手紙まで書いてくれた。私からお願いしたのではなかったので、大変感激したうえに、小学校の校長からもぜひ来てくださいという、これも丁重な巻紙の親書が届けられた。そこで進学も就職も出来ないのは許されないので、当てにならない採用通知を待つよりも、いっそのこと小学校の教師になろうと一度は決心した。しかし、四月に入ってから子ども達に会う前に就職の採用の通知が届いたので、後ろ髪を引かれる思いで、父親と一緒にお詫び方々断わりに行った。

昭和二四年のことで、世の中はまだまだ落ちついてはいなかったのである。

2　大学進学か就職か

家が貧乏で、六人兄弟の長男でもあったので、東京への学費送金は到底無理であった。そこでひとつの工夫として、高校時代から奨学金をもらっていれば、大学では引き続いてもらえると考え、親に内緒で手続きをした。しかし、生徒自治会の活動や社会部の活動を熱心に進める中で、次第に共産主義に傾倒し、労働運動で身を立てるのも良いのではないかと思うようになった。友達から何故進学しないのかと惜しまれたが、我が家の経済を恨めしく思いながらも、それでいいのだ、それで行こうと決心を固めた。

受験した中部配電株式会社は、この地方一番の大企業で、非常に人気が高く、百倍近い倍率であった。しかも電気産業労働組合は、『輝ける電産』として、日本の労働運動の花形であった。受験の待ち時間に、どこからともなく聞こえてきたロシア民謡の歌声に、これから始まろうとする新しい生活を思って、胸をときめかせたことが忘れられない。

難関を突破して、見事に入社できたのだが、しかし、現実は違っていた。輝ける電産といわれながら一番下部の組合の職場会は職制の係長が牛耳っており、新人の私などは一言の発言も許されないような、極めて非民主的なものであった。

当時の組合は、それまでリードしてきた共産党勢力が次第に衰退し、反共を旗印にした「民同」（産別民主化同盟）勢力が台頭し、遂に組合の支配権を握るに至った。そして早速取られた戦術として、「組合員の中から共産主義者とその同調者を追放する」という署名簿に署名せよという『0号指令』が出されてきたのである。私は共産党員でも共産主義者でもなかったが、絶対に賛成できないと言って、署名を拒否した。するとその結果をみて、会社は間髪を入れず解雇を通知してきたのである。いわゆる『レッドパージ』であった。

当時の背景は、ＧＨＱの命令による「二・一スト」後の占領政策の転換によって、そして朝鮮戦争勃発後はさらに急激に、共産党の影響力が大きい労働組合が弱体化され、それに対抗する民同派と呼ばれるグループが組織されて、次第に勢力を伸ばしていたのである。この勢力が中心になって、一九五〇年には総評（労働組合総評議会）が結成されるに至り、それまで労働界をリードしてきた共産系の『産別』（産業別労働組合）は見る間に衰退して行った。

私が入社した当時の電産は両者の攻めぎあいの時だったのである。それにしても、組合員が組合員を追い出すとは、私の憲法意識からは到底容認できることではなかった。それに、上部はいかに急進的であっても、企業内組合の下部は職制の支配する非民主的な職場でしかなかった。これは単に電産だけでなく、日本の労働運動に共通した特徴であり、弱さであった。

数学が得意ということで、計算係という職場で、朝から一日中、伝票計算に明け暮れ、それ自体はさして嫌ではなかったが、期待していた労働組合への失望と共に、もっと勉強して、自分を磨かなければと痛切に思うようになった。それにはどうしても大学に行くしかないと考え、三年計画で一橋大学を目指そうと決めた。一年間のブランクの上、一日中のソロバンの疲れで受験勉強は殆ど出来なかったが、小手試しに受けた試験は合格であった。ラッキーとしかいいようがないけれども、試験の内容が、現在のような暗記中心のものではなかったことで、これまでの経験が役立ち、有利に働いたのである。例えば「社会」では、「時事問題」という科目が選択できたので、いろいろの知識が役立ち、とても簡単に問題を解くことができたのである。

一橋大学を選んだ理由は、先ず寮に入れることで、それは経済力のない自分にとっては決定的なことであった。それに親しい同級生がすでに在学していたこと。さらには上原専禄、南博、大塚金之助、都留重人など、講義を聴きたい教授たちが居られたこと。特に、上原先生が東大の宗像教授と対談された『日本人の創造』という本に感銘を受けていたことも大きな要因である。

3 大学生活

全く幸運にも大学に合格できたので、学費を貯めるために、直ちに休学することにした。それまでは僅かながらも家に金を入れていたので、大学に受かったからといって、すぐに喜び勇んで上京というわけにはいかなかった。本当はとにかく上京し、大学生になってからバイトをした方がよかったのかもしれなかったのだが、長男の責任もあり、親に迷惑をかけず自分の力で努力しようと決意したのである。あとで判ったことだが、この年休学したのは自分のほかに一人だけだった。

もう一年間勤めて金を貯めようと会社に残ったのだが、この年の八月に前述のレッドパージで首になってしまったのである。この不当行為には抗議もし、撤回運動にも加わったが、いまから思えば誠に得がたい経験であった。馘首された人たちの大部分は党員であり、非党員の自分に対しては別扱いのところがあった。共産主義者の追放を企てた民同組合はまことに許しがたく、憤りは後々まで消えなかったが、それまでのストライキ中心の共産党の方針にも問題があったのではないかと思われた。たしか半年間、失業手当をもらい、いくらかの蓄えもでき、一年遅れで大学生になった。運良く寮にも入ることが出来、奨学金も高校時代の実績が認められて直ぐに貰うことができて、一応安心して大学生活を送ることができるようになった。

以後、卒業までずっと寮生活を続けたが、このことは青春時代のかけがえのない貴重な体験であったし、精神的にもとても鍛えられたと思う。八畳の部屋に五人も詰められたが、当時の生活の第一のテーマはいかに食べるかであった。部屋では、たまに親元から送られてくる米（当時は配給制度であり、闇米を本類或いは衣類といった偽りの内容でなければ認められなかった）は皆んなのものとして扱われたし、菓子や果物類も当然のことのように共有とされた。最初のときは、せっかく親が心をこめて送ってくれたのだから、大事に頂こう、また親しい友人にも分けてやろうなどと思ったのだが、そんな気持ちにはおかまいなく、あっという間になくなってしまった。なんとも忌々しかったが、それは同室の誰もが経験させられたことであり、そこから嫌応なく連帯感が生まれたことは確かである。

一橋大学にきて良かったことは高島善哉先生の名講義に啓発されたこともあるが、何といっても上原専禄先生の講義を聴くことができたことである。入学して間もなく「歴史学概論」を聴いたときの感動は忘れることができない。目から鱗が落ちるといわれるが、学問とはこういうものであったのかというショックに震え、大学に来て本当に良かったと実感した。三年になって、上原ゼミナールに入れたことも本望ではあったが、しかし、ここでは学問の厳しさを嫌というほど感じさせられ、自分には到底学究の道は進めないことを思い知らされた。つまり、先生があまりにも偉大すぎたのである。にも拘らず、この先生にめぐり合えたことは本当に光栄なことであり、かけがえのないことであったと感謝している。

「寛容」をモットーとされた先生は、卒論のテーマには何を選んでもよいとされたが、しかし何故そのテーマを選んだのか、それが自分にとってどういう必然性があるのかをものしずかに、しかし厳しく追及された。君はこういうテーマを研究したらどうかといった指導や助言は一切されなかった。大事なことは自分で決めなさいという態度を貫かれたのだが、正直なところ、私にとっては大学三年ほどの学習経験ではとても無理なことであったので、卒業を一年延ばしていろいろ考えたのだが、それでも納得のいくテーマを見つけることはできなかった。今から思えば、当時熱心に参加していたサークル活動に関することを取り上げれば良かったのだが、いやしくも大学の卒論である以上は原書の一冊や二冊を読みこなさなければどうしようもないと言う気持ちに妨げられ、四苦八苦したのであった。その辺のところを先生にぶつけてみるべきだったのだが、あの時はそれすら恥ずべきこととして一人で悶々としていたのである。

意外にも「優」という評価を頂いたが、残悔の思いは消えていない。

4 文教地区指定運動

さて、大学時代のもう一つのかけがえのない経験は、サークル活動との出会いである。三年になって国立にある中和寮という大学の寮に来て程なく「土曜会」というサークルに参加することになった。「土曜会」とは何であったか。それを説明するためには、どうしても「文教地区指定運動」について触れなければならない。

「文教地区指定運動」とは、国立の住民にとっては何よりも先ず生活防衛のための闘いであり、それを踏まえての、新しいまちづくりの運動であった。

一九五〇年六月、朝鮮戦争が勃発した。それはいわゆる北朝鮮と韓国の間の戦争で、背後にはそれぞれ中国・ソ連とアメリカがついており、私は長い間、アメリカの指しがねで南の韓国側から仕掛られたもので、いわばアメリカ帝国主義の共産主義への挑戦であると言った説を信じて疑わなかったのだが、最近では、初めに攻めたのは北朝鮮の方であったということが事実として確かめられている。ソ連があっけなく崩壊した今となっては何の不思議もないと思われるのだが、当時は、ソ連は人類が到達した理想の社会であり、そのソ連がいやしくも他国に侵害する筈がない、と日本の進歩的知識人たちは誰もが信じていた時代であった。他ならぬ自分もその一人であったのである。

何はともあれ、この朝鮮戦争はあらゆる意味で戦後史の一大転機となった。すなわち、それまでは軍国主義絶対否定であった占領政策が変更され、朝鮮戦争のための武器や弾薬を、操業停止を命じられていた日本の軍需産業に対して特別に注文するといった事態が生じ、そのことによって日本の経済は俄かに息を吹きかえし、いわゆる「特需ブーム」が起こり、それが奇蹟的ともいえる急速な経済復興、経済発展のきっかけをつくったのである。また、マッカーサーによる五大改革指令の一つとして行われた「労働組合の結成奨励」によって発展した労働組合が、次第にアメリカ占領軍の意に反して左傾化したために、ＧＨＱの指示により労働組合法が改正され、遂にはレッド・パージが実施されるに到った。

これ以後、日本における民主主義は共産主義に対抗する意味を持たされることになった。即ち、民主主義という言葉が「共産主義の脅威に対抗するためには、よく民主主義的に訓練された人間を育成しなければならない」という意味で使われるようになり、それまで社会教育の分野で盛んに行われていた憲法学習を主とした政治教育は好ましくないものとして、ご法度にされてしまったのである。このように、朝鮮戦争は占領政策の大転換をもたらし、わが国のその後のあり方を決定づけた画期的な事件であったのだが、わが国立町はその影響をもろに受けることになった。

そもそも、国立町は戦後に発展した町である。戦争で家を失った人達が子どもの教育のために少々不便ではあっても、閑静な所で、新しい出発をしたいという願いをこめて国立に移って来たのであった。今でこそ国立の地価は一流ブランドの評価をうけているが、当時は比較的安く求めることができ、新しい気持ちをもって移住してきた人たちは漸く落ち着いた生活ができると、ホっとしたところであった。

ところが、朝鮮戦争の兵站基地とされた立川基地に隣接する国立町は、瞬く間に立川基地の慰安所とされてしまったのである。学生向けの下宿屋が一夜にして横文字のホテルとなり、あちこちに連れ込み宿が建てられた。駅前では米兵相手のポン引きがうろつき、一橋大学の構内でも白昼から若いアメリカ兵と「パンパン」と呼ばれた日本の女が戯れるようになった。当時の家庭には風呂がなく、銭湯には性病の危険があって女湯には行けないという不安が広がった。また当時は水道が敷かれる前で、生活水は専ら井戸水に頼っていたのだが、アメリカ将校がオンリーさんを囲うためにつくられたハウスのトイレの水が垂れ流しのために、井戸水が汚染され飲めなくなった家が出てきたのである。

さらに、ホテル業者を中心にした大掛かりな特飲街が計画されていると聞き、何とかしなければと、まず母親たちが立ち上がった。国立地区（当時は谷保村字国立）に住む大学教授やサラリーマン、それに学生も加わった有志約五〇名を発起人として、「国立町浄化運動期成同志会」が組織された。この同志会が、具体的には都の「文教地区建築条例」の指定を受けて、ホテルや特飲街などの新築を阻止しようとしたのである。この条例は都条例第八八号として、一九五〇年一二月七日に制定されたばかりのものであるが、これ以上悪化させてはならないという願いの最大公約数をそこに集約できたことは大変適切なことであった。一橋大学後期学生自治会と教職員を中心に、国立音大と町内の三つの高校も加わって「国立町浄化運動大学学校連合会」も組織された。

そして、国立地区有権者の九割（四五〇〇名）と通勤通学者の署名合わせて一万人の請願に対して、町議会はそれをあっさり可決したが、しかし業者勢力からすぐさま猛反撃が開始された。運動を「アカ」「反米運動」と決めつけ、町に繁栄のためには特飲街も必要で、文教地区になれば地価は下がり、人口も減って町はさびれるといった宣伝を利害関係の深い商店や農民に向かって行い、「国立町発展期成同志会」をつくり、反対請願を町議会に提出した。これによって、本村（農業）派の議員たちは業者勢力と同調し、町議会は前の議決を覆して、その請願を採択した。また、業者勢力は金で暴力団を雇い、浄化運動の推進者たちを追いかけ脅迫し、ときには暴力を振るった。

ふりだしにもどった混戦状態の中で、新たに「私たちの住んでいる所を文教地区に指定するための会」をつくり、地区内の全世帯に呼びかけた。こうして、業者勢力の影響下にあった商店街にも「町の本当の繁栄はアメリカ人や特飲街ではなく、健康な環境における住民の増加によってもたらされる」という説得活動が効を奏し、商店の過半数が支持者になった。反対派の議員がＰＴＡの総会で不信任されて、役員を下ろされることもあった。さらに運動が続けば税金の不払いやリコールにまで発展しそうな盛り上がりの前に、遂に農村地主代表の町長が譲歩し、従って農村勢力が崩れて、町議会は一票差で再度「文教地区指定」を可決した。

かくして、運動が始まってから半年後の一九五二年（昭和二七年）一月に、都議会の承認も得られて、「文教地区指定」が確定した。この結果、驚いたことに、既得権を持っている筈のホテルや連れ込み宿の殆んどが、あたかも洪水の水が引くように営業を停止し、町は元の静かな姿に戻っていったのである。これ以上悪化させてはならないということで始められた運動が全く予想外の成果をもたらしたことに運動に参加した人たちは全く目を見はる思いであった。「文教地区」とはただ一定の区域の中に風俗営業などの建築をしてはならないという制限が適用される地域にすぎないけれども、運動に参加した人たちの実感からすれば、不満や要求を結集し、自分たちの住んでいる所を住み良い所、納得できる所に変えていくことを通して、日本社会の民主化にも役割を果たしているのだという自信と誇りの拠り所となった。つまり、「文教地区」という言葉はこの時から新しい町づくり、地域民主化の象徴という意味をもつことになったのである。

また、この運動を通して、いままで軽く考えていた町長や議員の権限や役割はとても大きなものであるという認識も深めた。この運動の何よりも大きい成果は、幅の広い民主勢力の広汎な連帯が形成されたことである。つまり、国立を文教の町、住民が安心して住める町にするためには、政府を支持する人も反体制派も、あるいは神を信じる人もそうでない人もみんなが結集し、力を合わせて努力することが大切で、当たり前のことだという認識が共通のものになったのである。アメリカびいきで国際経済専門の一橋大学教授が中心的存在であったし、一人しか居なかった共産党の議員も積極的な協力者であった。「文教地区指定」といった目標では生ぬるいので、「朝鮮戦争反対」「アメリカ兵よ帰れ」といった運動にすべきだという主張や動きが一部にあったが、もしもそのような目標で運動が進められたとしなら、恐らく運動は失敗に終わり、逆に国立は立川歓楽街の一部分になっていたかもしれない。当時は血のメーデーに象徴されたように、世情騒然とした激動期であり、山村に解放地区を作って革命の拠点にするといった理論が本気で考えられ、実際に西多摩の山村に入り、昼は農業の手伝いをし、夜に説得活動をするといった大学の先輩たちがいたことなどを対比して考えると、このときの住民運動がいかに適切であり、すばらしいものであったか感嘆しないわけにはいかない。

新しい町づくりの意欲に燃える文教派の人たちは、次から次へと提起された問題に対して積極的に立ち向かった。

昭和二七年（一九五二年）八月、国立町自治体警察の廃止案が町議会で可決され、国家地方警察に移行することについて住民投票でその是非が問われることになった。これも朝鮮戦争を機に行われたアメリカの占領政策転換の一つであるが、既に二六年（一九五一年）後半から全国の自治体から自治体警察が消えていた。しかし国立町の文教派の人達は、自治体警察が町で選んだ公安委員を通して、住民の意向に従う立場にあるのに対して、国家地方警察は米兵の取り締まりには無力なうえに、浄化運動に敵意を持っていたことを実際に体験していた。浄化運動期成同志会の組織は「国立町地方自治擁護会」に改組されて、住民投票に備えた。町長は本村の一〇の部落を動員して対抗した。住民投票の結果は、投票率は有権者の七四一一人の六一％に及んだが、廃止反対票は四割強の一八三八票にしか達せず、自治体警察署は廃止された。しかし、東京都の平均投票率は三割台で、その八割までが廃止に賛成という実態に比べれば、国立住民の関心がいかに高かったかが伺われる。

昭和二七年一〇月、初めてにして最後になった教育委員の選挙を迎えた。文教派の人達は、まちの警察権が取られた上は、子どもの教育環境を守るために、また日常化している二部授業を解消するために、自分たちの代表を送り込もうと、定員四名に対し三名を立候補させた。（教育委員定数五名の内、一名は議員から選出）本村業者勢力の候補を含め七名で争われたが、三名は全員当選した。この時も、教育委員制度に対する国民の関心は極めて低く、東京都の平均投票率は三五％にすぎなかったが、国立は五四％で面目を保った。この公選の教育委員会制度も、労働組合などの反体制派が委員に選ばれた結果、首長にとって政治がやりにくいといった理由などで、国会で大問題にはなったが、三一年に任命制に強引に切り替えられてしまった。

敗戦後、日本の民主化の方針は、アメリカ占領軍の強い指示で、国民主権の新しい憲法のもとに、警察の主体はそれまでの国家警察を廃止して自治体警察におき、また教育の主体はそれまでの文部省の官僚支配を廃止して市町村の教育委員会に置くべきことを明確にした上で、新しい民主主義を支える財政は市町村優先主義をたてまえとすべきことを明らかにしていたのである。それが、ほどなく、自治体警察は国家警察の復活によってくつがえされ、教育委員会は文部省の教育統制の復活によってくつがえされるとともに、市町村財政の優先も国家優先の復活によってくつがえさせられてしまうのである。朝鮮戦争を機に、アメリカの世界戦略は反共・軍事化路線の前線基地に日本を位置づけるために占領政策の急激な転換が行われたのである。

5　土曜会への参加

何はともあれ、国立では文教地区指定後、一応静かな姿に戻った町の中に、婦人や青年の文化活動、サークル活動が活発に展開されるようになったのはいわば当然の帰結ともいえることであった。

婦人たちは文教地区指定運動の最中、会員千名を擁する「くにたち婦人の会」をつくった。婦人会とはせずに、意識的に「婦人の会」とネーミングしたところに、単なる地域婦人会とはちがうのだという意欲の現れをみることができる。事実、趣味的な行事や連絡だけの組織ではなく、婦人議員から町政報告を聴いたり、町の政治とも直接関わりあう活動を始めた。また、これからはみんな仲良くしようと町民運動会を企画し、全町のあらゆる団体に呼びかけて実施した。

青年たちも運動の中で有志の会をもち二六年八月に「土曜会」を発足させ、学生も国立在住の青年も通勤のサラリーマンも気楽に土曜日に集まろうということになった。初めは二〇名ほどの集まりであったが、次第に加入者が増え、後には一〇〇名を超えるほどになった。活動の内容はコーラス、人形劇、演劇、詩、読書、ハイキング、レコードコンサート、新聞発行など、実に多彩であった。会員が増えるにつれて全員が集まることが困難になってきたので、会の組織をサークルとは別に、四つのブロックに分けた上で、ブロック・サークル代表者会議をつくり、それらを統括する本部を設けた。

実際に土曜会とはどのようなものであったのか。当時、土曜会に入会したN君は、入会の感想を次のように記している。（土曜会機関紙第七号）

「たった一回でしたけれども、皆様と一しょに唄いました。土曜会ってなんて素晴らしいのでしょう。特定の社会、すなわち、学校生活と教会生活しか知らない私は、まずそう感じたのです。本当に楽しい会です。若い人達が実にのびのびと自然に交際し、お互いの青春を喜び合う事ができるなんて、とても素晴らしい事です。この会は確かに成功しています。皆よい方たちでよく協調しています。悪い印象は今の所全然ありません。様々な考えをもった青年が自由に考えて自由に行う。何の偏見も先入観もなく物事に当たってみる。之が私には是非必要なのです。それでも思った事を自由に行うには、それだけ広い常識と批判のできる基礎が必要です。私は科学の事はチョッピリ知っていますが、文化的な方面に欠けています。土曜会を通して社会的な諸問題を勉強して行きたいのです。」

一橋大学時計台前の池のほとりで、よくみんなで合唱したことも懐かしく、あの当時は、男女が一緒に居ることだけで新鮮なときめきがあった。歌は主にロシア民謡が多かったが、特に「小さなぐみの木」は土曜会歌と言われたほどによく歌い、男女二部合唱のハーモニーに酔いしれたものである。歌声運動やメーデーにも参加したことが思い出される。そして、婦女子が夜道を一人歩きすることがかなり危険であった当時においても、この会に入れておけば間違いないと親達の信頼もかちえていた。それでも女性会員の一人がある昼下がりに米兵の車で追いつめられ、拉致されるという痛ましい事件が起きた。

さて、自分のことであるが、二八年（一九五三年）四月に国立の大学構内にある中和寮に移転してきて間もなく、土曜会の有志が入会を勧めに来たので、直ぐに入会することに決めた。それまでは小平の寮にいて、国立のことには殆どかかわりを持つことはなかったのだが、食うや食わずの寮生活を送りながら、寮友たちとつくった平和問題懇談会の中で、何かをしなければいけない、何ができるかといった議論を繰り返していた。就職は大手の銀行や大企業ではなく、例えば、地域の信用金庫に勤めるべきではないかなど、真剣に語り合ったものである。

二七年（一九五二年）のメーデーには寮の責任者として全学連のデモに参加した時、警官の銃で撃たれ、シャツが真っ赤な血で染められた人の姿を目の前にし、自分も危うく撃たれそうになった衝撃は強烈であり、その怒りとともに、社会変革への想いに駆られていた。

しかし、空手の練習で手を血に染め、やわな自分をもっと鍛えねばならぬと真顔で言い、山村工作隊への参加を勧める共産党のあり方には到底ついていけないと思った。地域の中で何かをしよう、そして、卒業後は中学の教師になろうという気持ちを固めつつあった。そのような時に「土曜会」への誘いがあったのだから、一も二も無く、ごく自然に入会できたのである。山村に解放地区をつくって拠点にするといった革命理論が支配していた状況の中では、町の中のサークル活動などはどこか軽々しく考えられていたし、自分自身も初めはサークル活動に対して、一体それは社会変革にどれほどの意味をもつものであるかという疑問を抱きもしたが、会員たちとの仲間意識が強まる中で、次第に深入りするようになっていった。納得のいく卒論を書きたいと卒業を一年延ばしたのだが、土曜会や町の中の活動に熱中して、図書館にこもりきりというわけにはいかなくなってしまった。

土曜会ではさまざまな経験をしたが、私が最も熱心にやったものは図書サークルの活動である。文教地区になったのに何も無いのは淋しいので、図書館をつくろうということで、会員が自分たちの本や本棚を持ち寄り、約三〇〇冊で開館させた。昭和二九年一月、場所は国立会の六畳二間ほどの狭い事務所の一隅を借り、毎週三日（水、土、日）の夜、会員が交代で貸し出し当番をした。本を増やす工夫として、一冊五円ほどの貸し出し券を買って貰い、貯まった金で新刊書を購入し提供した。さらに、寄贈本や委託本を集めて、二年間で約一五〇〇冊まで増やした。新聞を発行したり、読書の集まりを行った他、時代意識と大きなずれを感じた十進分類法を何とか納得できるものにならないかと挑戦したこともあった。本を借りに来た人の中には住み込みの店員もいて、いろいろと話し合ったり、相談にのったことも思い出される。小さな図書館経営ではあったが、私たちは意気揚々としていた。

一九五四年三月一日、アメリカのビキニでの水爆実験によって焼津のマグロ漁船第五福竜丸が大量の放射性の灰をあび、乗組員の一人久保山愛吉が急性放射能症で死亡した。このことが契機になって、日本国民の間に原水爆禁止を求める声が急速に高まり、杉並の一主婦が始めた署名運動は、忽ちのうちに日本全土に広がり、翌年九月には原水協（原水爆禁止日本協議会）が結成された。国立においても、一九五四年秋、原水爆禁止運動を発展させるために「くにたち平和協議会」が結成され、翌（一九五五）八月六日、七日の両日、第一回原水爆禁止くにたち大会が開かれた。人口二万余の町で、約二千名も集まるという盛況ぶりであった。このとき、私は実行委員会事務局の次長として関わった。準備もいろいろ大変で、この夏こそは卒論の勉強に集中しようと心していたのだが、とてもそれどころではなくなってしまった。国立駅前のロータリーに舞台をつくったのだが、予算も無かったので、私が居た中和寮の食堂の机を借り出して組み立てた。その机はとても頑丈で重かったのだが、約一〇分の道のりをリヤカーで一つ一つ運んだものである。まさしく手づくりの、純粋な平和への思いが満ち満ちていた大会であった。

この第一回国立大会の成功は、次の年にも受け継がれ、町内一六団体が「くにたち原水爆をやめさせる会」を結成し、第二回原水爆禁止くにたち大会が開催された。八月五日、都立五商の講堂で開かれたこの第二回大会には一〇〇〇名を超える町民が集まり、「原水爆禁止運動は政党、政派を超えた人間のヒューマニズムから生まれたものであって、それらの願いを一つに集めて、これからも運動を進め、犠牲者の救援につとめることが私たちの任務である」という運動方針が明らかにされ、承認された。因みに、このときの記念講演は上原専禄先生で、私が交渉役で、快諾していただいたが、平和運動の熱心な推進者であった先生は求められれば、どんなに小さな会にでも労を惜しむことなく出向いていかれた。このときの講演も感銘深く、元気の出るものであった。

6　公民館設置運動

文教地区指定運動以来、国立地区（以前は谷保村字国立）では、土曜会や国立婦人の会の活動が急速に盛んになっていたが、しかし公に使用できる集会所は一つも無く、私立の幼稚園（音大付属）や和光保育園、国立会の事務所や応善寺の本堂、時には個人宅を利用せざるを得ない状態にあり、町の集会所を求める声は次第に大きくなっていった。そこで昭和二七年に廃止になり、国警立川署の派出所として使われていた自治体警察署の建物を公民館として活用しようということになった。二八年七月には国立会、国立婦人の会、文教地区協会、土曜会、中央商工振興会、東区商工会などによって、国立町公民館設置促進連合委員会が設置された。同会は各方面に働きかける一方、町当局と町議会に対して公民館設置の要望書を提出した。他方、土曜会は「公民館とはどういうものか—国立町に公民館の設置を願うにあたって—」というパンフレットを作成し、宣伝活動を展開した。さらに二九年一二月には、正式の請願書を町長と町議会と教育委員会に提出した。しかし、同年一二月の町議会では、公民館設置の前提となる公民館条例の制定は延期とされた。町長をはじめ文教地区反対派が多数を占めていた町当局は何かにつけ、文教派の動きが気にいらず、公民館設置に対しても頑なに反対しつづけたのである。

新しい町づくりに燃える文教派の人びとは、佐藤町長の三選を阻止して、新しい町長と町会議員を選び出すために、二九年一〇月に「国立町政懇話会」（政治団体等資金規制法による届出団体）を結成した。会員数ははどなく三〇〇名におよんだ。共産党から保守党支持者までを包含したこの組織の最大公約数的基本方針は『民主的な町政を実現すること』に置かれ、そのためには町長と町議会議員の過半数を獲らなければならないという判断に立っていた。懇話会は町内各地域で集会を開き、町政に対する住民の要求をまとめ、七つの柱で、四一項目の具体的な実現目標を『新しい町づくりの方針』として、選挙にのぞんだ。三〇年四月、大激戦の末、危うしと見られた懇話会公認候補の町長は僅少差で勝ち、議員も定員二六名中、懇話会一二名（うち共産党一名）、社会党一名、社会党系一名の系一四名を文教派が獲得した。このとき立候補した町長候補は懇話会の第二候補であった。信望の厚かった第一候補が固辞したためで、第二候補では支持と反対が半々に分かれたのだが、町の民主主義実現のためには、小異を捨てて大同につくべきであるとする良識で統一され、選挙戦では、各町議候補はまず町長候補の支持を訴えてから自分たちの抱負を述べるという見事な統一を示した。

かくして、町政懇話会の政策が一つ一つ実現していくことになったのだが、ここで注目すべきは、新議会では、重要議案はすべて一三対一二で議決されたことである。議会に臨む前には必ず、町長と町議それに教育委員長が加わって、意見の一致をみるまでは徹夜をかけてもとことんまで討議し尽くしたのである。共産党員もおり、保守党支持者もいる町政懇話会に、さらに是々非々の社会党支持者が加わって論議が行われる以上、徹底的論議以外に町政に対する革新勢力として選挙民の期待と信頼に応えうる道はなかったのである。議長を与党から出しているので、もしも意見が対立し、たった一人が反対派にまわることが起きたならば、一三対一二は忽ち一二対一三に逆転してしまう恐れはいつでもあったのである。

このことの意味は非常に重大であったといわなければならない。選挙民に公約した四一項目の政策は町政の民主主義を守り、新しい町づくりのための具体的な実現課題であって、それは選挙民の信頼に応えようとする姿勢を失わない限り、誰もが賛成できる筈のものであったことを意味するし、また既成のイデオロギーや所属政党の指示に盲目的に従うのではなく、何よりも先ず地域の生活の実態や住民の具体的な要求や願いを尊重することがいかに重要であるかを物語っているともいえよう。今から考えると、共産党も社会党も地域での組織がまだ小さかったから、幅広い革新勢力の中で中核的役割を果たすという意向が強く、それが結果的に会の統一を保っていた側面があったのである。そして、この実践は多くの政治学者から注目され、高く評価された。

この選挙に土曜会も積極的に参加し、中心的存在であった赤松宏一氏が立候補し、最高点で当選した。二五歳に数ヶ月足りなかった私は、もしも被選挙権があったら恐らく立候補していたかもしれないのだが、このときは二五歳になったばかりの青年代表の事務責任者として働いた。

アルバイトだけの生活だったのだが、選挙運動中はそのアルバイトも休み、熱心に活動した。トップ当選の知らせは、当日参加していたメーデーの途中で聴き、わがことのように嬉しく、感動したことが忘れられない。同時に、これからの土曜会は、限られたサークルの殻に留まることなく、新しい町づくりのためにも積極的な役割を果たさなければならないという自覚を新たにしたのであった。以下の文章は土曜会の新聞（三〇、五、一八）に私が書いたものである。

「土曜会が今度の選挙で果した役割は非常に大きなものがある。この点僕たちは土曜会員であることの誇りをもっと強くもってもいいと思う。しかし、それと同時に僕たちは、今度の選挙を期にして土曜会が町の人たちの意識に大きく浮かび上り、新しい町づくりのための大きな希望と期待とを託されたのだということを決して忘れてはならないのである。即ち、土曜会員である僕たちの活動は、ただ自分たち仲間だけの楽しみに満足するものではなく、町の人たちの期待に応えるだけの仕事を現実に押し進めて行かねばならない道義的な責任があるのである。（中略）土曜会が今後町の中でしてゆかなければならない仕事、そして土曜会員でなければ出来ない仕事が現に僕たちを待っているのである。その仕事というのは、言うまでもなく公民館活動のことである。」

私の意識は、新しい町づくりの原動力としてサークル活動を考えており、そのために必要な公民館（それは何よりも自由な集会の場を意味した）を一日でも早く実現させることであったが、この時はまだ自分が公民館職員になると思ってはいなかった。教職の単位を取って、中学の社会科の教師になろうと決めており、少し欲張って英語と商業（職業）の科目も履修していた。

昭和三〇年四月の選挙でいわゆる文教派が勝利することによって、町民に公約した政策が一つ一つ実現していったのだが、その第一番に六月の議会で公民館設置条例が提案され、自治体警察署跡を公民館にすることが可決されたことは、誠に意義深いものであり、大きな期待が寄せられていたことを物語っていたといえよう。一一月三日の文化の日に開館式が行われたのだが、自ずから公民館長を買ってでた早坂教育委員長は後に次のように述べている。

「文化の日を期して公民館の開館式を挙げたとき、未だ公民館の予算は一銭もなく、あるものといえば自治警察の古い庁舎と寄付して貰った檜の看板一枚だけだった。来賓諸公は借り物の紅白の幕の前で、茶わんに注がれた一杯の番茶にとまどい、やがて苦笑したものであった。わが公民館の最初の仕事は、警察署の留置場の太い大きな格子を自分の手力で打ち破り、それを市民のひろばに仕立てあげるという極めて象徴的な作業であった。」

早速、公民館運営審議委員会は設けられたが、専任職員は翌年四月まで待たなければならなかった。私はそのとき青年団体代表として土曜会から運営審議会委員に選ばれ、さらに教育委員長兼公民館長から公民館のこれからの方針や具体的な活動について研究してほしいという特別の要請があった。自由に使える集会の場をつくることだけははっきりしていたが、正直なところ、そこから先何をしたらよいのか皆目見当がつかなかったのである。私自身も公民館の設置を積極的に願い、訴えてはいたものの、公民館活動の具体的な内容については何も判ってはいなかった。

ただ、公民館運営審議会委員は、単なる館長の諮問機関ではなく、まさに住民のニーズを具体化し、実践していく役割を果たさなければならないと考えていた。私の認識では、当時東京には公民館の数は少なく、これといって参考になるものはないと思われたし、世に存在する公民館に対するイメージは時代遅れで、魅力のないものであった。

そこで、公民館が盛んであると聴いた長野県の中野公民館を訪ねることにした。自分の郷里が近くの須坂だったので、帰省の折に尋ねていったのである。そこに東大卒の千野陽一（のちに東京農大の教授）という人が職員として活躍されていることもわかったので、彼に是非会いたいと思った。尋ねた時、彼はどこかの部落に出かけており、会うことは出来なかったが、館長の細野浩三氏が自宅に招いてくれ、炬燵で向かい合って、いろいろと話を聴かせてくれた。話の内容は全く覚えてはいないが、初対面のこの先生の人柄と態度に感銘を受け、その時いただいた館報「文化なかの」にまぶしいような刺激を与えられたことが忘れられない。そして、公民館職員になってやってみようかという思いを強くしたことは確かであるが、決めかねていたことも事実である。この時は、四月から中学校の教師になろうと、東京都の試験に好成績（学科、面接ともA）で合格し、練馬区に就職口が決まりかけていたからである。郷里の本家に当たる主人の兄さんが練馬区の教育長をしており、相談に行ったところ、一橋大学卒ならもっと他に勤めるところがあるだろうにと言いながら、それでもどうしても教師になりたいのなら、喜んでどこかにお世話しましょうと太鼓判を押されており、その通知を待っている状態だったのである。一方、公民館でも四月から職員を採用するための予算を組んでおり、私に白羽の矢が立てられていたのである。

考え悩んだ末、公民館職員になろうと決めたのは、およそ次のような理由からであった。第一には、これまで自分が町の中で活動を続け、公民館の設置にも積極的に関わってきた以上、これから始まろうとする公民館活動に対する責任と期待を背負っており、無責任に逃げることはできないこと。第二には、土曜会でのサークル活動を通して、地域におけるサークル活動こそが日本の民主主義の原動力になりうるのではないかという考えを固めつつあったこと。そして第三には、親しい友人たちとの話し合いの結果、中学校の教師も結構だが、むしろ未知な公民館活動の方が面白いし、君にはふさわしいのではないかと奨められたこと。

このようにして、私は昭和三一年四月に公民館職員になった。一人分しか組まれていなかった職員の給料が少し多めだったので、どうせやるなら一人より二人のほうがよい、給料は少なくなってもよいからと教育委員長に懇願して、町役場に願書を出していた寺西君（成蹊大学卒）を一緒に採用してもらうことに成功した。彼もプレスタウンという所で、「武蔵野会」というサークルに属して活動していたので、町役場より公民館の方がよかったのである。当時の教育委員会は公選制のもので、実権があり、実力者の教育委員長の考え方一つで大抵のことが動いたのである。

7　公民館職員としての努力

このようにして、国立町公民館の職員になったのだが、しかし、国立町役場の職員になったという気持ちは全くなかった。自分はあくまで、サークル活動や文化活動の代表として、新しい町づくりのために役割を果たすのだという気負いがあったし、当時の町役場の雰囲気は旧態依然としており、自分とは全く関係のない別世界であるというのが正直な気持ちであった。

私が公民館職員になったことについては、様々な反響があった。私に好意を寄せてくれた人でもどうしてと首を傾げる人が多かったし、私が前期のゼミでお世話になった哲学の教授は「君は倉庫番になったそうではないか。私に相談してくれれば、いいところに世話をしてあげたのに」と言って哀れんだ。親達も理解に苦しんだようである。一方、文教派に反対の人たちや町役場の職員たちは赤い異質分子が乗り込んできたと戦々恐々のようであった。新聞も珍しがって地方版に取り上げた。というわけで、多くの注目を集め、期待と自負を抱いて入職したのだが、いざ中に入ってみると、予想外な事務や雑事が多くて、なかなか思うようには動けなかった。なにしろ掲示板一つ作るにも予算書と首っ引きで、支出命令書に許可印をもらうために、役場の会計課長のところへ、自転車で一〇分程の肥溜めのある畑道を通ったものである。

そんなわけで、二ヶ月ほどもたもたしたが、職員としての最初の仕事は警察署の建物を壊して、集会の場を作ることであった。四〇万七千円の予算しかなかったが、青年房、婦人房、少年房、接見室、監視室などを取り払って、事務室、謄写室、集会室、図書室などを作るために、無い知恵をしぼった。自由な社会教育をすすめるための基本条件の一つは集会の場の確保であり、それを具体的に整備するのが行政の役割であるから、職員としての手始めの仕事、公民館活動の第一歩が集会のための場づくりであったことはとても嬉しいこと、素晴らしいことであり、いわば象徴的なことであったといえよう。

優先的に図書室を設けたのは土曜会図書館を引き継ぐためであった。中心の一人であった私が公民館に就職したので、いわば持参品として、私に任せようということになったのである。その頃、土曜会は会の運営が次第に不活発になり、会の存続をめぐっての論議が続けられていたこともあり、その意味でも私への期待が大きかった。いってみれば、私は、図書館活動のみならず、土曜会の活動のすべてを背負って、公民館活動を始めなければならなかったのである。図書館を持ちこんだことで、すぐに月一万円の購入費を獲得した。当時の私の給料が九千円足らずであったことからすると、かなりの額だったと評価できるし、出納専門の職員も是非ほしいと訴え、間もなく女子職員一名を採用でき、早速八月から公民館図書館を開館させた。たった三人の職員ではあったが、夜しか来れない人たちのために、週三日は午後九時まで、さらに日曜日も祝祭日も開館し、一人でも多くの住民にきていただきたいと努力した。そのためか、僅か一三〇〇冊程度の蔵書にもかかわらず、この年度の利用者は五七〇名にもなり、翌年度は千名を超えるというように、予期以上の盛況ぶりであった。

ところで、職員としてこれから仕事をすすめていくについて、私が考えた目安はおよそ次のようなことであった。

第一には、今までの自分の在り方からして、何よりも先ず町の民主化路線に沿いながら、青年や婦人の自主的な活動や要求に応えていくこと。

第二には、職員として給料をもらって勤める以上、仲間たちや関係してきた運動への奉仕だけではなく、もっと広く町民のさまざまな要求に応えなければならない。とりわけ文教地区指定に反対した本村地域には何があっても飛び込んで行くこと。

第三には、この二つのことをするためには、どうしても自信のもてる自分のペースと活動の在り方をしっかりさせなければならない。

つまり公民館職員の果たすべき独自の役割と責任を明確にすること。

この当時の本村ではまだ農業が成り立っており、後継者である長男は義務教育終了だけの者が多く、彼らを中心にした青年団活動はかなり活発であった。一〇の部落にそれぞれ支部があり、それを統括する本部役員が選ばれて、団の運営がなされていた。この青年たちを対象にして青年学級が開設されていたので、直ちにそれを引き継ぎ、毎週二〜三回は必ず通い、できるだけ多くの青年と親しむようにした。ぺん習字と活け花が中心だったが、青年団の文化部の青年たちに働きかけて図書部をつくり、公民館図書室の本のほかに新たに青年向けの本を予算の許す限り購入し、本を読むことを勧め、ときには読書会も行った。自分の頭で考えることのできる青年を一人でも増やしたいという願いからであった。学級が終了したあとは、しばしば元気のいい青年たちに誘われ、舗装されていなかった甲州街道をオート三輪車で、立川の飲み屋に連れて行かれ、遅くまで付き合わされた。また支部の飲み会には一級酒所望で招待された。当時一級酒は貴重品扱いでなかなか買えなかったのである。あまり飲むことに慣れていなかったので、帰りにはしばしば吐き、苦しい思いをしたことが懐かしい。

部落ごとにできた婦人会に対しては、部落推薦の壁を破って、議員に立候補できるような婦人が一人でも出てほしいという願いを胸に秘めながら接した。封建的なしきたりが根強い部落環境の中で、女性が一人前扱いされるためには、当落に関係なく、自分の意思で敢えて立候補するような人が先ず一人出てくることが必要ではないかと思ったのである。

そのような判断と勇気を養うためにと、読書会を勧めたところ、二ヶ所でやりたいという希望が出て、早速始めることになった。簡単な小説みたいなものからやりたいという意見には、指導性を発揮して、自分ではなかなか読めないものとか、考えを深めることのできるような本を読むべきです、と説得して、丸岡秀子「女の一生」、本山政雄・浦辺史「主婦の生活設計」、高桑純夫「現代に生きる思想」、上原専禄「世界の見方」などをテキストに選んだ。やり方は二週間に一度集まり、家での予習は一切しないことにして、集まったところで、順番に一人に一ページほど声を出して読んでもらう。一応のくぎりまできたところで、チューターの私が必要な解説をしたうえで、自由に意見を言ったり、話し合う。脱線してもかまわないし、むしろ歓迎で、とにかく誰もが発言できるような雰囲気づくりに配慮した。会の終わりには、青年歌集からロシア民謡などを用意していき、私が口移しで教え、みんなで合唱してから解散した。このようにして、一年ほどすると、みんなの気持ちがだんだん変わってきて、日常生活の中の不満や問題について率直な意見が出されるようになってきた。例えば、夫の態度の問題、農家の主婦の休養日の問題、選挙の部落推薦の問題、当時の社会的事件であった勤務評定の問題について、熱心に話し合われたことが思い出される。

この読書会が行われた下谷保部落は本村地区一番の大きな部落で、公民館からは大分離れてもいたので、その公会堂に公民館図書室の分室をつくりたいという提案をしたところ、やりましょうということになった。しかし、ことは簡単には運ばなかった。公会堂の片隅に本棚をおいて、週一回、分室を開くためには、公会堂を管理している部落の役員の許可が必要なのだが、町会議員でもあり、部落のボスでもあった責任者は、図書を置くなんてとんでもない。それはアカのすることで危険だ、といって猛反対した。私も説得に行ったが、なかなか承諾は得られなかった。青年団の支部には青年団のOBでもあったボスから直ぐに手が廻って、協力は期待できなかった。そこで、たまたま会費制の結婚式を進めていた青年がいたので、その仲間たちに働きかけて、「下谷保に図書分室をつくる会」をつくり、賛同者を増やしながら説得活動を続けた結果、漸く承諾を得ることができた。それからは、このメンバーが自主的に運営・管理をしてくれた。図書分室は、この下谷保の他に久保部落と立川市に近い立東地区にも設けたが、何れも婦人中心の自主グループの熱心な活動があって実現させることが出来た。そして、そこでも図書の出納事務だけでなく、読書会を勧め、私がチューター役を勤めた。

公民館の発足当初は、視聴覚活動が非常に盛んであった。まずPTAの地区活動に頼まれて、幻灯会を行った。当時の幻灯会は非常に原始的なもので、一こまずつ手で動かし、一つ一つ台本を読み上げていくものであった。一つの地区で好評だと、次から次に依頼が来るようになった。弁士役を懸命にやったものだが、もっと面白くしてやろうと、休みの日を返上して、音楽入りの録音に汗を流したこともあった。次には、各地の広場や小学校のグラウンドなどで行った映画会も人気があった。昼間のうちに、地面に棒をたてて幕を張り、校舎や公会堂などの建物の中から長いコードを引っ張って映写機をセットした。その映写機も初めのものは大変重かったが、自転車で遠くまで運んだものである。「女中っ子」、「おふくろ」、「警察日記」、「血槍富士」、「二十四の瞳」、「野菊のごとき君なりき」、「次郎物語」、「しいのみ学園」、「絵を描く子供たち」「台風騒動記」など沢山のものを上映したが、広場やグランドにはいつも大勢の人たちが集まり盛況であった。野外だけではなく、特に農業地区には家庭に映写機を持ち込んで、「話し合い映画会」なるものを盛んに実施した。当時、東映が一時間程度の社会教育映画に力を入れており、「父の座・母の座」「主婦の時間割」など割と面白い、気のきいたものを作っていたので、それらを観た後で話し合いをしたのである。これはとても打ち解けた雰囲気で、効果があった。

さらに「定期ニュース映画会」を組織して実施した。これは隔週に一度、約一時間ほどの時間に、ニュース映画を中心に短い文化映画を一～二本観るというもので、「特に日常生活に忙殺されている主婦に見ていただき、新しい知識と広い視野を養って、私たちの生活に役立てたい」という趣旨で実施された。初めは公民館で午前と午後の二回だったが、直ぐに遠くの地域でも実施しようということになり、立東地区では午後三時から、そして南部農村地区では午後八時から上映することになった。半年一二〇円の会費制にしたが二〇〇名を超える申し込みがあり、毎回盛況裡に続けられた。

ニュース映画のフイルムは新聞社に掛け合って、本社まで毎回借りに行った。初めは朝日新聞が貸してくれたが、二ケ月で断られたので、今度は地元の毎日新聞の販売店に協力してもらい、長期に借り出すことが出来た。全くの一日仕事だったが、借り出しは前日の午後だったので、あらかじめ試写をして、時にはニュース解説も行った。

昭和三一年一一月には、早速文化祭を組織した。予算も実績もなかったので、初めはこじんまりとしたものだったが、第三回からは「町民のつどい」を中心の行事に設定した。それは、文教地区、農業地区を問わず、全町の団体が一堂に会して、それぞれの出し物を披露し、交流を深めようというもので、これには文教地区に反対した地区の婦人会もこぞって参加し、非常に好評であったし、少なくとも数年間はメイン行事として盛り上がりをみせた。

8　公民館の主体性の確立

公民館発足の当初、私が最も苦労したことは、公民館の主体性を如何に確立し、公民館活動独自のペースをどう作り上げていくかであった。待望の公民館ができ、活動家の一人であった私が公民館に入ったので、平和運動を進めてきた人達は早速公民館を原水協運動の事務局にして、私を便利に使おうとしたのである。みんな仕事を持っていて忙しかったので、その意味では当然のことだったのだが、私は町民の税金から給料をもらって勤めた以上、自分の役割は全住民のサービスのために働くことであり、そして民主主義路線をもっと広げるための独自の仕事を切り開いて行くべきだと考えていたので、そこにくいちがいが生じたのである。そのことを懸命に説明して、事務局を断ったが、充分には理解されず、辛かった。しかし、あの時に、もしも気安く要求に従っていたら、その後の公民館は一体どうなっていただろうか。「平和」という概念は最も普遍的で、誰もが認めているものだから、公民館に事務局があっても当然のことなのだと主張して譲らないのである。そのようにせっかちで、自己中心的な考え方では運動そのものも発展しないだろうし、最終的な目標は同じであっても、公民館の独自の立場も認め、全体の中で、それぞれが適切な役割を分担すべきである、と私は反論したのである。

とにもかくにも、私はそのような一種の圧力と闘って、公民館を町の民主化のために独自な役割を果たすべき教育中心の機関として定着させようと努力し、政治的次元でのみ物事の価値を評価するのではなく、政治的にはむしろ積極的中立の立場を堅持し、一人一人の住民の願いに応え得る存在になることを目指したのである。それはまことに切ない努力であり、辛い闘いであった。もともと教育への思いが強かったので、私の考え方は組織や集団よりも、まずひとりの人間を大切にすることが先決であると考えていた。「教育とは一対一の対決である。一年かかって一人でもよい。価値はミニマムに。その代わり粘り強く頑張ろう」と絶えず自分に言い聞かせていたのである。

また、私がいくら特別の理由から採用されたといっても、いつまでも勝手に公民館に居られるという保障はなかった。教育委員会は間もなく昭和三二年一〇月から任命制に変わり、公選の委員が全員残留になって、教育委員会の相対的独自性は保持されたとはいうものの、文教派の町長は何かにつけ、半分は好意をもって私を町の他の部署に抜擢させたがったのである。自分は公民館以外の所へは決して行かないと固く決意していたし、また教育の仕事は二年や三年では何もできないとの判断もあったから、特に実力者の教育委員長には身分の保障を約束させ、守って欲しいと懇願した。幸い、教育委員長も任しておきなさいと言ってはくれたが、それでも栄転ということで押し切られる不安がなくはなかったので、たとえ辞めざるを得なくなっても半年ぐらいは食っていけるような貯えもしていた。

さらに、公民館の客観的地位を認めさせるために、公民館は一つの課並の仕事をしているのだから、その主任は当然課長待遇であるべきだと主張し、三五年四月からは、格付けは係長ながら課長会には常時出席という資格を獲得し、さらに三八年四月には正式に公民館主事を一等級の課長として認めさせた。そしてその実績を踏まえて、四二年には公民館庶務規則をつくり、「課長としての副館長の下に、管理係長、指導係長、図書係長をおき、指導係には社会教育主事有資格者を、図書係には司書有資格者をもって充てる」という内容で、教育委員会で正式に決定し、市の例規集の中にキチンと収録させた。私には直ぐに副館長の辞令が出されたが、町役場の中で出世しようという気は全くなかったので、自分に関わることとはいえ、極めて冷静に主張し得たのであった。まだ役所の整備機構が不充分で、職員数も百名程度の時期から公民館の位置付けについて積極的に努力し、執拗に食い下がって公民館の主体性の基礎をつくったことは私の密かな誇りである。

ここで公民館運営審議会の声明のことを付け加えておきたい。私は公民館職員の法的位置付けが何もなされていないことが不思議でもあり、不満でもあった。学校に専門職の教師が居るように、社会教育の学校とも言うべき公民館に専門職が位置付けられていないのはおかしいと思っていたので、三四年の社会教育法改正では公民館職員の規定が明確になることを期待していたのである。しかし、示された原案には「公民館主事をおくことができる」という文句が入れられただけで、その代わり、「社会教育主事を専門職として市町村の教育委員会に必置する」ということになったのである。これではまさに逆であり、学校に教師を置かないで、教育委員会に指導主事だけを置くに等しいようなものではないかと愕然とし、何とかせねばと公民館運営審議会に訴え、この改正案の内容について詳しく説明したのである。社会的には「社会教育関係団体への補助的支出」がこのときの最大の問題であったのだが、それらを含めて、今回の改正案には同意できないので、国立町公民館運営審議会としてその旨を声明し、文部省をはじめ、広く関係者に訴えようということになった。昭和三三年一二月九日付けで出された声明書の文面は次の通りである。

「私共は、いま国会において審議中の社会教育法改正案は、社会教育の官僚統制を助長し、社会教育関係団体の自主性を犯すおそれがあり、また社会教育の中心である公民館に関する規定が非常に不充分であると認めますので、この改正案に反対します。」

これを見た文部省では、国立町公民館の職員は一体誰なのかと詮索し、注意人物としてマークしたという。

私は、法改正後の三四年に、やむを得ず社会教育主事講習を受講したが、教育委員会に社会教育主事という制度は作らずに、あくまでも公民館中心でいくことにした。今もって国立市にその制度はないが、その代わり、前述のように、公民館の指導係（現在は事業係）は社会教育主事の有資格者を置くことにしたのである。

私が意識的に行ったもう一つの努力は、「公民館の使用料は無料とする」という条文を教育委員会規則の中に明確に位置づけたことである。私が就職した時には、既に有料の使用規則が型通りに作られていたのだが、どんな団体でも自由に使用できるためには無料でなければならないとの判断から、使用料は一切取らないことにした。幸いなことに、「公民館は社会教育法第二〇条の目的に使用する場合には使用料を徴収しない。」という条文があったので、それに全部該当するということにしたのである。しかし、貧弱な施設が利用団体の組織的な要請によって増設され、それなりに整備されてくると、議会の中で使用料を取るべきであるとする受益者負担の意見が次第に強く出されるようになってきたのである。

そこで、有料制を前提としている公民館規則を改正して、はっきりと無料を明記し、この議論に終止符を打って置かなければならないと考え、教育委員会に改正案を提出した。昭和四四年九月のことである。この時は、私も多少の理論武装をしており、社会教育法第三条の規定の解釈や図書館法第一七条を援用して、国民の権利としての社会教育を保障するためには無料が当然であると力説して、教育委員会の合意、賛成を得ることができた。このように改正された国立市公民館使用規則は全国的にも極めて稀であるが、それ故に他市の公民館に対しても一定の影響力を及ぼしていった。

9　都市公民館への志向

実質二人の職員で、東奔西走、夜昼なしの活動を進めながら、公民館の存在理由を明らかにするためにどうしてもしたいし、しなければならないと考えて、情熱を燃やして実施した事業は「現代教養講座」であった。その趣旨は『私たちは忙しい毎日の生活の中で、ともすれば目先の仕事に追われて、自分が生きている時代や社会のことを忘れがちです。私たちが団体やサークル活動の中で活動し、運動をしようとする場合に大変重要なことは、一つの団体やサークルにとらわれない大きな視野をもち、全体の見通しの中で自分の態度や行動をきめていくことではないでしょうか。現代における教養とはまさにそのようなものでなければなりません。』といったもので、第一回現代教養講座は次のような内容であった。

①新しい勉強の仕方　重松敬一
②現代における文学　亀井勝一郎
③映画の見方　瓜生忠夫
④原子力と世界の動き　渡辺誠毅
⑤世界における日本の立場　岡倉古志郎
⑥憲法をめぐる政治　中村哲
⑦日本経済の現状　木村禧八郎

「知は力なり」という想いから、講師にはその道で最もふさわしいと考えられた一流の人たちにお願いした。どのような人を講師に選ぶかがまさに勝負所で、総合雑誌などをよく読んで研究した。この実施については、公民館長を兼ねていた教育委員長から意外にも時期尚早と反対されたが、懸命に説得して実施にこぎつけ、聴講希望者を募集したところ、当時の人口は二万六千人程度だったが、予想外の一二〇名を超える参加者があり、大成功であった。

この時は公民館の講座室は狭く、百名も収容できる会場を確保するのに一苦労であった。一橋大学に交渉して、やっと学生食堂を借りることができたが、天井の高い、講義には全く不適切な空間で、講師の先生に申し訳なく、お詫びしたことが記憶に残っている。つまり事務官僚が頑迷で、教室や他の集会室は学生以外には使わせないということで貸してはくれなかったのである。しかし、悪条件にもかかわらず、講義の内容はどれも新鮮で、感銘深いものであった。終了後のアンケートでも、今後も是非続けてほしいという希望が圧倒的であったし、公民館の年間事業の中でも一番の評価を得たので、私たち職員は大きな自信をもち、以後は毎年恒例の人気事業として、参加者の輪が広がっていった。三四年度は私が法改正に伴う社会教育主事講習に通ったために実施できなかったが、第二回から第六回までの講座内容は次のようなものであった。

第二回（昭和三三年度）

①主婦の生き方について　神埼かおる
②日本の教育について　国分一太郎
③世界はどのように動いているか　内山敏（読売新聞）
④原子力をめぐる世界の動き　那須聖（毎日新聞）
⑤アジア・アフリカの原状　梶谷善久（朝日新聞）
⑥日本経済はどうなっているか　島津国臣（毎日新聞）

第三回（昭和三五年度）

①物の見方考え方　国分一太郎
②主婦の生き方　堀秀彦
③政治を見る目　丸山真男
④新聞・テレビを見る目　藤原弘達
⑤経済を見る目　遠藤湘吉
⑥社会を見る目　きだみのる
⑦世界と日本　上原専禄

第四回（昭和三六年度）

①現代におけるものの見方・考え方　上原専禄
②ソ連の経済力　野々村一雄
③日本における人種の問題　戒能通孝
④日本経済の問題点　美濃部亮吉
⑤現代政治の見方・考え方　嬉野満州男
⑥国際関係における現代の危機　渡辺誠毅
⑦自分で考えるということ　亀井勝一郎

第五回（昭和三七年度）

①日本政治の見方・考え方　高畠通敏
②新興宗教の社会的意味　高木宏夫
③中国で考えたこと　亀井勝一郎
④日本経済の診断　伊東光晴
⑤社会の見方　加太こうじ
⑥国際政治の見方・考え方　森恭三
⑦現代におけるものの見方・考え方　久野収

第六回（昭和三八年度）

①私たちはどんな時代に生きているか　小松茂夫
②日本政治のしくみと私たちの課題　松下圭一
③平和運動の問題点と今後の課題　日高六郎
④地域社会における主婦の生き方　山代巴
⑤日本経済のしくみと問題点　遠藤湘吉
⑥中ソ論争と国際情勢　野原四郎
⑦現代におけるものの見方・考え方　高島善哉

特に、三五年（一九六〇年）に実施された第三回の講座には三〇〇名をこえる申込者が殺到した。当時の町の人口が約三万人だったことからすると、これは驚くべき反響だったといえるが、企画者の私にはある程度の予感があった。それは、テレビや新聞で毎日大きく取り上げられ、日本全体が騒然とした中で、日米安全保障条約が強行採決された異常事態を目の前にして、一体日本はこれからどうなるのだろうか、私たちは地域の中で何をどのように考えていったらよいのか、という想いや疑問が主婦の胸に大きなわだかまりとして残ったと実感されたからである。自分としても、これは日本の民主主義にとって重大な危機であると認識しており、これから地域の中で何をすべきか真剣に考えていた。そのような問題意識で講座を企画し、それこそが公民館職員の果たすべき役割であると自覚していた。講師の先生方にはそのような思いや地域の状況を詳しく手紙に書いたり、或いは直接お会いして説明し、快諾を得ることができた。

ここで、どうしても付け加えておきたいことがある。それは結果的には総合雑誌の編集者が羨ましがるような顔ぶれを並べることができたが、しかし講師の依頼交渉の中で、「疲れました。もうごめんです」とか「今更地域の婦人たちに話したところで意味はない」などくどくど言って、断った人達のことである。この人達は少し前までは、安保問題の重大性を説き、講師料などは要らないから、地域の人達に話す機会をつくって欲しいという態度を示していたのである。結果が強行採決ということになり、「この先どう考え、どうしたらよいのかという地域の主婦たちの気持ちに、今こそ答えて欲しいのです」と熱心にお願いした私に対する返答がそれであったのである。私は、都合で断られることは仕方ないにしても、こういった反応の中に、知識人といわれる学者や研究者たちの脆さと独り善がりと無責任さを痛感させられ、だからこそ私たちが地域の中で積極的に役割を果たさなければならない、と改めて自覚させられたのである。

現代教養講座は第一回から成功を収め、年々盛況さも増し、国立公民館の人気事業として定着したが、職員としては単なる聴き放しの講演会に終わらせないために、講演内容をパンフレットにして参加者以外の人たちにも配布し、それをテキストにした学習会を行ったり、また公民館だよりに学習資料として講演要旨を載せ、後始末を出きるだけていねいに行った。特に三五年の講座終了後は、聴講者で会をつくりたいという動きがあったので、それを積極的に手助けして、会員一〇〇名の「いずみ会」が生まれた。この会はその後、自分たちの力で講師を招いたり、学習会をするなど、活発に活動を展開して行った。

しかし、この「連続講演会」は多くの人たちを集め、それなりの効果もあげ、公民館のイメージアップに大いに役立ったことは確かであるけれども、参加者の中からもっとじっくり掘り下げた学習をしたいという声が出されてきたのである。その理由として、参加者の大部分を占めていたのは三〇歳代後半から四〇歳代の主婦たちであり、この人たちには戦争のために求めても得られなかった高等教育への憧れがあり、それが子育ての一応終わった今本物の学習への意欲がいちだんと強まり、ほとばしり出てきたのだ、と私には感じられた。

そこで、企画者として、もう一歩突っ込んだ学習形態のものに発展させてみようと考え、三九年度は内容を「例年より一歩進めて、社会科学の最も重要な部門ともいうべき歴史、思想、経済の諸問題を、原理的なもの、本質的なものをふまえながら、時間をかけてじっくり掘り下げてみましょう」ということで、同じ講師が連続四回の講義を行うものにしたのである。初年度は

(1．歴史) 歴史的なものの見方と現代の生き方 (大江志乃夫)
(2．思想) 個人的な思考と集団的思考 (久野収)
(3．経済) 日本経済のとらえ方 (本間要一郎)

の三コースを実施した。

各コースとも定員を一〇〇名に限定したが、別に「月例講演会」という、時局問題中心の講演会を企画、実施して、層を狭めないような配慮もした。

第八回（一九六五年度）からは名称を「市民大学講座」と改め、さらに政治と文学を加え、内容を豊かにしていったが、一九六八年度からは市民大学講座の内容設定をジャンル別よりテーマ別にすべきであると考え、そのテーマ設定を
（1）私たちが現実に直面している問題
（2）日常関心をもたざるをえないまたはもつべき問題
（3）原理的に確認しておきたい問題
（4）より掘り下げて考えてみたい問題
という視点から具体化しようとした。編成に当たっては、既成大学の型にはまらないよう、また狭い意味の政治主義におちいることのないように意識した。東京都公民館連絡協議会発行の「東京の公民館三〇年誌」によると、国立市公民館の市民大学講座に触発されて市民大学ブームが起こったと記されていることからすると、この事業が三多摩の公民館に大きな影響力を及ぼして行ったことが分る。

一九六九年度は（1）差別問題、（2）人権問題、（3）子供の文化、（4）近代化と人間、（5）婦人と社会をテーマにし、各テーマごとに五人乃至六人の講師を選んだ。実際の内容は次の通りである。

「差別」
①沖縄を考える視点（新崎盛暉）
②日本人にとっての朝鮮（山根二郎）

③ヒロシマに学ぶもの（小西綾）
④人種差別―その背景と現実（鈴木二郎）
⑤部落―人間同士を分かつもの（住井すゑ）

「人権」

①公害と市民生活（戒能通孝）
②心身障害者と社会（古川原）
③刑事裁判と人権（正木ひろし）
④医療と人権（川上武）
⑤生活保護とその現状（小川政亮）

「子供の文化」

①遊びと子ども（森久保仙太郎）
②音楽と子ども（筧三智子）
③美術と子ども（鈴木五郎）
④テレビと子ども（上笙一郎）
⑤マンガと子ども（副田義也）
⑥子どものための文化施設（小川信子）

「近代化と人間」

①近代化とは何か（伊東俊太郎）
②日本の近代化とアジアの平和（小島晋治）
③月ロケットの成功とアメリカ社会（岸田純之助）
④文化大革命の意味するもの（野村浩一）

「婦人と社会」

⑤人間にとって豊かさとは何か（神島二郎）

①おんなの歴史（もろさわようこ）

②婦人と学習（1）（なだいなだ）

③母親にとって子どもとは何か（小川利夫）

④婦人と学習（2）（牧瀬菊枝）

⑤婦人と職業（樋口恵子）

⑥婦人と市民運動（松下圭一）

このようにして、市民大学講座は年々その数も増していった。職員数も増加していたが、私が社会教育課長として異動する（一九七三年）までのテーマだけを列挙すると、

（一九七〇年度）

①「くにたち」―私たちの自治体と住民の役割（松下圭一他三名）

②「中国と日本」（竹内実、尾崎秀樹他三名）

③「家庭」（丸岡秀子、樋口恵子他四名）

④「子どもの能力と発達」（滝沢武久、羽仁協子他三名）

⑤「伝統と革新」（橋川文三、高畠通敏他三名）

⑥「日本の教育」（持田栄一他四名）

⑦「詩作への招待」（山本太郎四回）

⑧「美術の見方・考え方」（釘生一郎四回）
⑨「国家の原理とその思想を考える」（広松渉四回）

（一九七一年度）

①「女の歴史」（もろさわようこ他四名）
②「民衆思想史における伝統と革新」（安丸良夫四回）
③「日本の民主主義」（日高六郎、久野収他三名）
④「大衆と文化」（安田武、福田定良、加太こうじ他三名）
⑤「公害」（宇井純二回）
⑥「女の戦後史」（もろさわようこ五回）
⑦「沖縄戦後史」（新崎盛暉五回）
⑧「文学をどう読むか」（桶谷秀昭四回）

（一九七二年度）

①「女性解放の思想」（山崎朋子五回）
②「日本の教育はどうあるべきか」（梅根悟、宮原誠一他五名）
③「宇宙と人間」（草下英明他三名）
④「現代日本の精神構造」（見田宗介四回）

⑤「幼年期」(筧三智子三回)
⑥「日本とは何か」(藤田省三四回)
⑦「子どもと本の世界」(佐々梨代子、尾上則子)

一九六六年(昭和四一年)度からは、さらに一歩をすすめて「市民大学セミナー」を企画、実施した。この「市民大学セミナー」の趣旨は、「受け身で聴く講師中心の学習ではなく、参加者自身が講師の指導と助言を得ながら、積極的に調べ、報告し、討論するという原則で行われる。定員は討論が充分にできるリミットの二〇名とし、毎週或いは隔週に開講。一〇~一五回の学習を積み重ねて、ひとまず終了ののち、可能な限り、参加者自身で記録を作成する。その記録作成はいままでの学習の経過と内容をできるだけ刻明に追体験しつつ、記録に残す作業の中で、他ならぬ自分自身の認識力や主体的な判断力を確かなものにしていくという意図のもとになされるものである。」

実際に一九六六年から一九六九年までに実施されたものは、別紙一覧表(六五頁)の通りである。初めは、「大変高度なもので、近寄りがたい」という意見が出されたり、ある学者からは「そんなものはエリート教育であって、社会教育ではない」と痛烈な批判を受けたけれども、募集の結果はいずれも定員を超えて参加者が集まった。一六コースの中でも、非常に充実し、うまくいったものもあるが、比較的低調に終わったものもないわけではない。しかし今までのものと違って、きびしい学習であったにもかかわらず、脱落者が殆ど無かったことからすると、このような学習こそが求められていたのではないか、と私は確信した。

つまり、これからの成人教育は、一定の段階をマスターすれば、次の段階に進み、さらに高度な段階へも進み得るような学習の形態と機会がきめこまかく用意されなければならないし、一人の人間がいつまでも、どこまでも継続して学習を積み重ね、続けることができるものでなければならない、と意を強くしたのである。私はそれを「学習の構造化」と呼んだ。国立市公民館の成人教育活動は、いってみれば、十年がかりで連続講演方式から集中講義方式を経て、市民大学セミナーの実現ということになったのだが、そのことは取りも直さず、住民の学習意欲が受け身で聴く講演会や学級などにはあきたらず、もっと重量感のある、つきつめた学習を積極的に求めている証拠にちがいない、と私には思われた。そして、この学習実践は多くの学者や研究者から注目を浴び、高い評価を得たことは望外の光栄であった。

10　新しい公民館像をめざして

このようにして国立公民館は住民の中で徐々に存在理由を明らかにしていったが、私の認識では、まだまだ公民館は時代遅れの農村の遺物であるといったイメージが住民の意識の中に強く残っていると思われたので、何はともあれ、公民館とは何かのイメージアップを鮮明にしなければならないと考えていた。今でこそ「講座」とか「市民大学」といった言葉は社会教育のなかでごく普通に使われ、ありきたりのものになっているけれども、私が公民館活動を始めた頃は、青年学級とか婦人学級といった「学級」という言葉が主流であり、かつ事業の内容も趣味実用的なものが多く、国立公民館の「現代教養講座」や「市民大学講座」は、東京の多摩地域の公民館仲間から初めは異端視されたものである。実践の成果と私の熱心な説得でだんだんに同調する所もでてきたが、いわば都市近郊に住む人たちには、公民館は全く知らないか、もしくはとても古くさいものに思われていたことは事実であった。

そこで、住民に対して積極的に公民館の存在理由をアピールすることが必要だと考えて、毎月全戸配布となっていた「公民館だより」で、昭和四〇年（一九六五年）度当初から、『たのしい集まりと深い学習を』というスローガンで、工業化、都市化が促進されている状況の中で、公民館は次の三つの役割を果たしますと訴えた。

（1）住民の自己解放の場

（2）集団学習と文化創造の場

（3）地域の住民自治確立の場

しかし、この表現ではまだはっきりしないので、一九六七年度からは、公民館のめざす人間像を「民主主義的人間像」とし、その内容は

（1）自分の頭で考えることのできる人間
　他人の生活や意見を尊重できる人間

（2）主権者意識に徹した人間
　地域社会の民主化に役立つ人間

（3）歴史の動く方向の中で、日本人として人類の進歩に役立つ人間

であるとし、このような人間像の確立のために、都市化が進む現状の中で、公民館に期待される役割は次の三点に集約されるとした。

（1）住民の自己解放の場（魅力的な施設機能）

（2）集団活動と文化創造の場

（3）継続的な学習の場

さらに、もっと分かり易いものにしようと吟味した結果、一九六九年度には次のような表現にして、住民にアピールした。

【めざす人間像】
(1)何が美しいか、みにくいか感じとれる直観力をもった人間(人間的感受性)
(2)自分の頭で考えることのできる人間、他人の意見や生活を尊重できる人間(主体的判断)
(3)主権者意識に徹した人間、社会の民主化に役立つ人間(主権者意識)
(4)歴史の動く方向の中で、日本人として人類の平和と進歩に役立つ人間(歴史的認識)

【公民館の役割】
(1)個人のたまり場、いこいの場(住民の自己解放、自己実現の場)
(2)集団活動の拠点(集団活動と文化創造の場)
(3)市民のための大学(継続的な学習の場)

このようにして、端的にいうならば「公民館は市民にとっての私の大学である」というキャッチフレーズでイメージアップをはかりながら、他の公民館職員や学者・研究者にも熱を込めて訴えた。

ところで、このような構想が固まっていく背景には「公民館三階建論」のイメージがあった。それは、「一階は開放された社交と交流の場として、例えば、新聞コーナー、喫茶コーナー、自由なたまり場、市民交流ロビーなどが設定され、都市化の中で激増している一人ぼっちの人、孤独な人が誰でも気軽に、自由に入れるような雰囲気がかもし出されている。二階は、サークル活動やグループ活動がいつでも自由にできるために必要な集会室がたくさん設けられていて、まさに集団活動の拠点として機能している。三階では、私の大学としての講座が具体的に開かれ、年間を通して継続的、系統的な学習が行われており、誰でもそれに参加できる。」といったものであるが、無論それは建物を三階に限定することではなく、公民館活動の形態と内容をそのようなものとして組織し、発展させるというイメージであった。

このイメージは、私が推進役となって進めた「三多摩社会教育懇談会」の中で小川利夫氏が提唱したものである。当時、私も「上海工人文化宮」のレポート（富田博之、『月刊社会教育』第五〇号）から同じようなイメージを抱いていたので、全くそれだ！と共感し、小川先生との酒的談論を繰り返しながら、実際に行われていた国立公民館の事業をそのようなイメージのもとで整理し、煮詰めた結果、「公民館の役割」が簡潔なものに集約されていったのである。

この国立公民館の市民大学構想と三階建て構想はいわば都市公民館像の一つの典型として、三多摩地区の公民館活動に刺激を与え、多くの学者・研究者から評価され、全国的にも注目されるに到った。

11　三多摩テーゼについて

一九七四年三月、東京都都教育庁社会教育部によって「新しい公民館像をめざして」が公表された。黄色い表紙のB５判五二ページのパンフレットである。その内容は

第一部　新しい公民館像をめざして

Ⅰ　はじめに

Ⅱ　公民館とは何か—四つの役割

Ⅲ　公民館運営の基本—七つの原則

Ⅳ　公民館の施設

といったものであるが、この中で特に『四つの役割と七つの原則』が有名になり、いつのまにか「三多摩テーゼ」と呼ばれて、全国的に広く読まれ、反響を及ぼして行った。三多摩の各地で取り組まれた公民館づくりの住民運動（東村山、福生、国分寺、武蔵野、東大和など）のなかで、このテーゼはテキストとしてよく読まれた。さらに、埼玉（草加市、上福岡市など）や神奈川（茅ケ崎市、相模原市）、そして長野、京都、山口などでも活用されたそうだし、山口県豊浦町では、三多摩テーゼをモデルとして実際に町立の中央公民館が一九七七年に建設されたという。東京都の中期計画には遂に位置付けられなかったが、三多摩テーゼがこのように全国的な影響と刺激を及ぼしたことは、直接その作成に関わった者としては全く望外のことであった。そして、私がイメージした都市公民館の構想や考え方が全国的な支持を得たことは、長い間の実践的努力が報われた思いで、とても心強いことであり、自信を深めることが出来た。

ここで、「三多摩テーゼ」作成当時のことを振り返ってみたい。

私の思いの中では、このテーゼを作ることになった直接の動機は図書館と同じように、公民館の建設にも東京都から補助金が支出されるようにして欲しいということにあった。なぜなら、国からの補助金が殆ど無いに等しいために、これまで公民館や図書館の建設が三多摩地域では強い住民の要求があるにもかかわらず、遅々として進まなかったのであり、特に公民館の設置率は全国で最低であった。

私は公民館職員として年数を重ね、全国の公民館職員と知り合い、交流を深めるにつけ、東京都の特に三多摩地域にはもっと公民館を増やさなければならないと痛切に思い、何としてもその実現をはかりたいと使命感を燃やしていた。二〇館にも満たなかった一九六二年には、小平町の近藤主事と一緒に館長たち（兼任が多かった）をけしかけて、第一回東京都公民館大会を開催し、総意をまとめて、東京都に要望書を出すといった組織的な活動も積極的に行った。大会は毎年開催した。参加者は僅か五〇名前後しか集まらなかったが、粘り強く頑張ろうと励ましあったものである。さらに、都公連の事務局長として都教委と連絡を密にしながら、特に公民館職員の研修会や学習会を盛んに行った。先進的な他県公民館への視察も積極的に実施し、新鮮な刺激を受けて、他ならぬ東京都の公民館の充実・発展への意欲を促し、みんなで確かめ合った。

一九六三年には、都立立川社会教育会館が開館し、私はその運営審議委員に第一回から五期一〇年間選ばれ、初めての都立の公民館的施設の運営について、暗中模索の都職員と共に熱心に論じ合った。そして、その議論のなかでも、公民館を如何にしてもっと発展強化できるか、そのことについて、立川社会教育会館はどんな役割を果たすことができるのかも重要な課題であると主張した。

当時一九七〇年が住民運動元年と言われたように、三多摩各地では、住民運動がいろいろな形で起こされ、その広がりのなかで、自分たちに必要な学習を当然の権利として求める声も次第に大きくなっていった。こういう状況の中で、「住民のための自由な集会の場と自分たちが求めている学習の機会を保障してくれる施設」として、「公民館」を求める願いや動きが非常に高まっていたのである。私の提唱で、都公連がひろく三多摩の社会教育関係団体や活動グループを通して行った調査では、自分のまち、自治体に今一番欲しい施設として、公民館は図書館と同じか、それを上回っていたほどである。

こういう時に、東京都は一九七一年（昭和四六年）度に美濃部知事の発案で「図書館を市民のたまり場・集会の場に！」という図書館政策が都の中期計画に位置づけられ、具体的に「建設費の二分の一補助、備品費は三分の一補助の三年間継続」が予算化されたのである。これはまさに画期的な施策であり、その結果三多摩各地に忽ちのうちに図書館が続々と出現していったのである。全く目を見張るようなダイナミックな、素晴らしい変化であった。

しかし、そのことに拍手を送りつつ、凄い！という驚きと共に、公民館が全く無視されているのは不公平ではないかという不満の気持ちを押さえることはできなかった。都の社会教育行政は一体何を考えているのかという不信の念を持ったことも確かである。そもそも、美濃部知事は「図書館を市民のたまり場・集会の場にしよう」と言っているが、集会室が一つか二つしかない図書館が一体どうして市民のたまり場や集会の場として機能できるのか。そういう役割はこれまで公民館が果たしてきたし、これからも果たさなければならないのに、知事は何か錯覚しているのではないかと悲憤慷慨したのである。しかし、それは錯覚などではなく、知事の考えのなかには、公民館は有害無益な存在として認識されていたに違いない。それは東京教育大学の教授時代、地方の公民館が講師依頼をしておきながら理不尽に断ってきた経験を苦々しく語られたことからも推測されたし、公民館は文部省の言いなりに動く体制派に有利な存在として認識されていたようである。美濃部知事の重要なブレーンの一人であった市川房枝さんなども同じような認識を持っていたにちがいない。

東京都公民館連絡協議会として、「公民館設置についても図書館と同様の建設補助を出して欲しい」という要請を正式に東京都教育委員会にしたことは勿論であるが、都教委だけを攻めても駄目で、知事やそのブレーンの認識を変えてもらえなければ、都の中期計画には到底位置付けられないことが明らかになってきた。そこで、知事のブレーンを動かそうと、個人的に小森武氏（美濃部知事の最大のブレーンといわれた人。国立市に住み、文教地区指定運動当時から付き合いがあった）や武蔵野市から選出されていた実川都議（社会党の長老議員で、国立市の五十嵐教育長と交流があった）に会い、訴えたが、効果はなかった。その時に、公民館とは何かを一言でいえるようなイメージアップが我々の側でも必ずしも明確ではなく、そのために相手を充分に説得できるアピールが出来なかったのだ、という反省を強く持たざるをえなかった。

そこで、東京都の政策、中期計画の中に公民館を明確に位置づけさせるためにも、何はともあれ「鮮明な公民館像」を描き出す必要があると考え、それを都公連の緊急課題とした。都公連には予算がなかったので、事務局長の進藤文夫君（彼は国分寺市で、小生と同様の考え方で、公民館活動に熱を燃やしていた）と共に、立川社会教育会館に働きかけた。仲間同然の存在であった会館の内田和一副館長はすぐに理解を示し、テーゼをつくる作業を都公連の事業としてやり、それに東京都が補助金を出すことでどうかと助言してくれた。しかし、私は、それよりむしろ都の責任で行い、作業を我々公民館職員がやる形にしていただきたいと懇願した。幸いなことに、その直後に、内田副館長は都教育庁の成人教育課長に、事業係長の藤田博氏は社会教育主事室長として、本庁に復帰されたので、この件はスムーズに進み、都教委の責任で「東京都公民館資料作成委員会」が設置されたのである。

このようにして、「公民館資料作成委員会」が一九七二年九月に設置され、その委員には小嶋道男（小金井市公民館）、進藤文夫（国分寺市公民館）、徳永功（国立市公民館）、西村弘（小平市公民館）の職員のほかに、研究者の小林文人（東京学芸大学）が委嘱された。早速、意欲的な論議が始められたのだが、最初に公民館とは何かのイメージを明確にするためのタタキ台は小生が書くことになった。言い出しっぺの責任も感じて引き受けたが、イメージアップとそのために必要なキャッチフレーズの重要性を誰よりも強く意識していたので、誤解をおそれず、ダイナミックに表現しようと考えた。

とはいっても、自分がこれまでにやってきた実践と年来の主張に依拠せざるをえないので、一九六九年（昭和四四年）度以降、国立市公民館の基本方針としていた三つの役割①個人のたまり場、いこいの場（住民の自己解放、自己実現の場）、②集団活動の場（集団活動と文化創造の場）、③市民のための大学（継続的な学習の場）を基にして考えた。表現をもう少し分かりやすく、魅力的なものにすべきだとの思いから、①公民館は住民の自由なたまり場、②公民館は住民の集団活動の拠点、③公民館は住民にとっての「私の大学」というように、住民を強調するものにし、さらに④として、公民館は住民による文化創造のひろばを付け加えることにした。

これは公民館三階建て構想の時からのイメージで、公民館で行われる諸活動の総体がその地域や市全体の文化そのものを高め、創り出していくものでなければならない、と考えていたからである。また、「私の大学」という表現には特に執着した。それは、小生が公民館職員の駆け出しのころ、昭和三二年六月頃から始めた婦人たちの読書会のテキストが主として、理論社の「私の大学」というシリーズものであったことと、さらにかつて感動して読んだゴーリキーの「私の大学」が頭の中にあったからである。上原専禄『世界の見方』、丸岡秀子『女の一生』、高桑純夫『現代に生きる思想』は幾度もテキストとして用いたし、読書会のメンバーにこれこそ「私の大学」だという感激を与えた経験もあった。

このタタキ台に対して、作成委員会での論議はやはり「大学」という表現に集中した。「既成大学の実態からして、大学イメージは必ずしも良くないのではないか」「悪い意味の『学習主義』にならないか」などの意見が出されたが、「現代は、いわば地域の小さな問題の中に全世界の動向が反映しているような状況だから、学習は日常生活や身近な問題を内容とするだけではなく、人間存在の根本問題や全世界的視野での問題をその内容とすべきである。」「困難な状況の中でみずから道を切り開いていくことのできる主体的な判断力を我が物としていくためには、今までのような低度啓蒙主義の学習ではなく、もっと質の高い学習がどうしても必要であり、その意味で『大学』という言葉は住民にとって充分に魅力的な響きを持っている筈である。」と力説したところ、メンバーも全員同意し、それでいこうということになった。

このようにして、四つの基本的役割が確定した。その解説草稿も私が書いたが、私の公民館像はこれで漸く完成したと実感でき、自分の長年の思いが自分一人だけのものではなく、みんなと共有のものとして確認されたことが嬉しかった。その意味で、この「公民館資料作成委員会」は、私にとってかけがえのない機会であったといわなければならない。その後、「公民館は市民の大学である」という規定をめぐって、いろいろ疑問が投げかけられたり、反論が出されてきたけれども、そして今日の状況の中で見直しは必要かもしれないけれども、少なくとも当時においては、客観的に農村イメージ濃厚の公民館に対するイメージチェンジを図る意味では最も適切な表現であったと思うし、また公民館の現場に対しても大きな刺激となったことを確信している。

	科目	内容	講師	開設年月
1	歴史	婦人の戦後史―戦後20年の自分をふりかえる	室俊司（立教大学）	41・6
2	文学	日本文学における伝統と受け継ぎ（転形期の作家と作品1）	熊谷孝（国立音楽大学）	41・7
3	経済	資本主義は変わったか―現代資本主義の再検討	高須賀義博（一橋大学）	41・10
4	教育	子供の教育は守られているか（教育基本法の学習）	持田栄一（東京大学）	42・1
5	経済	物価を考える	高須賀義博（一橋大学）	42・6
6	文学	喜劇精神の文学（転形期の作家と作品2）	熊谷孝（国立音楽大学）	42・6
7	歴史	戦後20年と婦人の歩み	室俊司（立教大学）	42・7
8	歴史	明治維新から大正デモクラシーまで	中村政則（一橋大学）	42・7
9	政治	市の政治と住民運動	小森武（都政調査会）	42・10
10	歴史	歴史と民衆	中村政則（一橋大学）	42・11
11	哲学	哲学的思索と人生	小松茂夫（学習院大学）	43・10
12	文学	大正デモクラシーと文学	熊谷孝（国立音楽大学）	43・10
13	文化	日本文化論	安田武（思想の科学研究）	44・7
14	歴史	日本資本主義発達史の諸問題	山辺健太郎（歴史学者）	44・10
15	哲学	日本と今日を哲学的に考える	古在由重（哲学者）	44・11
16	文学	封建革命期の文学―その虚像と実像	熊谷孝（国立音楽大学）	44・11

市民大学セミナー男女年齢別分類表

実施コース	参加者数	男	女
16	338	84	254

10代	20代	30代	40代	50代	60代以上
5（1.5％）	70（21％）	129（38％）	81（24％）	41（12％）	12（3.5％）

〈付記〉

私は公民館職員として昭和三一年四月から四八年九月まで一七年余勤務し、つづいて社会教育課長を五年半ほど勤めたあと、企画広報部長に抜擢され、さらに四年後、教育長に任命され、二期八年間在職した後、自由な身になった。この間、公民館に対する切なる思いは決して変わりはしなかったけれども、しかし、もうひとつの公民館を実現させることは出来なかった。それはどうしてなのかについての経過と理由については、ぜひ記録しておかなければならないし、そして、いま公民館をどう考えているかについても所信を述べるべきだと考えている。他日を期したい。

2 公民館活動の可能性と限界

原題――公民館活動の可能性と限界
掲載誌――『日本の社会教育第9集「現代公民館論」』東洋館出版社、一九六五年十一月

1 公民館と私の出合い

「公民館活動」と一口にいっても、その言葉のもつイメージは、社会教育法の一応の規定にも拘らず、人によって甚だしく異なったものである。

例えば、住民の要求と行政機関からの要求の「チョーツガイの役目」を果たすというもの、部落や町内の組織を再編成した「自治公民館」が現代の公民館であるとするもの、また、権力末端機構の下請け機関にしかすぎないとするもの、逆に、民主的な社会教育の発展につくすものとするもの、等々、まさに十人十色といったところである。

これは、基本的な矛盾、階級対立を内包する日本社会の中では、或る意味で、当然のことともいえるが、また戦後二十年の歴史の中で、公民館の存在理由が未だ社会的に客観化されていないことを物語っているともいえよう。だからこそ、公民館活動の可能性がいまもなお問われる理由と必要があるのだと思う。

だから、ここでは、私も私なりの経験とイメージに基づいて、公民館活動の可能性と限界について語ってみたいと思う。それにはまず、私と公民館との出合いから始めなければならない。

出合いとはいっても、公民館の姿が、概念的にも実際にもひとつのまとまったものとして私の前に現われたのではなかった。むしろ、まだ何も画かれていない一枚の白紙として、私自身が自由に何かを画きうるものとして、私と公民館の関係がはじまったのである。

国立町に公民館が設置されたのは昭和三十年の十一月だが、その設置が行政的な施策からではなく、住民の熱心な要望の結果であるところに特色があった。

国立町は昭和二十七年の初めに「文教地区」の指定を受けたのだが、これは朝鮮戦争がもたらした頽廃的な環境（若いアメリカ兵が集結した立川基地の慰安所的な状況）を浄化するために、婦人層をはじめ学生や文化人そして少数の良識派議員などが手を取り合い力を合わせ、いわば町の良識を結集しての運動の展開によってかちとった成果であり、結晶であった。そして、このときの経験と実績がその後の町の歩む方向を決定づける重大な転機となった。住民自身が、自分たちの不満や要求を結集して、自分たちの住んでいる地域を住みよい所、納得のできる所に変えていくという、いわば地域民主化運動の路線がはっきり打ち立てられたといってよい。文教地区指定をかちとった住民にとっての何よりの成果は、一定の地域にいかがわしい建物や商売が禁止されることになったということだけではなく、「力を合わせると自分たちの力は意外に強くなるものだという実感。またいままで軽く考えていた町長や議員などの権限や役割は相当重大なものであるという認識。そして自分たちの住む所を変えていくことを通して、自分たちは日本の民主化に役割を果たしているのだという確信」など、いわば内面の姿勢、心意気、生き甲斐といったものを肝身にしっかりと感じとったことにあると思われる。

文教地区指定後、もとの静かな姿にもどった町の中に、青年や婦人の文化活動やサークル活動が活発に展開されるようになったのはいわば当然の帰結ともいうべきことだったのだが、しかし当時は旺盛な文化意欲に反して、公共の集会の場がないことが最大の悩みであり、従って、何とかして自由に使える公けの集会室を一日も早く実現させることが共通の課題となった。

そんな願いが、昭和三十年四月の地方選挙に結集され、自分たちの支持する文教派の町長と町議の過半数をかちとることによって、当時旧自治警察の庁舎として遊置されていた施設を公民館として転用し、活用しようということになり、同年十一月国立町公民館が誕生したのである。

その当時、私は一橋大学の学生として、町の中にある寮に住んでおり土曜会という青年の文化サークルの一員として活動していたのだが、公民館設置と同時に、青年団体代表として公民館運営審議会の委員に選ばれ、翌年四月、公民館職員費の予算化に伴って、正式の公民館職員として就職したのである。

公民館に就職したのは、他に職がなかったからではなく、公民館を設置させるに至らしめた運動の中で、自分も何がしかの役割を果たしてきたという責任と共に、自分の力が具体的に発揮され、試される地域での仕事に私なりの生き甲斐を感じたからにちがいなかった。

こうして、私と公民館との関係がはじまったわけだが、当時の私には公民館についての何らの知識もなく、また、他の地域では、どういう人がどんな仕事をしているのかも全くわからないままであった。はっきりしていたことはただ一つ、青年や婦人の自主的な諸活動に応えるための「集会の場」を設置するということだけであった。

公民館職員となった私の前にあったのは、いかめしい警察の建物、一つの会議室の他は、事務室、会計室、宿直室、それに青年房、婦人房、少年房、接見室、監視室、調査室といった、およそ普通の人間には縁のないものばかりであった。

この建物を改造して、いくつかの集会室をつくるのが、職員としての私に課せられた最初の仕事であった。

今までは人を全然寄せつけなかった建物を逆に誰もが自由に出入りできる集会の場に変える仕事は、それなりに誇りのもてるものであったけれども、正直なところ、それから先一体どうしていったらよいのかという戸惑いもあった。つまり、これから先、公民館をどう進めていくかは、或る意味で、すべて私にまかせられた課題であり、従って私の考え方次第でどうにでもなることであった＊1。

そこで、公民館職員として仕事をすすめていくについて、私の考えた目安はおよそ次のようなことであったと思う。

第一には、今までの町の中での自分の在り方からして、何よりも先ず、町の民主化路線にそいながら、青年や婦人の自主的な活動に応える仕事をすること。

第二には、職員として給料をもらって町に勤める以上、自分の仲間たちや関係してきた運動への奉仕だけでなく、もっと広い、町民のさまざまな要求に応えなければならない。とりわけ、文教地区指定に反対した地域や層の中にどうしても飛び込んでいくこと。

そして、第三に、この二つのことをするためには、どうしても自信のもてる自己の活動ペースをつくり上げなければならないということ。

手さぐりに近い仕事をしながら、改造してつくった図書室にサークル活動で集めた一千三百冊余の本を持ちこみ、それによって予算をふやし、たった三人の職員ながら、夜にしか帰ってこれない人たちのために週三日は夜九時まで開室、日曜日や祝日も開館するというように、できるだけ住民の立場に立った運営を工夫し、文教地区指定に猛反対した農業地帯の青年団や婦人会などには何をさておいても積極的に接していくという全く夜も日曜もないような非常に忙しい毎日の中で心痛していたことが一つあった。それは、民主化運動をすすめていると考え、現にいろいろ成果をあげてきた集団の人たちが、意外にセクト的、自己中心的であり、全体の中でそれぞれが別の役割を果たすという考え方と理解がなく、従って、職員として送りこんだ私を何かにつけ自分たちの活動の事務局的存在として極めて便宜的に動かそうとしたことであった。それらの仕事の必要性は十分わかるだけに、自分の役割は民主化路線をもっと拡げるために独自の、自分にしかできない仕事を切り開くべきであると強く自覚していた気持ちとの板ばさみに合って苦しんだのである。

そのことは、勤めてから四ヵ月目に書いた文章に次のように書いてある。

「現在、僕の最も苦心していることは、自信のもてる自己の活動のペースを何とか早く創り上げていくことです。公民館―特に国立町公民館というところは、君にも多分想像のつくように、いろいろな人との接衝が激しいところですから、自分がふらふらしていたら、何時までも浮草のような存在で人から重宝がられるだけで、地についた活動は何時までたってもできないことになってしまいます。」

この緊張感はいまに続いているが、もっともそれはいわば私自身の内部における問題であって、実際には予算も職員も年毎に順調に増えていったのは、私をはじめとする職員の努力もさることながら、文教派の町長を統一戦線でかちとり、任命制教育委員に公選の委員を全員残留せしめた、民主勢力の実力が背景にあったからだといえる。

国立町公民館職員となってから早くも十年目。学生時代の三年間を含めると約十三年間、私は国立町で社会教育の仕事や活動をしてきたことになる。そして、私の自覚と仕事に対する姿勢は、住民の正しい教育要求に応え、地域における民主主義を確立するためにできる限りの努力をするということに変わりはない。それはまた、日本の公民館活動を多少知るようになった現在でも、基本的に正しい考え方だと思っているのであるが、実際にはいろいろ問題があって、なかなか容易でないのは、国立町とて日本社会の矛盾した現実の中に存在している以上、むしろ当然のことというべきであろう。

地方公務員（役場職員）としての機構内における自分の位置づけや在り方と、半面自主的な文化活動や社会運動に対する公民館職員としての対し方を、他ならぬこの自分がどのように整理し、納得し、まわりの人にも理解される在り方ができるかというところに公民館職員としてのつらさと悩みがある。

自主的な住民の要求にこたえるといっても、その要求が必ずしも正しくなく、的をついたものでない場合が少なくない。そういうものを側面から助言し、合理的なものに変えさせていくのが私たちの仕事でもあるのだが、だからといって、公民館職員が町民の上に立ち、住民の先頭に立ってすべてを行いうるというものでは決してない。

そこで、公民館活動をすすめていく場合に、どうしてもはっきりさせておかなければならないと思われる問題を私なりに整理してみることによって、公民館活動の可能性と限界をさぐりたい*2。

第一に、公民館活動をどういうものとしてとらえていくか、公民館活動の一番の狙いは何かという基本的な問題がある。

第二は、地域民主化運動の中での公民館の役割、特に大衆運動や革新運動との関係をどう考えるかがある。

第三には、主事の役割と公民館施設の構想という問題を考えたい。

注

*1 とはいっても、国立町公民館という名称が最初から用いられたということの中に、それまでの日本の公民館活動の何がしかの反映をみることができるかもしれない。しかし、その場合でも、そのとき住民に求められていたものは、自由に集まれる集会の場以外には殆ど何もなかったといってよい。

*2 この場合、厳密には日本における公民館思想―寺中構想、次官通牒、社会教育法、設置基準などのいわば行政の上からの発想の系列とそれとは別に発展してきたいわば下からの公民館イメージなどのすべてを含めて―そのかかわりの中で、問題が論じられなければならないのかもしれない。しかし、今の私にはそれについての十分な準備もないので、

一応はそういうつながりを頭に置きながら、極めて粗雑ではあるが、私の考え方を率直に出してみたいと思う。

2 公民館活動の基本的なねらい

公民館活動の基本的なねらいは民主的人間（新しい市民）の創造であると考えたい。新しい市民とは地域において自分のプライベートな自由をもちながら、一方小さく狭い日常問題をこえた普遍的な価値＝社会的政治的な問題に積極的に参加できる、歴史の方向感覚をもった人間という意味である。

（1）自分の頭で考えることのできる人間
　他人の生活や意見を尊重できる人間
　自主的な判断によって行動できる人間
（2）自分のまわりのことをきちんと処理できる人間
　地域社会の民主化に役立つ人間
（3）歴史の動く方向の中で、日本の社会を一歩でも前進させ、日本人として人類の進歩に役立ちうる人間

これは、国立町公民館の基本方針の中に「目ざす人間像」として掲げた言葉である。上手な表現ではないが、いわんとするところは主体的判断、主権者意識、及び歴史的認識をかねそなえた「民主的人間像」である。これは身近な生活や経済問題だけに関心をよせる地域住民像や公民といった概念に対比することができよう。

戦後の日本は、いうまでもなく、民主主義が自明の政治原理になっている。そして、民主主義というのは、政治の主人は国民であるということだ。だから、主人である国民の政治参加が非常に重大であるにも拘らず、現実には、国民の政治参加の場面はただ選挙における投票だけに限られるような社会状況が支配的であり、加えて、

末端におけるムラ状況の温存・再編成が意図されているのである。

（無論、安保闘争を通じて、或いは最近の都議会問題やヴェトナム問題を通して、国民の政治に対する関心や主権者意識はかなりの高まりをみせてはいるものの、そして地域民主主義の確立と自治体改革闘争の必要性が革新運動の中でも広く自覚されるようになった今日でも、それは地域全体、国民全体の中では、やっといま始まったばかりという状況にすぎない。）

さらに、高度経済成長政策の一環として強行されつつある地方への工場進出、地域開発政策の結果、巨大産業と地域社会との関係は新しい問題状況におかれ、国民の直接民主主義への道はますますとざされつつあるのが現状である。

こういう日本の状況の中では、新しい市民の形成は、日本民主主義の基礎を固め、強めるために、大変重要な意味をもつものと考える。

では、公民館活動はいかなる方法で目ざす人間像、新しい市民の形成をはかることができるのか、私は次の三つをあげる＊1。

一、住民の自己解放の場（多面的・魅力的な施設）

二、集団的な学習と文化創造の場

三、継続的な政治学習

公民館は施設機能をもった教育機関であるから、当然、施設の果たす役割と教育活動の果たす役割の二つの側面をもっていなければならない。

施設としての役割は、自主的な集団活動や学習活動の場を十分に保障することがもっとも重要なことである。（その場合、如何なる団体であろうと、憲法や社会教育法に違反しない限り、平等に扱うことが大切で、登録団体などの制限によって、実際に差別が生じることはあってはならない。）同時に、公民館は住民全体の施設であるから、団体だけでなく、個人にも働きかける機能をもたなければならない。特に都市化状況が促進され、孤立した、ばらばらな個人が増大している現状においては、新しい集団の形成のためにも個人に対して魅力ある施設機能および諸行事、諸事業の企画の必要性が増しているといわなければならない。

教育機能としての公民館の役割、或いは公民館の主体的事業の中で最も重要なのは「政治学習」である。それは、民主主義が自明の政治原理とされながら、非民主的要素が増大している日本の矛盾した現状を解明し、民主的な生き方を確かめる意味で、むしろ当然のことといわねばならない*2。

政治学習というのは勿論広い意味でいっているのである。具体的にいえば、それは地域民主化の根本である自治体改革のための諸問題の学習と、さらにもっと大きな意味で日本社会を規制し、地域を制約している諸問題の学習、すなわち社会科学学習という二段構えの学習内容になる。身近な政治問題の学習をはじめ、日本人としての態度をきめるための高度な政治学習の必要が非常に高まっているのが今日の状況である。そして、客観的な知識を正確に自分のものにすることなしには、自主的な判断力は生まれない。だから、社会科学の継続的な講座が公民館事業の中で最も重要な仕事としてきちんと位置づけられなければならないと考える*3。

社会科学の継続的な講座という場合、私は大学における講座に匹敵する質と内容のものを頭に浮かべている。（社会科学の基礎講座は本来大学がやるべきことだという意見もあるが、「べき論」はともかく、今日の日本の大学、特に国立大学には、それを望むべくもない。さらにいえば、大学が市民のために主体的に講座を実施するようになった場合でも、学習内容の編成は住民と大学を結ぶ公民館においてなされることが適切であると考える。）

一流大学の講座の質に劣らない、しかも大学の多くの講座にみられる十年一日のごとき内容のものではなく、現代的、実践的な課題をふまえた内容をもった、いわば市民の「大学講座」が公民館のもっとも重要な活動として、まさに新しい市民の創造のために、継続的になされる必要を力説したい。

こういう考え方とは別に、むしろ地域開発がもたらしている深刻な問題とか、地方自治体におけるさまざまな問題に直接ぶつかり、それらの問題を解決しようとする学習と運動の中でこそ、新しい人間像が期待できるのだという有力な考え方がある。しかし、私はそれらを二律背反的ではなく、相互補完的なものと考えた上で、公教育としての公民館の仕事としては、なお講座の方を主とみたい。いいかえれば、それらの実践的な課題を組み入れた講座内容の編成と実施こそ公民館の主体的事業であると考えたいのである。

例えば、地域開発による被害や破壊がいかに過酷なものであっても、だからといって、公民館活動はそれへの対策や反対のために何らかの反対運動を前提としたグループをつくるのではなく、それらを学習素材としながら本質構造が明確に認識できるような講座を住民の前に提供することが重要なのである。公民館の役割はあくまで学習内容の編集者、学習活動の組織者としての立場を堅持すべきであって、それ以上のことは公民館活動をこえた市民自身の問題として区別すべきである。

市民の大学講座といっても、ただ現実離れのした講義を聴くのではなく、まさに現実問題を本質まで掘り下げて適確に認識し、自分の頭で事の正否を判断できるような講座の編成が重要なのは、くり返すまでもない。無論、住民自身が調査し、考え合う中で事の本質を把握できる場合もあろう。しかし、日本のように高度に発達した資本主義社会では、恐らくあらゆる問題が一筋縄ではつかめない複雑さをもっている以上、まず専門家の識見から謙虚に学ぶ必要がある。また、それでこそ、大学教授や研究者、学者の存在理由もあるといえるのではないか。

ここで問題となるのは、公民館活動の対象である。近年、公民館活動の中から青年や男子成人が激減しているのは事実であり、だから公民館活動の主たる対象は必然的に婦人層（特に主婦）に限られてくるという結果を招いている。そして、この現象を憂慮すべきものとして、どうしたら青年や男子成人を招きよせることができるかが問題とされる。しかし、私は青年や男子成人が公民館活動に参加しえなくなった社会的必然性がある以上、いわば手を変え品を変えた方法を工夫するという努力はあまり有効とは考えない。私はそれよりも、地域に残っている層を確実につかむということの方が大切であると考えたい。つまり主婦や零細企業に働く青年が公民館活動の主たる対象であって一向に差支えない。公民館の戦後の歴史の中でも、公民館が組織労働者の学習と直接関係し合ったという事実はないし、また地域社会は生産の現場とはちがった意味をもつものであるということを認めるなら、公民館活動の主たる対象はあえて「新中間層」にあると割り切って考えた方がよさそうである*4。

注

*1 戦後の上からの公民館発想の中で、この考え方に多少類似しているものは、昭和二十一年の文部次官通牒「公民館の設置運営要綱」である。当時はさまざまな条件があったとはいえ、アメリカ占領軍による「民主主義」の啓蒙期であったから、あれだけのことをいえたのではないかと思う。しかし、ここにはいわばアメリカ流の形式民主主義があるだけであって、階級関係や社会的矛盾の意識はない。これは、やがて『社会教育法』（昭和二十四年）の無味乾燥な規定へと変化発展させられていったのだが、上からの公民館発想の中では今なお吟味に価するものであるといえよう。

*2 この考え方に対立するものとして、昭和三十八年に文部省社会教育局が出した「進展する社会と公民館」がある。それによれば、公民館の在り方は次の四点にしぼられる。

1 公民館は地域住民のすべてに奉仕する、いわば解放的な生活のための学習や文化活動の場です。
2 公民館は人びとの日常生活から生ずる問題の解決を助ける場です。
3 公民館は他の専門的な施設や機関と住民の結び目となるものです。

4　公民館は仲間づくり（地域住民の人間関係を適切にする）の場です。

＊3 社会科学の学習だけが自主的な判断力を養うものとは無論いえない。生活記録の学習や実践的諸問題に直接ぶつかる中で、確かな判断力が育てられる場合もあろう。だからそれらを無視するわけでは決してないが、しかし、一般的には社会科学の学習が中心になるべきだと私は考える。

＊4 ちなみに、国立町公民館の昭和四十年度の事業計画をあげておこう。断わるまでもないが、これは公民館活動のいわば典型ではなく、さまざまな制約や条件の中でこれだけのことを実践しているという単なる一例にすぎないものである。

一、個人に働きかけるもの

談話室　公民館の一室を自由に解放し、テレビ、電蓄、囲碁将棋、雑誌などを置き、誰にでも気軽に利用していただきます。

文化教室　社交ダンス教室、囲碁入門講座、うたごえ教室、映画会ほか趣味の講座をいろいろ行ないます。

図書室　図書・雑誌・新聞など自由に利用していただきます。

体育活動　ハイキング・キャンプ・ソフトボール大会・卓球大会・スキー教室など誰にもすぐできる体育活動を行います。

二、団体やグループ活動のために

会場の提供（住民の団体なら、いかなるものでも無差別、無料で提供）備品の貸出をはじめ、いろいろな援助や助言をいたします。また公民館運営審議会、図書室運営委員会、公民館利用団体連絡会などをもって団体活動の一層の発展、社会教育の全町的な発展をはかります。周辺地域での分館活動も盛んにしますし、運動会や文化祭、社会教育研究集会なども行ないます。また必要に応じて、ＰＴＡ幹部学習会や婦人団体指導者研修会なども開催します。

三、年間の継続事業

月例講演会　月一回、時局問題中心の講演会

図書室のつどい　いろいろな関係の著者を招いての座談風のつどい

市民大学講座　経済、歴史、政治、哲学の継続講座

婦人教室　若いミセスの教室、働く女性の教室、南部農業地区での教室など対象を明確にしぼっての婦人の学習教室

商工青年学級　町の中で働いている店員や職人などの勤労青年のために開設します。

青年大学　学習意欲ある勤労青年のために、大学の内容に相当する講座を開きます

読書会活動　講座の参加者や地域の有志に働きかけ、読書会を中心とした学習会をさかんに行ないます。

広報活動　毎月一回、公民館だより（活版刷）を町内全戸に配布します。ほか、図書室月報（ガリ版刷）を図書室の利用者を中心に発行します。

第八回市民大学講座

日程表

	講座名	主題	開講日	講師
1	哲学	人の認識はどう発展してきたか	9月17日から10月8日まで 毎週金曜日午前十時～正午	東海大学教授　小松　摂郎
2	経済	経済の原理と発展・国際経済の動向	9月21日から10月12日まで 毎週火曜日午後一時～三時	一橋大学教授　種瀬　茂
3	歴史	戦後日本の歴史	10月15日から11月5日まで 毎週金曜日午前十時～正午	東京教育大学　助教授 大江　志乃夫
4	政治	地域民主主義の課題	10月19日・10月26日 午前十時～正午	都政調査会事務局長　小森　武

若いミセスの教室学習計画

月	単元	学習内容	講師
6・5	Ⅰ　新しい家庭を創る主婦として	女性の幸福は家庭にだけあるのだろうか。家事や育児は女性の天職だろうか。家庭の中での主婦の役割とは一体何だろうか。毎日の主婦の暮らしをみつめて、新しい家庭像と主婦の生き方を考える。	評論家 丸岡秀子氏

8・7	Ⅱ　こどもの未来に心を注ぐ母として	こどもの幸福とは何だろうか。こどもの未来は果たしてまもられているのだろうか。生まれてから大学までの、こどもの教育につながるさまざまな問題とお母さんの課題を学ぶ。	日本社会事業大学講師 山住正己氏
10・9	Ⅲ　社会に生きるひとりとして	妻であり、母であり、さらにこの社会に連なって生きるひとりとして、自らを充実させ、高めながら、社会全体を前進させる歯車の一つになるにはどのような方法があるだろうか。個人の心がけや努力だけでは動かし難い社会の矛盾や歪みをどう捉え、解決していけばよいのか。広い視野に立って学ぶ。	日本社会事業大学助教授 小川利夫氏

はたらく女性教室学習計画

7・6	Ⅰ　愛と生きがい	青春をどう生きるか。あたらしい恋愛や結婚のあり方について。家庭の中の人間関係について考える。
7	Ⅱ　働くことの意味	なぜ私たちは働いているのか。給料はどうしてきまるか。大企業と小企業ではなぜ賃金がちがうのか。自分と職場の関係はどうあるべきか。などについて学び考える。
9	Ⅲ　社会のしくみ・世界のうごき	私たちの生きている社会のしくみはどうなっているか。政治や経済のしくみはどうなのか。またアジア・アフリカ・世界の動きはどうなのか。その基本構造や原理について学ぶ。
10	Ⅳ　これからの女性の生き方	日本女性の歩んできた道、女性の社会的地位、はたらく女性の悩みと課題などを学び、これからの女性の生き方について考え合う。

南部婦人教室学習計画

月	単元	学習テーマ	学習内容
7・8	婦人と社会	婦人の歴史	私たちはなぜいま勉強するのか。婦人の社会的地位の移り変わりを考える。
		婦人と法律	婦人のための法律はどう変わってきたか。憲法の精神とは何かを考える。
		婦人と経済	経済とはどういうものか。物価の問題を通じてそのしくみを考える。
		婦人と政治	民主主義とはどういうものか。それをのばしていくための婦人の役割を考える。
9・10	こどもの問題	幼児教育の問題	幼年時代の教育は十分だろうか。その問題点と新しい考え方を知る。
		こどもの成長と学校教育の問題	こどもの成長と発達にそくして、必要な教育制度のあり方について考える。
		こどもをとりまく環境の問題	「児童はよい環境の中で育てられる」と児童憲章に書かれているが、よい環境とは何か。それをどうつくるか。
		PTAのはたらきと母親の役割	PTAが生まれて約20年、その歩みとこれからの役割を考える。
11・2・3	町の生活と婦人	国立町と東京都	東京や国立町のひろがりの歴史を知りこれからの都市生活の問題を考える。
		国立町のなりたちと課題	国立町の現状と問題点を具体的に理解し、町民のあり方を考える。
		健康な家庭生活と社会保障	健康な生活を送り、平和な老後を迎えるために必要な社会保障の問題を知る。
		婦人の集団活動	個人の生活と社会生活との間のさまざまな問題の解決と婦人の役割を考える

ＰＴＡ活動学習会日程表

	日	テーマ	講師
1	9月4日（土）	いまの教育はどう行われているか	東大教育学部長　勝田守一氏
2	9月8日（水）	進学問題をどう考えるか	教育研究家　篠崎五六氏
3	9月11日（土）	ＰＴＡの正しいあり方 —父母と教師はどうしたらよいか—	「母と子」編集長　平湯一仁氏
4	9月15日（水）	親は子どもたちに何を期待したらよいか —これからの教育の課題　新しい人間像の創造について—	東京教育大学教授　梅根悟氏

3　公民館活動と大衆運動

公民館活動の中心的なねらいは「民主的人間」の形成と創造にあるのだが、公民館活動としてすすめられる学習活動は、その内容において地域や日本や世界の現実をどう把握し、判断すべきかという問題をもつものである以上、地域や日本や世界の現実を打破し、変革しようとする諸運動と深いかかわりをもたざるをえない。むしろ、学習が学習にとどまらずに、何らかの運動にまで発展することを期待可能性としてもっているものといえよう。また、公民館はすべての住民に、自由に使える集会の場として開放されており、公民館はさらにそれらの自主的な諸集会のためのあらゆる意味の条件整備を職務としてもっている以上、地域におけるさまざまな大衆運動や革新運動と何らかの関係をもたざるをえない。

つまり、公民館活動は、主体的にも客観的にも実際にすすめられている大衆運動や革新運動と何らかの関係をもたざるをえないものである。問題はその関係がどういうものであるべきかということである。この点に関しての一つの有力な意見として「公民館活動は大衆運動の教育的側面である」（枚方の社会教育、No. 1）がある。しかし、この意見は大変説得性をもつようにみえながら、厳密にはかなりあいまいな規定といわざるをえない。何故ならここでいわれる大衆運動とは一体何をさしているのか現実には全く不明瞭であるにも拘らず、既に自明のもののように考えられているからである。われわれは、だから、公民館活動と大衆運動との関係を明らかにするためには、まず大衆運動と呼ばれるものの中味を現実に即して正しくつかむことから始めなければならない。

では、大衆運動と呼ばれている運動の実態はいかなるものであろうか。

第一に、大衆運動という言葉の使われ方が厳密でないことから、或る時は革命運動を含めた反体制運動を意味するものとして使われたり、また時には革命運動や労働運動とは区別されたいわば市民の生活や平和や民主主義を守る運動として使われる。つまり、誰にも共通する内容をもったものとして理解されてはいない。

第二に、実際には大衆運動とか革新運動とかと一口にはいえない程、現実に行われている諸運動は多種多様であり、ばらばらであり、不統一なものである。例えば、その典型ともいうべきものは平和運動であるが、その他殆どすべての運動の中に多かれ少なかれ分裂や不統一をみることができる。

第三に、これらの分裂や不統一は大衆自らの判断や決断によるものでなく、それを指導する革新政党の政策やイデオロギーの対立によるものである。だから大衆運動は自主・独立的に存在するものではなく、多かれ少なかれ政党乃至政党のイデオロギーにつながったもの、いわば主人持ちの存在として実在せざるをえない状況になっている。大企業への中小企業の系列化は独占段階にまで到達した日本資本主義経済の当然の帰結であるが、いまや耳馴れぬ言葉ではなくなった「革新政党への大衆運動の系列化」の必然的根拠とは一体何であろうか。

第四に、分裂、不統一、系列化の本源である政党の間に度し難いほどの不信と拒否の態度が存在していることである。客観的には、平和憲法の改悪阻止、原水爆の禁止、ヴェトナム戦争の終結、日韓条約の成立阻止、安保条約の廃止など、民主連合戦線の広汎な基盤をもちながら、現実には統一行動の可能性が極めて困難な状況を打開するために、革新政党は一体いかなる努力をし、また大衆を納得させる政策のプログラムをもっているのだろうか。無論、責任ある天下の公党であるからには、それなりの論理と言い分をもっているのだろうけれども、大衆への奉仕よりも我党の党利党略を優先させるエゴイズムの殻が強固であることも認めないわけにはいかないのである。

こういう大衆運動の実状は決して好ましいものといえない。だから、この好ましくない状態はまず何としても打開されなければならない。

それにはどうしたらよいか。私はまず第一に大衆運動の原理、本質をはっきりと確認し直す必要があると思う。大衆運動とは、職業的政党人や政治活動家ではない、普通の職業をもった人間（主婦も含む）が職業から解放された時間に、主権者としての自分たちの要求を実現していこうとする、いわば市民の運動であるから国家権力を組織的に奪取しようとする革命運動や生産の場で闘われる労働運動とは区別して考えられなければならない。また大衆運動は、革命運動とはちがって国家権力を組織的に奪取しようという運動ではなく、一人一人の国民の権利をいまある国家権力の運営の仕方にたいして擁護する運動だから、これから権力を獲得しようとする革命運動のあり方にたいしても、とうぜん注文をつけるということになってくる。だから、そこに大衆運動は絶対に一党一派によって支配されてはならない意味がある。

ところで、日本のように高度に発達した資本主義社会においては、政治社会と市民社会の二重構造が成立する。(この二つの社会を、資本主義はその政治によってつなぐが、その正統なつなぎ方が、代表制民主主義にほかならない。そして、政治による結びつけの背後には、いうまでもなく資本制生産による支配が貫徹している。)こういう社会では、社会変革は、ただ政治社会だけを目標とした一挙革命ではすまない。どうしても市民社会内部における、民主主義擁護の多様で、かつ長期の大衆運動のいわば戦略的な配置、位置づけが必要となる。このことをわれわれの前に明瞭に示してくれたのが、安保闘争の経験であった。*1

地域における民主化運動は、地域そのものが複雑・多様な段階と側面をもつ現実の中では、何よりもまず地域の実状に即した独自のあり方が必要とされなければならない。そこに自立性と市民性を本質とする大衆運動の積極的意味があると考えるのだが、一方では、反体制運動という言葉で、革命運動と市民運動の両方をくくってしまおうとする性急な政治判断があるために、それが現実の処理をかえって困難にし、無用の混乱を招いている場合が多い。

大衆運動の好ましくない現状を打破するために必要なもう一つのものは「統一の論理」である。これについて、私は日高六郎氏の考え方に全面的に賛成である。日高氏は昭和三十八年九月二十一日、国立町公民館「第六回現代教養講座」③の中で、次のように述べた。

「大衆運動では、まず統一できる部分、しなければならない部分がある。それは運動の未来に関わる部分で、①運動の基本的な目標、②具体的な行動の目標(但し、このうちのある部分は不統一、保留でもよい)、③運動をすすめる組織運営のルールということになる。さらに、必ずしも統一できなくともいい部分は、運動の過去と現在にかかわる部分で、①それぞれの人の思想、信条、政治的立場、②現状認識あるいは現状評価であろう。」

しかし、日高氏の提案にも拘らず、現状は決して日高氏の提案のようにはすすめられていない。

私は、従って、ここに公民館活動の積極的役割があると考える。即ち、大衆運動に果たす公民館活動の役割は、大衆運動を是認し、発展させる立場に立ちながら、大衆運動の正しい原理と統一の論理を大衆の学習活動の中に積極的に位置づけることにあると考える。だから、公民館活動は、ある場合には事実上大衆運動の学習的側面を担うものとしての役割を果たし、ある場合にはゆきすぎやあやまちを厳しく追及する役割をもつことにもなる。大衆運動といっても、その規模や目標が非常に大きいものもあれば、ごく小さな地域の問題に限られる場合もあり、また運動の状況も大変に盛り上がったものもあれば、また殆ど学習の段階にとどまっているものもあることは、いうまでもないことである。公民館活動はかような地域の実状の中で、意識的な学習活動を通して民主的人間の形成をはかりながら、なお、大衆運動に対しても一定の役割をはたさねばならぬ独自の立場をもつものといえよう。それはいってみれば教育における積極的中立の立場であるともいえる。

さらにいえば、自己限定の上に立った役割意識の明確化が非常に重要なのである。つまり歴史を進行させるためには、個人や集団や階級や政党がそれぞれの役割を明確に自覚した上で、自分の持ち分を確実に果たすことが必要不可欠のことである。

地域における民主主義の擁護や確立はまさに大衆運動の課題であり、公民館活動はせいぜいその学習面に一定の役割を果たすものにすぎない。そこに公民館活動の限界があるといえるが、しかし今日の大衆運動の現状の中では極めて大切な意味と可能性をもつものであるともいわなくてはならない。

注

＊1　山田宗睦「戦後民主主義のための弁明」（現代の眼六五年八月号）参照。

補注

＊1　ここでは松下圭一氏などから町政民主化運動のもっともすぐれた例として評価されている「国立町政懇話会」—昭和三十年の統一地方選挙で勝利をおさめ、公民館の設置をはじめ、諸々の民主的要求を実現させていった統一戦線組織—の成立と発展と分裂の経過をたどることによって、私の意見を具体的に裏付けたいとも考えたのだが、問題がやや特殊、細部にわたり、かつかなりの枚数を必要とするので、不本意ながら極めて抽象的な意見の提出にとどまらざるをえなかった。

＊2　この私の考え方を支えるものはたくさんあるが、例えば次のようなものもその一つである。少し長くなるけれども、私の拙劣な説明を補う意味で引用しておく。

「一般民主主義的な闘争課題とは、具体的には搾取の制限（生活擁護）、民主主義の維持と強化、民族的独立の擁護と回復、平和の擁護などの諸問題である。これらの課題が民主主義的とよばれるのはそれが社会主義を前提にしてのみ提起しうる課題ではなく、資本主義の枠内でも実現しうる性質のものだからであり、これらの諸要素がすべてブルジョア民主主義が原理的にみとめている基本的人権の擁護を核心としているからである。したがってこれらの諸要素を提起することは、それ自体としては社会主義を要求するものではない。しかし、生活権や平和や民主主義や民族独立をおびやかしているものは外ならぬ独占ブルジョアジーであるから、一般民主主義的な課題の遂行をめざすための闘争は客観的には独占ブルジョアジーとの闘争たらざるをえない。しかしそれはまた独占ブルジョアジーを打倒する闘争ではなく、かれらの力を弱め、制限し、拘束する闘争である。もしこの闘争に成功するならば、或る程度まで一般民主主義的な課題を果たすことができる。しかし、それは決して一般民主主義的な諸目標の最終的な達成を保障するものではなく、その段階での解決は逆転の可能性のある、不安定なものであり、民主主義闘争を完成するためには、独占資本主義の打倒にまで進まなければならない。」—佐藤昇「現段階における民主主義」（思想五七年八月号）

「憲法を守る運動は、憲法を国民のものとする運動です。それは既存のものを保持するという消極的なものではなく、憲法の条文に内容をもりこむことである。憲法を守る運動は、資本主義か社会主義かとか、資本家地主の政府か労働者、農民の政府かという次元の政治問題ではありません。集中的には政治的自由の問題であり、端的にいえば、共産党に民主自由党とまったく同じ市民権を確立する運動です。「赤」といえば異端視されるような社会的条件を一掃することです。共産党と一線を画して政治的自由、民主主義などというのは、原理的にありえないばかりでなく、つねに反共が反民主主義の口実とされてきた伝統の強いわが国では、とくにはっきりさせられる必要があります。それと同時にこのことは、共産党にたいして右の原則を守ることを義務づけます。政治的自由をきずきあげてゆく中で、その独自の政策と実践とをもって国民の支持を獲得することが、現段階におけるその政治闘争の中心目標でなければなりません。平和運動、憲法擁護運動、そして生活を守る運動・農民組合運動、その相互に密接な関係を保たせながら、しかもおのずの独自性を侵さずに発展させてゆくことに、とくに責任をもつことを求められるのは、かつて誤謬をおかした共産党です。共産党にたいしどう対するかに、民主主義がほんものかにせものかの内容がかかっているように、民主主義を達成できるかどうかの成否は、共産党がこれに向ってどう行動するかにかかっていると結論することができるのではないでしょうか。」遠山茂樹「戦後史をどう受けとるか」（世界五六年八月号）

4　公民館主事の役割

公民館活動にとってもっとも重要な存在は公民館主事である。それは図書館から専門職である司書を除いても図書館は残るが、公民館から主事を除いたら公民館は成り立たないほどの意味をもつものである。それは丁度学校における教師の位置と同等のものであるといえよう。したがって、公民館活動の正しい発展のためには、まず何よりも公民館主事の性格と役割が明らかにされなければならない。

では、一体公民館主事の性格と役割とは何であろうか。

公民館主事はいうまでもなく、教育に関する仕事を専門的にする人間であるといえよう。問題はその内容がどのようなものであり、またいかなる立場に立つ人間であるのかということであろう。

一般に、公民館主事が教育に関する仕事をしている人間であるという漠然とした理解はあるにしても、実際にはその理解は大変あいまいなものである。

例えば、高校の教師をしている私の大学時代の友人は私のことを倉庫番というほどにしか理解していなかったし、地域民主主義論で論陣を張った某大学教授も公民館主事の存在を殆んど認識していなかった事実もある。これはたまたま相手の認識不足の故とすることもできようが、公民館に直接関係のある住民とて決して学校における教師のようには考えておらず、自分たちの或る種の要求に応えてくれる便利な人といった理解が一般的のように思われる。労働組合の活動家や革新運動に参加している人たちは権力の末端機構に位置する人間として、公民館主事を疑惑の目で見ている人が多いし、逆に自治体の理事者たちは町政を批判する人間をふやすことをたくらんでいる人間とにらんでいる場合が少なくない。つまり、客観的には、公民館主事は学校の教師とか雑誌の編集者とか労働運動家といったはっきりしたイメージができていない。せいぜい、「教育者らしい人、何でも相談できる便利な人、役人らしくない役人」といった極めて漠然とした人間像があるにすぎない。だから、そこに公民館人といったあいまいな規定のなされる理由もあるのだと思われる。

また自治体職員の内部ではどうか。公民館主事として自治体に雇われている職員、即ち地方公務員であるという客観的事実は誰もが認めざるを得ないものである。さて、しかし一体いかなる職務をもつものであるかという理解については極めて疑わしい。つまり役場職員は戸籍係、税務係、衛生係、建設係、水道係といった客観的に内容のはっきりしている仕事に対して、一般的に内容が限定されていない公民館の仕事をどう理解してよいのか殆どわかってはいない。ただ自分たちとは何か異なったことをしている奴で、場合によってはちょっぴり羨ましいか逆に役所内の陽のあたらぬ場所に流された役に立たぬ人間ぐらいの感じをもっているにすぎない。だから、理事者の側がいち早く公民館主事の仕事を自分の利益に反するものと見取って不当な配置転換を強行しても、自治体職員内部ではそれを自分たちに関係のある不当な仕打ちとして受けとり、かつ怒りを抱くということが特殊な例を除いては殆どないに等しいという現状はむしろ当然なことともいえるのである。大体、公民館を除く他の自治体行政の職場では定期または不定期の配置転換は当然必要な人事交流として行われる場合が多い。そしてこの場合、不当配転の例がないとはいえぬにしても、職員組合が不当労働行為として立ちあがるほどの例は殆どないといっても過言ではあるまい。

また、さらに公民館職員自身、自分の職務に対する自覚や自負がなく、不安定な職場から陽の当たる一般行政への転出を望む傾向も決して少なくはないのである。

つまるところ、公民館主事は自治体労働者の中でも一番不安定な存在であり、その性格も極めて不明確なものである。

さて、この一番不安定な存在をそうでないものに変えていくためには、どうしてもその性格を明らかにしていくことから始めなければならない。

まず第一に、公民館主事は、他の一般行政職の職員と同様、地方公務員である。と同時に、自治体に働く労働者である。

公務員とは住民が自分たちのさまざまな要求をみたすために税金を払って雇っているパブリック・サーバント（公僕）である。だから、公僕の役目はまず何よりも住民のすべての正しい要求に正しく応えることでなければならない。ところが、公務員は嫌応なく権力機構の末端に位置づけられているのが現実であり、真の公僕としての役目を果たすかわりに、権力者に仕えるプライベート・サーバント（私的召使）になり下がらざるを得ないのが一般的な事実である。そこで、この非民主的な現状を打破し、真の公務員としての存在をかちとるために、内部からは職員組合の団結によって、また外部からは住民の民主的な組織運動によって、公の立場を私有化しようとする権力者、権力機構への闘争が行われなければならないのである。そして、この自治体改革の運動は、多くの場合、自治体労働者の側からではなく、住民の側からの大衆運動によって開始されることが常であり、これらの大衆運動、民主化運動は公民館活動と何らかのつながりをもつものであるから、公民館主事はまさに自治体民主化運動における内部と外部との接点に位置づけられた存在であるといえよう。その意味でも、公民館主事の役割は特殊であり、重大であるといわなければならない。換言すれば、地方公務員と自治体労働者の統一をもっとも厳しく求められているのが公民館主事であるといえる。

ところで、第二に、公民館主事は教育専門職である。どういう意味での教育専門職であるかといえば、それは先に述べた公民館主事の基本的な目標を推進するための仕事に従事するものということになる。具体的にいうと、地域民主主義の擁護や確立のために、地域の実状に関するあらゆる資料を集め、分析整理し、それを学習資料として住民の学習活動のために提供する仕事、つまり自治体問題や地域民主主義問題の専門的な編集者、編成者としての仕事がある。

さらに、主体的判断、主権者意識及び歴史認識をかねそなえた民主的人間像の創造を目ざした、講座や学習を公民館活動の中に定着させ、積極的に押し進める仕事がある。それは社会科学の継続的な講座の開設・実施だけではなく、小グループによる読書会、生活記録活動、文学や演劇や音楽などの芸術文化の創作活動など、可能な限りでの多様な学習活動の展開が必要である。その意味で、特に学習内容のキメの細かい編集、編成の仕事が重要である。早い話、社会科学学習の必要性は理解しても、どういう内容をどういう形で学習内容として編成していくかはまだ殆んど掘り下げられてはいない。また、地域の社会的政治的条件が極めて非民主的で、しめつけが厳しい場合でも、従って正面切っての講座や学習が組めない場合でも、まさにそのような条件の中でこそ試みうる学習内容の検討が必要とされるのではあるまいか。これを要するに、公民館主事は将来は教育公務員特例法の適用を受ける人間と考えたいし、現状では教育専門職としての力量を十分に発揮することによっての自治体労働者の中でも存在価値を見出しうると考えたい。

公民館主事の第三の仕事として、公民館施設の設計とその推進という仕事を強調したい。日本におけるこれまでの公民館活動をみると施設なしのいわば青空公民館としての活動が主流であった。それはまた戦後における公民館活動の指導・推進がそれを是としたことにも原因があるが、とにかく施設のもつ積極的機能は殆んど問題にされなかったといってよい。無論、公民館は教育機関であるから、施設そのものよりも、教育的機能こそ重要であることは当然であるが、しかし、だからといって施設がどのようなものであってもよいということにはならない。特に、大衆社会状況の一般化と工業化、都市化の急激な動きの中で孤立化し、非連帯状態を余儀なくさせられている新しい地域住民のためには、一人でも気軽に行ける憩いの場、他との連帯をはかる社交の場、文化的要求をみたす教養の場等々、多面的な魅力をもつ施設（建物）の必要性が高まっているといわなければならない。さらに一部の公民館族ともいうべき人間を除いて、学習意欲の少ない青年層や成人層をも公民館に寄りつかせうるためには、魅力ある施設の存在が積極的な意味をもつものと考えられる。それでは一体いかなる公民館施設を構想したらよいか。それはまさに今後の課題であるが、私のイメージの中にあるものは中国における「工人文化宮」である。冨田博之氏が報じた「上海工人文化宮」（月刊社会教育第五十号）からその概要をまとめてみよう。

一階には映画と音楽のためのホールがある。二階にもホールがあり、ここでは四、五百人の人がステージの指導者から歌をならっていた。このほか、この階には、ピンポン台が二〇台ぐらいもずらりとならんでいるところがあった。この階には、中国将棋とか、日本でも浅草あたりの遊戯店にでもありそうな「力だめし」などの遊戯施設があり、みんなたのしそうに遊んでいる。もちろん無料である。三階には図書館と閲覧室があり、魯迅生誕八〇年を記念する関係図書の紹介、辛亥革命五〇周年を記念する文献の紹介などが、いろいろな展示や表示のしかたでなされ、図書館が生きた社会教育の役割を果たしていることが、ムンムンと感じられた。閲覧室はいくつかにわかれ、新聞雑誌のへやが一ばんにぎわっていたようである。閲覧室につづく小部屋では、今夜特殊座談会があるというので聞いてみると、上海の労働者の書いた工場の歴史が出版されたので、その本をめぐって、学者と労働者と、文芸出版社の関係者とが集まって、その内容の検討をしているとのことだった。その上の四階の広い歩廊は、工人詩画廊になっており、労働者の詩や絵の作品が展覧してあった。電視室（テレビ室）、講演庁（講堂）などのへやも、この階にあった。五階には、たくさんの小部屋があり、それぞれのへやで、芸術関係のサークル活動がおこなわれていた。①「赤い子ども芸術団」の合唱サークル　②「赤い子ども芸術団」の舞踏サークル　③労働者のブラスバンド　④詩の朗読のサークル　⑤美術サークル　⑥越劇のサークル　⑦話劇サークル　⑧京劇サークル　⑨評弾　⑩子ども民族楽団。

中国と日本では社会的、政治的諸条件が基本的に異なっているわけだから、すぐさま、工人文化宮が公民館構想のモデルとはなりえないかもしれない。しかし、私の頭の中にはこの工人文化宮のイメージが離れがたいものになっている。この豪華な工人文化宮は、解放前には「名目はホテルで、実際は上海の金持やならずものたちの賭博と売春の場所だった」ことを知って、私は国立町公民館も前身は自治警察署だったことを思い、さらに、だから我々の努力次第では、私たちの「文化宮」も夢ではないと考えたいのである。そして公民館主事が積極的に施設構想のイメージを鮮明にもつことができるならば、たとえ施設の実現は遅れても、そのことによって公民館活動の形態と内容もまた新しい展望の中で再組織されうるのではないのだろうかと考えるのである。＊1

注

＊1 私の属する三多摩社会教育懇談会では、いわばその日本的イメージとして「公民館三階建論」なるものを確認事項としてもっている。それは日本の現状では、都市でのみ可能なものかもしれないが、およそ次のようなものである。「一階では、体育・レクリエーションまたは、社交を主とした諸活動がおこなわれ、二階ではグループ・サークルの集団的な学習・文化活動がおこなわれる。そして、三階では、社会科学や自然科学についての基礎講座や現代史の学習について講座が系統的におこなわれる。」――小川利夫「都市社会教育論の構想」（三多摩の社会教育Ⅰ）

3 くにたち公民館

創設期のあゆみ

原題――くにたち公民館―創設期のあゆみ
掲載誌――『月刊社会教育』国土社、一九七〇年八月号

くにたち公民館が生まれたのは昭和三十一年十一月であり、職員を採用して活動を開始したのは翌三十一年四月からだから、一般的にいえば、公民館活動のはじまりは大変遅かったといえよう。

しかし、公民館の誕生（設置）が多く見られるように、行政側の施策によって、いつとなく、なんとなく住民の前に出現したものではなく、まさに住民の活発な要求運動によって生み出されたものであることが特色である。そして、そのことが公民館活動のその後の発展の基礎となったのである。

国立は国分寺市と立川市との間に開発された、約八平方粁の新しい学園町であり、戦後急激に発展したいわばサラリーマンの町である。町制の敷かれたのは昭和二十六年のことだが、その直後に、町は浄化運動でわきあがった。あらゆる意味で、その後の日本の在り方や進むべき方向を決定づけたともいえる朝鮮戦争が昭和二十五年に起された結果、その輸送基地とされた立川基地に国連軍と称する若いアメリカ兵が集結し、そのまた必然的帰結として、静かな国立町もまたたく間に立川基地の慰安所と化したのであった。目をおおうばかりの頽廃的光景が巷に見られ、風呂屋で女の子が性病に感染するかもしれぬという不安などが重なり合って、まず母親たちが

立ちあがり、それに町の有識者や一橋大学の教授や学生たちが呼応して、国立町浄化運動期成同志会が結成され、浄化運動が具体化したのである。町の利権・反動勢力は国立町発展期成同志会をつくり、執拗な反対運動をつづけたが、約半年後の二十七年一月に、良識がついに勝ち、町の中心部分が「文教地区」に指定されたのである。「文教地区」とはただ一定区域の中に風俗営業などの建築をしてはならぬという制限が適用される区域にすぎないものであるけれども、運動に参加した人たちの実感からすれば、不満や要求を結集して、自分たちの住んでいる所を住みよい所、納得のできる所に変えていくことを通して、日本社会の民主化に役割を果しているのだという自信と誇りのよりどころになったのである。

文教地区指定後、もとの静かな姿にもどった町の中に、青年や婦人の文化活動、サークル活動が活発に展開されるようになったのはいわば当然の帰結ともいうべきことであった。

婦人たちは会員一千名を擁する「くにたち婦人の会」をつくった。婦人会とはせずに、婦人の会としたところに、単なる婦人会とはちがうのだという意識の現れをみることができる。事実、単なる連絡組織や趣味団体ではなく、町の政治とも直接かかわり合う活動をはじめた。青年たちは、勤め人も学生も気楽に土曜日に集まろうということで「土曜会」をつくった。初めは二、三十名だった土曜会はのちには百五十名をこえるようになったが、この土曜会の活動が実際にのちの公民館活動の内容を用意することになったのである。コーラス、人形劇、演劇、詩、読書、図書、新聞などのサークル活動が活発になされ、婦女子が夜道を一人歩きすることがかなり危険であった当時においても、この会に入れておけば間違いないとする親たちの絶大な信頼もかちえていた。

土曜会への参加

当時、私は一橋大学の学生として、町の中の中和寮という学生寮に住んでいた。その頃の学生の間には、市民や地域との連帯という意識が比較的強かったし、特に国立では文教地区指定闘争の中で、町の青年やサラリーマンとの結びつきがあったから、ごく自然に学生が町のサークル活動にかかわりをもつことができたといえよう。私は文教地区闘争には直接かかわりをもたなかったが、二十八年四月、国立に移ると間もなく、土曜会に参加することになった。実のところ、この土曜会に私がかかわり合ったことが、私のその後の進み方を決定づけ、つまりは国立公民館の在り方を決定づけることになってしまったのである。

当時は血のメーデー事件に象徴されたように、かなりの激動期であり、さらに、山村に解放地区を作って革命の拠点にするといった革命理論が支配しており、党員たちは熱心に空手の練習にはげむような状況でもあったから、町の中のサークル活動などはどこか軽々しく考えられていたし、あまり評価の対象にならないようなところがあった。

私は山村工作隊員になる勇気もなかったが、山村でのきびしさを求めるよりも、むしろ、地域の中でのありふれた活動の中でのありふれた活動の中に可能性はないものかと反発的に考えた。つまるところ、到底ついていけそうにない革命理論へのコンプレックスと反発とから、町のサークル活動、土曜会への参加ということになった。

このようにして、私の町の中での活動がはじまった。

土曜会でのサークル活動に対して、はじめは、それが一体社会変革にどれ程の意味をもつものであるのかという疑問を抱きもしたが、A君やBさんなどとの仲間意識が強まる中で、次第に深入りするようになっていった。三十年三月の卒業を一年延ばしたのもその結果である。

土曜会ではさまざまな活動や経験をしたが、その三年間の活動の中で、私が最も熱心にやったことは図書館づくりである。折角、文教地区指定をかちとったのに集会所も図書館もないのは恥ずべきことだし、淋しいというわけで、一方では二十七年に廃止され、遊置されていた自治体警察署の建物を町の集会所として開放して欲しいという要求を町当局にぶっつけながら、他方では実際に出来ることからはじめようということで国立会という団体の狭い事務所の一隅を借りて、土曜会図書館をはじめたのである。元手が全然ないので、自分たちの本棚や書物を少しずつ持ち寄り、約三百冊で出発させたのであった。たしか二十九年の正月のことであった。その後はいろいろ工夫もし、寄贈本や委託本を集めて、約二年間で千三百冊にまでふやした。週二日、サークル員が交替で貸出し当番をして町民にひろく開放し、新聞を発行したり、読書会を行うなど、精力的に活動をつづけた。浪江虔氏の私立図書館を見学したり、青梅図書館のむらさき号に便乗して図書館運営を勉強したり、また時代意識と大きなズレのある日本十進分類法が気にくわなかったので、自分たちの納得できる分類法を編み出そうと研究もしたのだった。小さな図書館経営ではあったが、私たちには下手な図書館司書などには負けない自信があったし、実際に青梅図書館の司書などはぜひ一緒に勉強させてくれと言ってきた程であった。

公民館職員となる

浄化運動を通し、またその後の経過の中で、町長や町議会の役割がいかに大切であるかの認識を深めていたから、三十年四月の地方統一選挙では浄化運動に参加した人たちを中心に「国立町政懇話会」なる政治結社がつくられ、積極的に公認候補を立てて戦った結果、危ふしと見られた町長は僅少差で勝ち、町議も定員二六名中十二名（ほかに社会党員二名当選）を公認候補が獲得した。その中にはくにたち婦人の会所属の主婦が三名、土曜会所属の青年一名が含まれていたが、この青年は弱冠二十五才ながら最高点当選であった。二十五才に数ヶ月足りなかった私は、もしも被選挙権があったなら恐らく立候補することになったかもしれないが、このときはわが青年代表の事務責任者として働いた。彼は非常に有能で、熱心な議員として活躍し、公民館のためにもいろいろ骨を折ってくれたから、私が翌年公民館職員となり、彼との連帯の中で仕事をすすめるようになったことは、創世期の公民館活動にとって大変心強いことであった。

かくて、文教派が議会の多数を占め、町政懇話会の政策は一つ一つ実現していくのであるが、その一つとして、三十年十一月に自治体警察署庁舎を転用して、国立町公民館が誕生したのである。このときは予算も職員も何もない状態ではあったけれども、少しでも早く集会所を求める要求に応えようとしたからに他ならない。

私はそのとき青年団体代表として公民館運営審議会委員に選ばれたが、これからの公民館の方針や活動について研究してほしいという教育委員長からの特別の要請もあって、単なる諮問委員でない期待と役割をもたされたのであった。そのときから私は実質的な公民館職員としての役割を果してきたのであるが、このときはまだ公民館職員になることを決めていたわけではなかった。かなり前から中学校教師になろうと準備し、東京都の試験にも合格し、練馬区に就職口も決まりかけていたからであった。しかし、考えた末、職員になろうと決意した理由にはおよそ三つのものがあげられる。

第一には、今まで自分が町の中で活動をつづけ、何がしかの役割を果してきたことからして、これから始まろうとする公民館活動に対する責任と期待を背負っており、無責任に逃げることはできないこと。

第二には、友人たちとの相談の結果、中学校教師の道も公民館職員の道も大体同じものではないか。むしろ未知な公民館の方に可能性があるのではないかという結論をえたこと。

第三には、長野県中野公民館を訪れ、そこで東大卒の千野陽一氏が職員として活躍されていること、特に細野館長の人柄に接し、公民館活動に対する興味を覚えたことがあげられる。そのときいただいた館報「文化なかの」は文字通り文化性豊かな内容で、まぶしいような刺戟を与えられたことが忘れられない。「くにたち公民館だより」が予算も殆どない状態のときから発行されるようになったのも、私の感激がそれほどに大きかった証拠ということができる。

総じていえば、土曜会でのサークル活動、町の中での運動を通して、地域におけるサークル活動こそが日本の民主主義の原動力になりえるのではないかという考えを固めつつあったことが、私を公民館職員へと踏み切らせたといえよう。

かくして、私は三十一年四月に国立公民館職員となった。職員給は一人分しかなかったのだが、どうせやるなら一人より二人の方がよい。給料は少なくともよいからと懇願して、町役場に願書を出していた寺西君（現市民課長）を一緒に採用してもらうことに成功した。彼も土曜会と兄弟分のような「武蔵野会」という会に属して、サークル活動に参加していたので、どうせなら町役場より公民館の方がよかったのである。この当時の教育委員会は公選制で、実権をもっていたから、実力者の教育委員長の考えひとつで大抵のことが動いたのである。

職員としての努力

さて、職員としての最初の仕事は集会室を実際につくることであった。自治体警察の建物がそのままに放置されていたから、青年房、婦人房、少年房、接見室、監視室といった部屋をこわして、とにかく集会に活用できる部屋をつくること。僅かな予算でどのようにしたらうまいことできるか腐心したものであった。自由な社会教育をすすめるための基本条件の一つは場の確保であり、それを保障するのが社会教育行政の職務であるから、職員としての手はじめの仕事、公民館活動の第一歩が集会室づくりであったことは、それからの公民館活動の在り方を規定づける意味で、いわば象徴的であったといえよう。この伝統はその後もつづき、ホールの新設（三十六年）、集会室の増設（三十八年）、保育室・青年学級室等の新設（四十二年）は、すべて諸団体の積極的努力と運動によってかちとられたものである。

さて、職員として仕事をすすめていくについての当面の努力目標はおおよそ次のようなことであった。

第一には、今までの町の中の自分の在り方からして、何よりもまず町の民主化路線にそいながら、青年や婦人の自主的な活動・要求に応えていくこと。

第二には、職員として給料をもらって町に勤める以上、自分の仲間たちや関係してきた運動への奉仕だけではなく、もっと広く町民のさまざまな要求に応えなければならない。とりわけ文教地区指定に反対した地域や層の中へ何はあっても飛びこんでいくこと。

第三には、公民館の果たすべき独自の役割と自己責任の明確化。いったん決意して職員となったからには全力をあげて、長くねばりぬくこと。また、その裏付けとして専門職としての保障をしっかりさせることである。（嫌ないい方だが、役場の職員になったという意識はさらさらなかったし、公民館はどんなことがあっても絶対動かないと強く決意していた。）

その頃、土曜会は会運営もゆきづまり、図書館開館も思うようにいかない状態になっていたので、私の入職と同時に、土曜会図書館はその財産の全部を公民館に寄附し、発展的解消ということになった。このことは他の活動についても同様で、いってみれば、公民館活動は土曜会からのバトンをタッチし、その発展的解消の上で、その遺産を背負って出発したのであった。だから、私たち職員は、当然のことながら、いままで行われてきた自主的活動をさらに発展させ、それ以上にひろげるために専門的力量が期待されたのであった。遺産、実績の力は大きいもので、図書館を持ちこんだことで、すぐさま月一万円の購入費を獲得し、間もなく出納専門の女子職員も採用となり、三十一年八月から公民館図書室を開室させた。たった三人の職員ながら、夜しか帰って来れない人たちのために、週三日は夜九時まで、また日曜日や祝祭日も必ず開館するというように、できるかぎり住民の立場に立った運営を工夫した。そのためか、この年度の図書室利用者は五七〇名、翌年度は千名をこえるというように、図書室の規模からすれば、想像をこえるほどの盛況ぶりであった。

また事務中心の寺西君に対し、学習活動を専門に受けもった私は、殆ど毎晩のように、文教地区指定に猛反対した農業地域の青年団に出向き、その文化部とタイアップして青年学級を開設し、青年たちと夜おそくまで交流したものだった。また、層をひろげるために主として視聴覚手段を用い、映画会、幻灯会、紙芝居など、PTAといわず、子供会といわず、婦人会といわず、どこにでも出向いて行った。夏休みなどはPTAの地区会の行事に呼ばれて、それこそ休むひまもない程であった。映画会は野外だと必ず校庭一杯の人数が集ったから幕間を利用してのPRはかなり効果があった。野外のみならず、特に農村地域では家庭に映写機を持ち込んで、話し合い映画会なるものを盛んに実施したし、のちには「定期ニュース映画会」を組織して、町内五ケ所で隔週に上映、それぞれに百名以上の人たちを集め、そこで毎回ニュース解説を行って単なる楽しみ映画会にならぬような努力もした。三十一年十一月には早速文化祭を組織し、その中心に「町民のつどい」なるものを設定した。これは現在も続いているものだが、文教地区、農業地区を問わず、みな一堂に会して、歌ったり踊ったり、それぞれの団体が思い思いの出し物を披露しようというもので、これには反文教派に属する婦人会もこぞって参加し、好評でもあったが、交流、親睦に大きな役割を果したと思う。

さて、それらのことをすすめながらも、公民館の積極的な事業としてどうしてもしなければならないと考え、実施したものに、秋の「現代教養講座」があった。その趣旨は『私たちは忙しい毎日の生活の中で、ともすれば目先の仕事に追われて、自分が生きている時代や社会のことを忘れがちです。私たちが団体やサークル活動の中で活動し、運動をしようとする場合に大変重要なことは、一つの団体やサークルにとらわれない大きな視野をもち、全体の見通しの中で自分の態度や行動をきめていくことではないでしょうか。現代における教養とはまさにそのようなものでなければなりません。……』といったもので、単独のサークルや団体ではなかなか実施困難な一流専門講師の講演を、いわば住民の要求を先取りし、代表した形で、公民館が主催しようとしたものであった。三十二年の八月から九月にかけて行われた第一回現代教養講座は次のようなものであった。

①新しい勉強の仕方　重松敬一
②現代における文学　亀井勝一郎
③映画の見方　瓜生忠夫
④原子力と世界の動き　渡辺誠毅
⑤世界における日本の立場　岡倉古志郎
⑥憲法をめぐる政治　中村哲
⑦日本経済の現状　木村禧八郎

この実施については、教育委員長などから時期尚早という反対があったけれども、どうしてもやりたいと力説して実施にこぎつけた結果は予想外の反響で、参加者は百二十名をこえ、大成功といえるものであった。このときは百名も収容できる会場は公民館になく、その会場をさがすのも一苦労であった。結局のところ、一橋大学の学生食堂をやっと借りることができたが、教室や他の集会室は空いていても貸してくれなかった。終了後のアンケートでも、今後もこのような連続的な講演会を開いてほしいという希望が圧倒的で、職員もますます力をえて、以後は毎年、いわば呼び物の事業になっていった。年々参加者もふえ、特に三十五年九月に行われたものは次のような内容であったが、申込者は三百名をこえるほど殺到した。実際の参加者は七、八割に落ちたけれども、当時の人口が三万人だったことからすると、この企画が大変な人気を呼んでむかえられたことがわかる。安保の強行成立という異状事態が地域の住民たちに大きな関心を呼んだにちがいないにしても――。

①ものの見方考え方　国分一太郎
②主婦の生き方　堀　秀彦
③政治を見る目　丸山真男
④新聞、テレビを見る目　藤原弘達
⑤経済を見る目　遠藤湘吉
⑥社会を見る目　きだみのる
⑦世界と日本　上田専禄

なお、講師が偏っている等の町理事者や議会での詰問に対しても、圧倒的支持があったから胸を張って堂々と受け応えることができた。

このようにして、国立公民館は徐々に住民の中に浸透し、住民のあらゆる社会教育要求にできる限り応えながら、同時に住民がさらに一歩前進できるための専門的役割を果たすべく、その存在理由をはっきりさせていったのである。

公民館の主体性の確立

一たんレールが敷かれてしまうと、あとは一本道であるが、しかし、すべてのことが簡単にはこんだわけでは決してない。

この当時、私が最も精神的に苦しんだことは、公民館の主体性、公民館活動のペースをどうつくりあげていくかであった。町の中での諸活動（例えば、原水協運動、平和協議会、平和と民主主義と生活を守る運動など）をすすめてきた活動家たちは、私が公民館に入ったので、公民館をそれらの運動の事務局にし、私を大いに働かせようとしたのである。それまで私も有力な活動家であったから、その方が気持も楽であり、そのときは私の気持次第で簡単にできたことであったけれども、私は給料をもらって町に勤めた以上、自分の役割は民主主義路線をもっと拡げるための、独自の、自分にしかできない仕事を切り開くべきであると考えていたので、そこにくいちがいが生じたのであった。もしそのとき気安く要求に従っていたとしたら、今日のくにたち公民館の存在価値はかなり低いものになっていたにちがいないと私は確信している。わが国での革新的運動と呼ばれるものは現在に至ってもなおセクト的、自己中心的であり、全体の中で、それぞれが別の役割を果すという役割分担の考え方に乏しいが、このときは狭い地域で、運動体も小さかったから、余計にことを便宜的に動かそうという傾向が強かったのである。私は、とにもかくにも、そういう傾向そういう一種の圧力と闘って、公民館を町の民主化路線拡大のため独自な役割を果すべき教育中心の機関として定着させようと努力し、政治的にはいわば積極的中立の立場を堅持しながら、政治的次元でのみ物事の価値を評価するのではなく、時代の要請や歴史の方向に対して確かな判断を強化することを目ざしたのである。それはまことにせつない努力、つらい闘いであった。もともと教育に志した私だから、私の考え方は組織や集団よりも、まずひとりの人間を大切にし、自分の頭で考えることのできる人間を育てていくことが先決であるとする傾向が強かったし、「教育とは一対一の対決なのだ。一年かかって一人でもよい。価値をミニマムに、その代わりねばり強く頑張ろう」と自分に絶えず言いきかせていたものだった。

また、私がいくら特別の事情から採用されたといっても、いつまでも勝手に公民館に居られるという保障はなかった。教育委員会は間もなく（三十一年十月から）任命制に変ったし、国立の場合は公選の委員が全員残留となったが、文教派の町長は何かにつけ、半分は好意もあって、私を町の他の部署へ配転させたがったものである。自分は公民館以外の所へは決していかないと決意していたし、また教育の仕事は一年や三年では何もできないとの判断もあったから、教育委員会には特に主張して、身分の保障を約束させ、守ってもらうよう努力したのであった。不当な処置に対しては断固闘う意志をもっていたが、それでもいざという時に泣きごとを並べたくないという気持も強かったから、一人の生活がやっとという給料の中で、たとえ辞めることになっても半年ぐらいは食いのびるような貯えも怠らなかった。

さらに、私は公民館の客観的地位を保障させるために、公民館はいやしくも一つの課以上の仕事をしているのだから、その主任は当然課長待遇であるべきだと主張し、実際に三十五年四月に格付は係長ながら、課長会には常時出席という資格を獲得し、さらに三十八年四月には正式に公民館主事を一等級の課長として認めさせた。また四十二年には公民館処務規則をつくり、「課長である副館長の下に管理係長、指導係長、図書係長をおき、指導係には社会教育主事（補）を図書係には司書（補）をあてる」という規定を正式に認めてもらい、市の例規集の中にもキチンと収録させた。これらのことは無論私ひとりの努力ではなく、職員の知恵と力を合せたものである。特に、処務規則をまとめるときは職員の打合せ会で幾度も討議をし、案を練ったものである。ただ、私が早くからこういう機構整備や専門職の位置づけについて重要性を意識し、いささかの努力をしてきたことは認められていいだろう。自分の役職に直接かかわっているだけに主張しにくいことにちがいなかったのだが、私には町役場の中で出世しようなどという気は全くなかったから、極めて冷静に、客観的に主張しえたのであった。職員数がふえ、機構の整備がキチンとされてしまったあとでは、改革はなかなか難事業である。私のいささかの自慢は、まだ職員が百名にもみたなかった時期に、執拗にくいさがって、課長と同格の副館長のおける土台をつくったことであろう。公民館がそのように位置づけられていることは、学習内容編成の自由の保障と深いかかわりがあるから、これからの発展の上で、大きな意味をもつにちがいないと思う。無論、現社会機構においては、それが厳しい職制のしめつけの強化に役立つ可能性もないとはいえないが、それは専門職の実力と職場集団の連帯が強ければ恐れることはないのである。

学習の構造的編成

現代教養講座は第一回から成功をおさめ、国立公民館の呼び物の事業として年々人気を呼び、盛況さをましていった。公民館としては単なる聴き放しの講演会に終らせないために、公民館だよりに講演要旨を学習資料としてのせたり、また講演内容をパンフレットにして参加者に配り、それをテキストにした勉強会を行なったりして、後始末をできるだけていねいにするようにした。特に、三五年の講座終了後は積極的に聴講者の会を組織し、それは会員百名をもつ「いずみ会」にまで発展した。

しかし、このいわば「連続講演会」方式は、それなりの効果をあげ、多くの人たちを集めえたものではあるけれども、幾年も繰り返しているうちに、参加者の中からもっとじっくり掘り下げた学習をしたいという声が出されてくる一方、企画者の私たち職員の側からも受講者の層が大体定着化しているし、それに関心をもつ人々をほぼ集めつくしたとも考えられたので、もう一歩つっこんだ学習形態をとってみようということになった。そこで三十九年には思い切って次のようなものに切りかえたのである。それは「例年より一歩進めて、社会科学の最も重要な部門とも言うべき歴史、思想、経済の諸問題を、原理的なもの、本質的なものをふまえながら、時間をかけてじっくり掘り下げてみよう」という呼びかけで、各コースとも定員を百名に限定したのであった。

講座名	主題	開催日	10—12 1.00—3.00	講師
歴史	歴史的なものの見方	九月十七日　九月二十四日	歴史①、歴史②、 歴史③、歴史④	東京教育大学　大江志乃夫
思想	個人的思考と集団的思考	九月三十日　十月七日	思想①、思想②、 思想③、思想④	学習院大学　久野　収
経済	日本経済のとらえ方	十月十五日　十月二十二日	経済①、経済②、 経済③、経済④	横浜国立大学　本間要一郎

ひきつづいて、四十年度には歴史、哲学、経済、政治の四講座を実施したが、人数を限定したために参加者の層が狭くならないように、従来の教養講座のようなものを希望する層に対しては「月例講演会」を企画して、時局問題や文化問題などについての講演会を毎月実施した。

四十一年度からは、さらに一歩すすめて、「市民大学セミナー」を企画・実施するようになった。それは講師中心の講義ではなく、大学におけるいわゆるゼミナールのように、一つのテーマのもとに集った参加者たちが、講師の指導と助言を得ながら積極的に調べ、討論をし、考え方を本当に深めていくことをねらいとして企画されたものである。参加者は二十名に限定し、隔週毎に十二、三回続け約半年で一応終る。さらにその後は論文なりレポートなりを一冊の記録にまとめあげて正式に終了ということになるから、実際には一年から一年半ぐらい続くことになる。

第一回セミナーは「婦人の戦後史」「文学」「経済」「教育」の四コースで行われたが、例えば「文学」は「転形期の作家と作品―日本文学における伝統の受け継ぎと変革」ということで、募集案内には次のように書かれている。「文学と一口にいっても、その意味するところは大変まちまちです。この『市民大学セミナー』はなによりも自分の生き方やものの考え方にかかわらせて問題をつきめるのがねらいですから、この講座も単なる日本文学史の講義や文学作品の解説に終ることのないようにと考えられています。文学について、或いは文学を通して真面目に考えてみたい人はどなたでも積極的に参加して下さい。」

大変高度なもので、近より難いという感じもしないではなかったが、募集の結果は定員を超え、途中脱落者は殆どなく、全員が報告を行ない、終了後四ヶ月にして「転形期の文学」という記録が自主的にまとめられている。これは従来の社会教育関係の記録とはかなり趣を異にした、質の高い内容のものである。セミナーの成否には講師の選定が決定的な意味をもつので、編成者である主事の識見がきびしく問われることになる。魅力的なテーマ設定とその指導に最適な講師の選定、或るときは講師に遠慮のない注文もつけ、講師に一層適確な指導性を発揮させるような、講師と主事のチームワークも必要とされる。四十一年度以降四十四年度までに実施された「市民大学セミナー」は十五コースを数え、かなりの定着化をみせてきているといえよう。そして、それらの学習を通して、既成組織には頼らない、新しい市民運動の担い手も少なからず育ってきているのである。(関心を持たれる方は月刊社会教育の一二一号、一四二号、一五一号などを参照せられたい。なお成人教育については、大変ユニークな「若いミセスの教室」の学習実践が積み重ねられていることも附記しておきたい。世界二九七号「私の学校」参照。)

国立市公民館の成人教育活動は、いってみれば、十年がかりで連続講演会方式から集中講義方式を経て市民大学セミナーの実現をみたわけだが、そのことはとりもなおさず、住民大衆の学習意欲が、受身で聴く講演会や底の浅い学習にあきたらず、重量感のある、つきつめた学習を積極的に求めている証拠ともいえると思う。激動する現代の中でいかに生きるかを真剣に問いつめる人々にとっては、いままでの日本の社会教育に支配的にみられた低度啓蒙的な学級や読書会などでは満足しきれぬ思いと意欲がみちていることを私は強く感じている。

時代の要請や人間の本質的在り方に迫る問題をたくみに触発しながら、それを追求し、積極的・主体的学習実践へと高めていくような、奥行きの深い学習がいま切に求められているのだと思う。

とにかく、これからの社会教育は一人の人間がいつまでも、どこまでも継続して学習をつみ重ね、発展させうるものでなければならないし、同時にどんな人でも欲すれば、いつでも学習しうるような機会が具体的に用意されていなければならないから、当然のことながら、学習は複線的、段階的に考えられ、設定されなければならない。それを「学習の構造化」と呼びたいのだが、それが公民館の年度計画の中に整然と具体化したときに、初めて公民館は『市民の大学』として機能しはじめるだろうし、さらには既成の大学では果しえぬ役割を担いうることになるのだと考える。

その意味で、国立市公民館の実践は漸くいま始ったばかりである。

（国立公民館副館長）

4 公民館構想の原点をたしかめる

三十歳を迎えた公民館

原題——三十歳を迎えた公民館—公民館構想の原点をたしかめる
掲載誌——『月刊社会教育』国土社、一九七六年七月号

寺中作雄氏（元文部省社会教育局長）
岡本正平氏（東北福祉大学教授）
徳永功氏（国立市社会教育課長）
司会　島田修一氏（中央大学教授）
昭和51年5月23日

司会　いま、日本の各地で社会教育施設の要求が高まって、実際に住民の手で施設づくり運動が広まっているのですけれども、その時に「寺中構想」というふうに呼んで、改めて公民館設立当時の理念なり、原則なりが読み返され、学び直されております。施設づくりに取り組んでいる人々の心を惹きつけ、寺中構想がとらえ返されているのは、一つには地域の現実に根ざした学習活動のよりどころとして公民館を考えていくという点、二つは、

住民自身が運営委員会を構成して、役員を選んで事業計画を立てていくという、住民の手による運営という点にあると思われますが、そういう点で先生に伺いたいことを徳永さんから出して下さいませんか。

徳永　私は、できれば先生の青春時代から戦後寺中先生がなぜ公民館という運動をお考えになったのかというあたりをお聞かせいただければと思いますが。

寺中構想の動機

寺中　もう三十年もたったことだし、そういう問題から遠ざかっておって、そんなふうにいわれると恥ずかしい思いがするのだけれども、私はもともと内務省の採用で、地方課の関係をやっておりました。それが終戦のころ、社会教育をやれといわれて、地方で、社会教育の実情や社会教育行政を見ておったので、今度文部省から一体社会教育はどうなっているかと見直しますと、文部省の社会教育の取り扱い方がはなはだ頼りない。学校教育のためには、いろいろの対策を立て、いろいろの事業もやるが、社会教育に対してはほとんど何もない。「社会教育委員」も名目だけで、地方の顔役がその名刺をもって、多少いばって青年に訓辞をするとか、指導と称することをやっているだけである。青年団にも何にも教育的配慮がない。

改めて検討してみると、行政ですから、そこに人の組織があり、設備があり、施設があり、そして学校教育と並んで、学校という方法以外の部分の社会を対象にする教育をやらなきゃいけないと思ったわけです。ことに終戦後、みんなが虚無状態になっているので、これに力を入れなければ日本の再建はできないのではないかということを私なりに感じましてね、そういう方策を立てるべきであると。

それは、文部省的な社会教育でなくて、もっと地方自治体の更生とか、産業の振興とかということを根拠にした設備と人を伴った社会教育であって、いわゆる学校教育を追随する、あるいは学校教育の余暇にやるというものじゃない、もっと地に即した社会教育でなければならない。そういう意味では、公民館は文部省の行政ではない。厚生省や産業省などが一つになって、地方自治に即して構成されるものだということを強調したわけです。

そこで行なわれる教育も、壇の上から人を教えるのでなく、子弟自身が環境に応じて考える自己教育であり、あるいはそれぞれの分野で指導者がいるのだから、お互いに教育し合う相互教育であるべきだと、そういう精神を持って公民館の構想を打ち立てたわけです。

帝国教育会発行の「帝国教育」から、昭和二十年の十二月に、戦後の社会教育についての考え方を発表するようにいってきたので、それに応じて、その時初めて「公民館」という名前を出したのですが、当時占領軍の軍政部が全国を支配していたので、アメリカに公民館のようなものがあって、それを軍政部から強いられたのだろうという噂が立ったのですが、まだGHQの担当官が来ない前に発表したというのが事実です。

その後ネルソンという若い学者が、自分が社会教育を担当するといってやり出す前に、私のほうから構想を持ち出して、これを地方に通達をして盛んにしていきたいというと、それはいい考えだといってくれました。

そんなことで「公民館の建設」をつくったいきさつは円地与四松さんの関係が出てくるのですが、いずれにしてもあれに書いたような気持ちで公民館を育てていこうと考えた。それにしても、べつに予算があるわけでも、補助金があるわけでもないから、自主財政でいく。政府の金に頼るとか、補助金に頼るとかいうことでは、ほんとうの更生はできない。公民館を自分の財政で打ち立てるということを強調しました。しかし、それはおかしい。文部省の仕事だから、予算面に関して一体そんなことができるのか。机上の空想に終わるということもいわれました。行政の立場からいえば、まことにへんなものだったのですが、しかし、そういう気持ちをだんだん地方でも感じてもらって、青年団が立ち上がって、自分の金を持ち寄って公民館を作ろうじゃないかという運動が各地に出てきたようですね。

次官通牒のねらい

司会　先生の構想が次官通牒になって二十一年七月に出るのですが、その半年間に文部省内部で主要な方針として練られたわけですか。

岡本　そうでしょう。七月に出された次官通牒「公民館設置運営要綱」は、国からこんなにまでこまかい指示を出す必要があるかと思われるほど詳しいものですが、それは、寺中さんのほかにも戦前的な遺産から学んだり、その反省の上に立って新しいものにしていこうというようないろいろなことがあったのじゃないかと思うのですよ。そして、地方振興とか、町村振興に力を入れて、とりわけ産業振興、あるいは生活振興時には失業救済、引揚者の授産的なものもやるという総合的なものになった。

ですから、単なる文化機関にしなかったことが、ちょうど戦後の荒廃した中で公民館が受け入れられた大きな要因になったのじゃないかと思いますね。今日からいえば、それはオールマイティみたいだけれども、当時は国の機関だけではやっていけない状態があったわけです。

そして七月の要綱を発表した後に「文部大臣の談話」が出て、公民館は農村を主体にする、都市はまだこれを必要としないということがいわれたのですが、これを見ても、生産の振興、あるいは失業救済、引揚者の授産的な活動に公民館が力を入れたことがわかります。さらに二十一年には厚生大臣から生活保護みたいなものを公民館に依頼する通牒も出ております。

当時は、地方の行政機構が整っていなかったから、公民館にみんなお手伝いを願う。また公民館が村づくり、町づくりの中枢機関という性格になっていったわけですね。

司会　われわれあとから来た人間は、公民館を教育文化施設というふうに受け継いでいこうとすると、常に当初の文化も産業も娯楽も青年指導も何から何までやるという、その多様性がたえず疑問になるわけです。また「公民」という名のイメージも、あとから来た人間はいろいろな思いを持つのですが。

「公民館」の意味

岡本　私は公民館のチンドン屋みたいなことで全国歩きましたが、公民館を一番歓迎したのは、町村長とか、校長さんが、これはすばらしい発想だと、これによって村の立て直しをはかろうということで、非常にそういう人たちに支持されました。それが新制中学もつくらなければならん、教室もつくらなければならんのに税金が集まらず、町村財政がひどくて、町村自治そのものが混乱している時に、意外に公民館がふえたという中には、そういう支配層が権力の面からこれによって立て直しをやろうという、一つのよりどころとしてとらえたことがありますね。

青年や婦人が飛びついたことは当然ですが、もう一つ、地方に文化人が疎開していて、その人たちの受け取り方としては、むしろ新しい文化を公民館によってつくろうとしたわけです。したがって、非常に多様な多目的であると同時に、地方でみんな受け取り方が違っていて、それがおもしろかったですね。

共通していることは、やはり戦後の虚無感を乗り切るために、よりどころがなくちゃいけないんだということをいっていましたね。

寺中　「公民館」という名前がどこから来たかということですが、「社会教育館」でいいじゃないかということをいう人もいました。これは私的な気持ちから出ている面もありますが、地方自治の仕事をしていて、あまりに公民の意識が足りないと。ほんとうに地方自治の精神で地方から盛り上がる政治で国を支えるべきだということを非常に感じて、紙芝居をつくって地方を遊説したこともあります。若気の至りでね。

それで、社会教育は非常に範囲が広いけれども、地方自治の公民意識を徹底することが社会教育の中心である。公民意識を育てるのは政治教育ですけれども、政治意識とか、公民意識について従来何もなかった。これを重点にして地方の振興をはかり、社会教育の中心に据えていこうと考えて、「公民館」ということばを思いついたのですがね。ということは、文部省的な社会教育じゃなくて、ほんとうに地に即した意味の教育をやらなければいけないという気持ちがあったのでそういうことになったわけですね。

徳永　戦時中の「修身」の科目に「公民」というのがあって、どうも古いニュアンスが感じられるのですが、先生のお話ですと公民権という権利意識を持った、積極的な意味内容を持つ公民ですね。

岡本　地方自治のにない手という印象を強く受けますね。

徳永　まさに新しい町村を盛り上げていくための拠点としての公民館という発想だったわけですね。日本が軍国主義一本でみじめな敗れ方をして、これではいけないんだという反省の中から、新しい憲法を支持するという気持ちが出てきた。民主主義を基盤にした新しい町づくり・村づくりを考えなければいけないんだという思いが公民館構想に凝縮したというふうに受けとめたいのですけれども。

寺中　そういうことです。

住民本位の運営

岡本　公民館の運営が住民の手によって行なわれるのが望ましいという原則が出てくる背景をお聞きしたいのですが。

寺中　これはあまりにも理想的でね、公民館委員を住民の手で選挙していくことになれば、町村会議員を選ぶような方法でやるわけですが、やれるはずもないし、またそういう方法をやって、かえって間違ったかもしれませんね。しかし、何としても住民を基盤にして、お互いの指導者を選び出していきたいという願いがあった。その上に軍政部やＧＨＱの指導者やネルソンなんかも、そういう点に非常に魅力を感じたわけですよ。彼らは民主教育を普及するということで来ておりますから。それで選挙の方法については、候補者名簿をつくってどうだこうだとややこしいことをいう。しかし、町村会議員を選ぶようなことも事実できませんから、そこは実際はばやけてね。また社会教育法をつくる時にもそこらが非常に苦労したところです。多少その点で原案を修正するようなこともいわれたりしたんですけどね。

岡本　あの中では選挙によらなくても、住民の意思が反映するような形で運営をやりなさい。それで公民館の委員会を選びなさい。住民の意思を代表するような人たちによって公民館長を選びなさいということで、それがたいへん当時は新しい発想でした。目のつけどころがよかったのですよ。しかも二十一年でしょう。その後、地方分権とか教育の自主性とかいうことが出た二十三年の「教育委員会」以前でしょう。だからぼくは今考えても教育委員会の発想の三つの分権とか、独自性とか、そういうことをあの時にほんとうに貫くつもりでやられたのじゃないかと思って、ぼくらはその意味では社会教育法ができてから、ずいぶん後退したなという感じがしたですね。

社会教育法制定の意味

司会　岡本先生も後退とおっしゃられたし、寺中先生も苦労なされたとおっしゃったのですけれども、社会教育法という形で整備された中で、私どももも住民の直接運営というあたりに後退が見られるような気もするし、図書館とか博物館というものが、ともかく別立てになったいきさつであるとか、教育施設として公民館が充実されるにつれて、当初非常に大事な柱だった産業振興が公民館から離れていく形になっていきますね。法律に整備されていくあたりのいきさつなり、そこで感じられた問題など少し触れていただければ……。

寺中　何でも法律にしなければいけないという考えは、私はそういいことではないと思っておるのですけれども、せっかくここまで普及して、その精神にのっとってみんなが動いておる。その財政的基盤は自主財政でやりなさいといっても、事実はどこにもお金がないんでね。地方は疲弊しているから無理だと。やはり国から補助金をもらわなきゃいけない。そういう構想に立ったものに国が援助することは当然だ。補助金をもらうための努力はずいぶんやりましたけれど、法的庇護がなければどうしても強力になっていかないですから、法律は規制するための法律じゃないんで、保護するための法律です。補助金をもらうのに法律的背景を持たなければとうてい保障されないという気持ちで、また外部からもそういって激励するような空気が強かったものですから、社会教育法と広い分野を銘打って、その中で公民館を保障するための条項を入れようということで委員会をつくって、法律化のための仕事を始めたわけです。あれは公民館が中心で、そのほかのものはいわばつけ足りみたいなことになっています。それで、公民館だけを社会教育の中心に考えられては困る。それに似た施設として図書館があるじゃないか。公民館をチヤホヤすることは図書館が疲弊することを意味するということで、図書館側から非常に文句が出ました。図書館は、図書館法として別につくらなきゃいけないけれども、地方振興、地方社会教育の中心施設ということで、公民館も図書館と別にあっていいじゃないかと説得して、いわゆる法律化ができたわけです。

岡本　社会教育法ができてから、公民館は確かに教育的な施設としてかなりきちっと出たと思うのです。二十一年から二十四年までには、地方の行政機構もだんだん整備されたし、生活も安定してくるし、今まで万能的なものが分化する立場になってくる。社会教育のプロパーの形になったのは当然です。

私は社会教育法が早くできるように推進したうちの一人なんだけれども、社会教育法ができてからの公民館の受け取り方もいろいろありましたね。総合機関としての公民館が教育機関としての機能が出過ぎて、全体的な役割が少し狭められたという感じを持った人もいたし、住民運営がだいぶゆがめられたではないかという声もあったし、一番多かったのは、当時の指導者はかなり自分なりの考え方で自由に公民館をいろんなものに機能させる点があったが、法律ができたことによって、そういうものが狭められたということです。そういう公民館で自分たちの町や村を立て直すんだという住民の気負いが水をかけられたような気がした。

一方、社会教育法という前に公民館法を早くつくれという運動をずいぶんしていたのです。ですから社会教育法ができても、われわれが望んでいるような公民館に対する国の助成があまり明確じゃないじゃない。これほど敗戦後町村にとって必要だとするならば、町村必置を義務づけるようなことを当然書くべきであり、それに対して国の予算措置を講ずるべきだという、いわばがっかりした受け取り方もあったし、教育研究者の中からは、むしろ万能的なものから教育的な施設に移ったことは、公民館をすっきりさせたのではないかという意見もありましたね。

社会教育法の評価をめぐって

司会　寺中先生が、法律は自由の確保のためにつくられたんだということは、たいへんあとあとに大きな意味合いを持ってくるわけです。一面では、直接選挙制から委任制に後退した面が確かに見られるけれども、法律の中に明確に、公民館長の選任は運営審議会の意見をあらかじめ聞かねばならないと。寺中先生の解説によれば、教育委員会の任命は形式的なものであって、実質は運営審議会が決めていくこと、これが主体にならなければいけないという形で法律ができていることについては、ずいぶん積極的に受けとめてよいと思います。その点では社会教育法を現場に生かす上で評価を徳永さんから……。

徳永　「公民館の建設」というようにいわゆる寺中構想は公民館の原点であると私は評価したいのです。その理由は、いわば新憲法の精神で、民主主義と基本的人権を土台にしてもう一回新しい自分たちの町づくりや国づくりを考えていこうということが基本となって公民館が発想されているからです。私が一番評価したいのは、「なぜ公民館をつくる必要があるか」というところで挙げられている三点、第一は、民主主義をわがものとし、平和主義を身についた習性とするまでに自分自身を訓練すること。第二は、豊かな教養を身につけ、文化の香高い人格をつくるよう努力しよう。その豊かな教養もアクセサリーではなくて、自発的に考え、自分で物事を判断する。つまり主体的判断を強くすることである。第三は、このようにして身についた教養と民主主義的な方法によって郷土の産業を興し、政治を立て直し、生活を豊かにしていこう。このように非常に格調高くいわれているわけです。

この精神があるところでは産業振興になり、あるところでは民主主義の勉強になり、というふうにさまざまな形であらわれて、まさに万能というふうにいわれるのですけれども、万能主義という形のところを見るのではなくて、新しい生き方の中でそれぞれ自分の身近な問題を考えていくんだ、自分たちで自主的に相互的に課題に取り組んでいくのだというところを評価したいと思うのです。

そういう中で文部省は積極的に新憲法普及の活動をした。新憲法普及教養講座とか、新憲法解説の印刷物をたくさんつくって、とにかくこれをちゃんと勉強しない限り新しい生き方はできないんだということを積極的にすすめたし、さらには「町村民に対し、新憲法の精神を日常生活に具現するための恒久施設としての公民館の設置を促進しよう」という局長通達も出されているのです。それは今でも新鮮な響きを持っていると思うのです。それが社会教育法ができて、だんだん現実が進行するにつれて、大事な中身が何となく薄らぎ、骨ぬきになってしまったのではないか。つまり二十二条の事業は、何よりも新憲法の精神を徹底的に身につけるんだという響きではなくて、やや形態的に列挙されるというような形になってくる中で、寺中先生が、公民教育は政治教育だといわれましたが、そういう意味での政治教育がだんだん後退していってしまったのではないか。一番大事なものがどこに行っちゃったのか、どうしてそうなったのかということを掘り下げてみたいと考えるのですけれども。

司会　それが法律で後退していったというふうに見られるのかどうか。私が三十四年に長野の農村に入った段階では、初期公民館的な構想が生きていて、産業部、社会部、教養部という専門部があって、部落の代表者が専門部を構成して活動しているわけです。そこでは社会教育法は支え手として生きているのです。社会教育法の字面は、事業の列挙になっているが、実態としてはそういうものが生きていたという、法がつくられる以前に培われていたものと、法の中で生き長らえたものと、そこには注目すべき点があるのではないでしょうか。

徳永　それはあると思います。

司会　もし法に求めるとすれば、一条に、「教育基本法の精神にのっとり」とある。あれがたいへん形式的になっちゃったところに先ほど徳永さん御指摘になった民主的な政治主体という理念が非常に後退した面もあるのだろうと思うのですが。

寺中　中身を充実することと法律にそれを書くことは別なんでして、法律は法律に必要なことだけしか書かない。だから、公民館における教育の内容は、自治の精神の教育であったり、産業の教育であったり、あるいはレクリエーションの遊びであったりするかもしれませんが、ここに書いてあるのは講演会をやることだとか、講習会をやることだとか、記録を備えるとか、そんな書き方になっていますから、精神が失われたように思われるかもしれません。しかし、法律には精神を書く必要はないんで、財政面で国が社会教育を援助する責任があるということを主体にしたものが法律ですから、そこは法律ができたからだめになったというふうに見ないでもらいたいのだけれども。

徳永　それにしてもおよそ文部省の役人とはいえない自由な雰囲気の中で仕事をされた人たちの思いが、その後文部省の中でどのように引き継がれていったのかということが気になるのですが。

社会教育法ができたことは画期的な意味をもつと思いますが、推進役の文部省が法律をつくってから、初期の寺中構想を引き継いで、どのように肉づけをしていく努力をされたのか。法律をつくって安心されたのか、ある程度消極的になったのか、どうもその辺が感じられるんですね。

岡本　寺中さんの構想は、法律ができてからそんなに完全には引き継がれなかったような気がしますね。それは一つには二十七、八年ごろから起こってきた公民館万能論という悪口に対して、施設中心論が出てきた。その根拠は社会教育法にあるんだと。最初は公民館の性格規定はあいまいというか、それだけにおもしろみがあったのですけれども、それが法律ができてから公民館の教育機関としての性格規定がだいぶはっきりしてきたから、あくまでも教育の場として公民館はあるんだということになった。特に施設課ができてからそういう感じが出てきたのですね。鈴木健二郎君が十分活用されなかったような事態もあったようですね。それから公民館に魅力がなくなったというよりも、もっと大きな新農村漁村の建設のほうに産業振興のエネルギーが向けられたり、町村合併ということの影響も大きいと思いますよ。

都市における公民館の発展

司会　時間の関係もありますので、ちょっと飛ばして、昭和三十年代から四十年代にかけて、一面では非常に分厚い実践があると同時に、一面では公民館が住民とは遠いものになってしまった。その時期の問題をお話しいただくことから現代に引き継いでいきたいと思います。それまで都市には根づかなかった公民館を根づかせていった徳永さんから、どうして都市部に地域を考えよう、地元に文化活動を振興させようというエネルギーが育っていったのだろうか。そこら辺を聞かせて下さい。

徳永　初期の寺中構想の躍動するイメージがまだ非常にホットに残っていて、それを裏打ちするような意味で社会教育法がつくられた。しかし寺中先生が明記されたように、公民館はどんな立派な建物があっても、魂がこもらなければどうしようもないのだ、問題はそれを進めていく情熱だというふうにいわれているわけですが、時が経つにしたがってその情念というものが失われていってしまったのではないでしょうか。ですから情念と社会教育法の枠組みがだんだん離れていくような状況になってくると、今度社会教育法では不十分な点が逆に問題になってくる。

つまり、施設を提供するということで一応施設はうたっているけれども、ではどんな施設が最低必要なのかということがなくて、三十四年までの十年間は、施設とは一体どういうものかということが全くはっきりしない。職員も不確かで、館長だけが必置で、それも大体非常勤の館長で、あとは「その他必要に応じて置くことができる」で、三十四年になってようやく「主事」という名称だけが入ってくるというような程度で、施設も、職員も、公民館にとっては大変情けないかっこうになってしまったのではないかと思うのです。このことは単なる公民館の在り方だけでなく、戦後の日本の民主主義の形骸化の歩みとかなりオーバーラップすると思います。戦後は「一億総ざんげ」といわれるように、何とか今までの生き方を説明して、新しい道を開かなければならないんだということで一生懸命だったのですけれども、占領政策の変化とか、その後の歩みの中で、だんだん民主主義が地につかない形で時が進行してしまったという経過があると思う。ですから、公民館活動が非常に停滞したのも、日本の民主主義の歩みの反映だというふうに私は考えるのです。

しかし、日本の経済がそろそろ高度経済成長に向う、昭和三十年前後から地域の住民がほんとうに自分たちの納得のできるような生き方、地域での生活というものを何とかしなければならない、新憲法にうたわれた民主主義の基本的な理念を自分たちで身をもって実現させていかなきゃならない。そういう自覚で新しい形の活動が出てきたのじゃないかと思うのですね。

私は国立という地域で学生の時からサークル活動に参加していたのですが、当時は日本の労働運動や革命運動は大変混乱し、動揺していた時代です。しかし気の合った仲間たちが集まって、身近なところから自主的相互的にいろいろなことをしながら、まさに自分を変え、地域を豊かにしていこうというサークル活動こそがほんとうに自分たちの民主主義を地域の中で生かす一番根拠地みたいなものじゃないかというふうに私自身は実感をもっていたし、一緒に活動した青年や婦人たちの思いもあったわけですけれども、そういうサークル活動を十分に行なえるような拠点、たまり場が必要だということになってきた。そういうことの中で公民館が改めて見直されてきたのです。都市は人がたくさんいても、みんな孤独で、生きがいのないような状態の中にいるので、それをもう一回連帯をつくって新しい生きがいを見出すためにこそ、都市部だって、いや都市部においてこそ公民館が必要なんじゃないかというふうに自覚がだんだん高まってきたわけです。

そうなると、あくまでも住民全体の公民館なんですけれどもそういった住民の多様な要求をふまえし、公民館の側から積極的に役割を果たすというようなことが考えられてきて、新しい意味での教育機関としての独自性という問題が出てきたと思うのです。

岡本　徳永さんのお話で、現代の公民館というものがよりはっきりと住民参加という点が出てきたような気がするけれども、三十年代には、農村では行政権力に押し流されながら、むしろ公民館が一つの手段としてそれに即応するような、体制に順応させるような動きもあったような気がしますよ。

司会　その指摘は非常に大事だろうと思います。では、そこが大衆的な魅力をもって大勢を惹きつけていったのか、あるいは行政の窓口機関としてやがては離れていったのか、そこら辺は見てみなきゃならない問題だろうと思います。はたして囲い込み的なところとして機能してどれだけし続けてきたのか。

岡本　公民館の最初のころの地域課題の問題にしても、もともとは一人一人の生活課題を積み上げの中でみんなで考えようという形だったですね。

司会　特に農村では、個人の課題と地域課題が一致していましたね。先生のおっしゃられる時代には、上から地域課題が設定されてくる。

岡本　それに公民館が順応させられるような形で出てきた。

これからの課題

司会　三十年代の大衆的なレベルでの民主主義的な自覚の高まりが二十年代公民館の理念を受け継いだ。それに触発されて職員の自覚が高まって、いわば公民館の近代的な教育文化施設としての歩みが始まったわけですね。これから現代的な課題についてお話しする入口で時間になってしまいました。今までのところでは寺中構想を確かめるという点にお話の主なところがあったと思います。

今度は、いまの徳永さんのお話をとっかかりにして、新しい民主的な人間像の形成という課題を受け継いで、今後の公民館活動にどう生かしていったらいいか。若い活動家へ向けて、御提言なり御注文なりをいただきたい。

寺中　やはり公民館は戦後の社会教育として、終戦後の物質的、精神的疲弊というところから、日本の再建を課題にして、そういう意味なり、価値なりが非常にあったと思う。それが数十年たって、いろいろな面で充実はしたけれども、今まさにそれが一つの崩壊みたいなものに突き当たっている時期でもあるのじゃないか。ロッキード問題にみられるように政治の腐敗とか、人心の荒廃ということが起こって、今後の日本に一種の不安が見出されるという時期に、ここでいわゆる公民館的原点に立って考え直すというような時期に来ているのではないでしょうか。徳永さんがいう青年のサークル活動ですか、そういうものを起こして、公民館を中心にそこでお互いにもう一度再建の方向を吟味するというようなことが必要な時期に来ておるのじゃないかと思うのですがね。そういう意味で、新しい意味の公民館を打ち立てていく必要があるのじゃないかと私なりに考えるのですが、いかがでしょうか。

司会　そうした時期から岡本先生から御指摘のあった、私も三十年代は公民館をめぐる一種の争奪のあった時期だと思います。そういうふうに行政の側が体制の中に包み込んでいった公民館の整備は今にずっと尾を引いているると思うのですが、これ自体、どういうふうに初期の理念に向けてつくり替えていったらよいものだろうか。自覚的な市民が育ってきている中では、展望が見えてきているように思いますけれども、必ずしもそうではなくて、広域化されてデラックスな公民館が建って、貸席だけの公民館になっているような潮流が一つにはある。そこら辺はどう考えていったらよいものでしょうか。

徳永　どんな立派な施設をつくっても、そこに魂がこもらなければどうしようもないのだ、そういった情念をもう一回どうしたら取り戻せるのかということに尽きると思うのです。そのためには、公民館がなぜ必要なのかということをはっきりさせる必要がある。それは原点にもう一度立てということですね。原点というのは、もう一回私流にいうと、まず憲法学習ですね。もう一つは主体的判断を強くすることです。そういった新憲法の感覚と精神と主体的判断で、もう一度自分のいるところを見直してみる。それで自分を変え、地域を変え、さらに政治を変えていくというようなことを公民館が中心的に取り組んでいく。そのために、たとえばそういう活動が十分に行なえる施設の内容はどうあったらいいか、また職員の役割はどうあるべきなのか、そして全体として公民館がどう行政の中で、或いは地域社会の中で位置づけられていかなければならないのかという論議を原点に戻りながら確かめ合っていくことが必要なんじゃないかと思うわけです。

司会　いま徳永さんは総括的かつ原則的に問題をまとめられたと思いますが、寺中先生と岡本先生に、今後の公民館活動への期待というようなことをお話しいただければと思います。

岡本　そういう政治学習も大事だけれども、現実を本質的に掘り下げていくような意味での学習組織を公民館でどうしてもやらなければいかん。公民館だけではできないかもしれない。そういう意味で、研究者を入れながら今日的な問題を掘り下げていくような学習組織をつくり直す必要があるのじゃないか。すでに芽ばえはかなり出てきているのじゃないかという気がしますね。

寺中　お二人がおっしゃったことで十分で、三十年前に私が言いだした一つの構想がこれだけ社会的な関心を呼んできたということに対して、私は非常な感激を覚え、またある意味の矜持を感じるのです。

ひとつ、みんなで力を合わせて、公民館のいま一歩の前進ということになっていけばいいと思います。

司会　私の不手際で、まだ展開が不十分と思いますけれども、今婦人の施設とか、少年の施設とか、青年の施設とか、個別化、分化していく施設の整備が近代的な路線のようにいわれております。それとはまったく逆に、いろいろなものを混ぜ合わせたコミュニティセンター的なものがあります。これらの施設がつくられながらも、きょうお話しされていったような主体的な、民主主義的な理念を身につけた人間形成をはかるのだというような目的に貫かれない施設づくりになってしまうという、こういう動きの中で、改めて公民館の原点に返って、その理念を確かめ、今後の公民館活動へと貫いていくべき原則についてかなりお話しいただけたことは意味のあることだったと思います。

たいへん不十分でしたが、また折を見て、現代的な課題についてさらに具体的な御提言をいただけるような機会があればと願いながら、一応閉じさせていただきます。

ありがとうございました。

（文責・『月刊社会教育』編集部）

5　公民館は地域のみんなのもの

原題――公民館は地域のみんなのもの
掲載誌――『母と子』母と子社、一九七一年七月号

1　なぜ公民館は必要か

先頃、社会教育審議会が文部省の諮問《しもん》に答えて「急激な社会構造の変化に対処する社会教育のあり方について」という詳細な答申書を提出いたしました。

そこには「過去十数年にわたるわが国の経済成長や技術革新の進展はまことにめざましく、中高年齢層の人口は増大し、人口の都市集中は激化し、核家族化の傾向は顕著となり、国民の学歴水準は向上するなど、社会構造は急激に変化しつつある。その結果、ひとびとの物質的な生活は豊かになり、情報接触の幅はひろがり、余暇時間は増加し、物心両面での行動選択の範囲は、いちじるしく拡大した。しかしながらその反面、いわゆる個性の喪失、人間疎外、世代間の断絶、地域連帯意識の減退、交通災害、公害、自然の破壊などの、好ましくない現象をひきおこしている」といった激しい変化の中で、国民のひとりひとりがあらゆる年齢段階を通じて、「たえず自己啓発を続け、人間として主体的に、かつ豊かに生き、お互いの連帯感を高めることを求めている」

そのような期待に応ずるために、まとめられたと書かれています。

この答申書は社会教育法の改正を前提としているもので、その意味でも大変重要な文書であり、いろいろ検討しなければならない点や、注意を怠ってはならない問題点も随所に見られますが、ここではふれる余裕がありません。

ただ、この答申書の強調点の一つに、公民館の存在価値を積極的に評価していることがあげられます。いままでは、文部省などはどちらかというと、公民館を時代遅れで、都市状況には適応しない施設として、不当に冷淡に扱ってきた傾向が強かったのです。それがこの答申書では、

「これまで、公民館については、とかくこれをその名称によってとらえようとする傾向が強かったが、これからは『公民館の機能』を中心としてとらえることが必要である」というように積極的評価の姿勢に変わってきたのです。その公民館の機能とは、

「自らの生涯教育を進める社会教育の中心的学習の場として、また住民が集まって談論し、読書し、お互いの交友を深める場として、あるいは、社会教育関係の各種団体等が相提携して地域開発を発想し、推進し、反省する場として整備されなければならない。ことに、青少年教育の場として拡充されることが必要であるとともに、広く社会連帯の精神、とりわけ都市化の進行する地域における新しい市民の連帯意識を醸成するために、公民館の意義と役割が改めて検討されなければならない」という、まことに立派なものなのです。その故か、四十六年度の文部省の公民館関係の予算要求はいつになく積極的なものだったのです。

なぜそのような態度に変わってきたのか、にわかに理解しにくいふしも感じられますが、それはともかく、問題は、そのような機能をもつ公民館を、ほんとうに主権者である国民ひとりひとりのものとして、いかに地域の

中に定着させていくことができるかにあります。

以下、公民館を地域のみんなのものとしていくために、大切なことをいくつか考えてみたいと思います。

2　公民館を地域みんなのものにしていくために

公民館は何といっても、住民ひとりひとりにとっての自由なたまり場であると同時に、グループやサークルなどの集団活動のための拠点でなければなりません。

公民館は住民全体、市民全体の施設として、あらゆる層の人たちや、さまざまな考えや趣味をもった人たちが、だれでも気軽に、自由に来ることができるように開放されていなければなりませんし、また、住民の自主的な文化活動や学習活動が活発に展開される拠点でもあるのです。

このような公民館の役割を充分に発揮するためには、まず公民館の使用が無料であり、無差別でなければなりません。ある団体は無料で使えても、別の団体はそうでないというような差別は間違っています。住民の税金を基礎にした公費でまかなわれている以上、住民の団体ならば、どんな団体でも、法で認められる限り、無差別・無料の原則が適用されなければなりません。

一例ですが、国立市公民館は、建物は大変見すぼらしいものですが、もともと住民の要求によって設置されたという歴史もあって、住民のどんな団体に対しても無料で無差別・先着順に開放しているものですから、大変気楽に、自由に使われ、年間百五十をこえる団体によって、五部屋しかない集会室は昼夜はとんど満員の盛況さです。同じ市の福祉会館が冷暖房完備の近代施設でありながら、有料制のためにほとんど閑古鳥が鳴いているのに比べると、その盛況ぶりは全く驚くほどです。

公民館の使用が無料なのは、バラック同然の集会室だからという当初の事情もあったのですが、それよりも、少人数のサークルやグループの活動が自由に行なわれ、育っていくようにしたい。そのためには面倒な申込みをさけ、かつ無料でなければならない。それを保障するのが行政の役割だという配慮が教育委員会にあったからです。

また、住民からすれば、自分たちの長い間の要求によって、生まれた公民館なのだから、当然自分の家の茶の間のように、自由に使えるものでなければならないという気持があり、その気持を行政が充分に尊重し、大切なものと考えたからともいえましょう。国立市公民館を利用している一青年は、つぎのように率直な感想を述べています。

「私の部屋にもテレビはあるが、ほとんど見ない。公民館か喫茶店に行って仲間と話し込んでいる時が多いのである。われわれは公民館の青年室と和室をよく利用するが、いつも部屋中ムンムンする雰囲気の中で仕事のことや恋愛について顔をぶっつけ合って話をしている。

私がサークルへ繁く足を運ぶようになってから二年と半年、大阪以東は全然知らなかった私が国立へ来た当初は、会社と寮の往復列車同様で全く味けなかったものである。公民館へよく足を運ぶようになったのは、家から近いせいもあったが、何といっても、そこへ行けば同世代の若い連中と会えるという魅力があったからである。最近はよくサークルの仲間のところへあがり込んで青春談義に花を咲かせている。私にとって公民館は、たまり場である。行けば誰か知った顔と会うし、サークルを通して多くの仲間を知ったし、くにたちの多くのことを知りえたから」(土井公夫・二二才)

最近では、公民館利用の四十余団体が全く自発的に「利用者団体連絡会」をつくり、お互いの連絡調整を密にしながら、公民館をより効率的に利用しようという集りをもっていますし、さらには公民館側や市当局に対して、こうしてほしいという要求を具体的に出すようにもなっています。

このように、住民を主体にした運営こそ、教育基本法や憲法の精神にそったものですので、私ども公民館職員は、この状態がいつまでも続くように頑張らなければならないし、さらには、集会室の増設や諸条件の整備など、住民と一緒に努力しなければならないと考えております。

3　市民にとっての継続的な学習の場にするために

公民館が果たすべき、もう一つの大切な役割は、公民館は市民にとっての継続的な学習の場である、ということです。

この激動の時代に、立派な人間として生きつづけるためには、豊かな人間性を身につけながら、主体的判断力や主権者意識、さらには社会的・歴史的認識力を強固なものに育てていくことが必要ですが、それには各人が不断の学習をつづけ、自分をきたえていくことが不可欠になってきます。そのための学習の場や機会をつねに準備し提供していくことが、公民館の大切な役目です。公民館は、いわば市民にとっての「私の大学」として、さまざまな講座や教室を企画し、実施すべきなのです。つぎの文章は国立市公民館の講座やセミナーに参加した一主婦の感想文です。

「私が国立へ越してきたのは、五年前団地が出来た時です。それまで『公民館』といえば、地方の村落にポツンと建っている戦後の民主化のお仕着せのようなイメージで、もちろん私にとっては無縁な存在でした。ところが一九六六年夏、何の期待ももたず、何げなく押し開いたうす暗い国立公民館の扉は、大げさにいえば、ノラが手にかけたドアのノブにも似ていたのです。市民大学講座での生き生きした学習や話合いは、十数年の学校教育で埋められなかった空白を一気に取り戻した思いでした。講演会に、ゼミナールにせっせと足を運びました。この古ぼけた建物の中に私の求める真の学校があるように思ったからです。そして一九七〇年の今、倦怠と日常性の中に見失ってしまっていた自己を再発見しつつある気がしています。国立市民としての自覚や愛情も芽生えていくようです」（徳永啓子・三三才）

ここで大切なことは、そのような公民館の学習事業の内容が住民・市民の真に求めるものでなければならないことです。それに一口に住民といっても意識や関心のありようはさまざまですから、それらさまざまな要求にこたえられるものでなければなりません。

いままでの日本の社会教育の実態は、たとえば婦人学級とか家庭教育学級とか青年学級とかに端的にみられたように、婦人や青年をおくれたもの、一段低いものとみなす発想に裏付けされた、いわば低度啓蒙主義であり、体制順応のおしきせ主義に支配されたものが圧倒的に多かったのです。

しかし、そのようなものでは満足できない、ものたりないとする思いがしだいに主婦や勤労青年の中に広がっていますし、また受身で聴く講演会や底の浅い学習にあきたらず、重量感のある、つきつめた学習を積極的に求める人たちもどんどん増えてきているのです。時代の要請や人間の本質的在り方に迫る問題をたくみに触発しながら、それらを追求し、積極的主体的学習実践へと高めていくような、奥行きの深い学習がいま切に求められているのだと考えます。

また、これからの社会教育は、一人の人間がいつまでも、どこまでも学習をつみ重ね、発展させうるものでなければならないし、同時に、どんな人でも欲すれば、いつでも学習しうるような機会が具体的に用意されているようなものでなければならないのだと思います。

その意味で、公民館が担う役割はますます重大になってきているのですが、そこでとりわけ重要なことは、それらの学習内容を実際に準備するのは専門職である公民館職員なのですから、住民としては、自分たちの欲するものをいつも具体化させるために、職員に注文をつけ、要求をぶっつけていくことです。また、その職員とて役所の組織の中で意に反したものを実施せざるをえない事情が非常に多いのが現在の日本の社会教育の実状ですから、住民が自分たちの望むものを職員を通して具体化させるためには、職員が専門職として充分に力を発揮できるような自由を保障し、制度化していくことが、大切な仕事になってきます。

これからいろいろな意味で脚光を浴びてくるであろう社会教育や公民館に対して、住民のみなさんのいっそうの関心と監視を望みたいと願う次第です。

（東京都国立市公民館長）

第2章

公民館の理論と実践

1　公民館の年間事業をどう組むか

原題――実践的社会教育入門講座（4）
公民館の年間事業をどう組むか
掲載誌――『月刊社会教育』国土社、一九七二年一月号

（1）

公民館の年間事業を組むにあたってなによりも大切なことは、公民館とは一体なにか、公民館は住民（市民）に対していかなる役割を果すべき存在なのかを明確化し、だれの目にもはっきりとしたイメージアップをはかることでなければならない。

公民館の年間事業は無論、どの公民館でも勝手気ままになされているわけではなく、社会教育法に規定された事業にもとづいて、企画・実施されているはずである。しかし現実の公民館事業をみると、まるで所変われば品変わるで、実にまちまちな内容であることにおどろく。いやバラエティがあること自体はむしろよいことなのだが、しかし、よく見ると、そこに共通した伝統のようなものがあって、「公民館はなにやら料理や生花のような趣味実用に関するものをしたり、あまり魅力のない、時代おくれな学級や講座といったようなものを適当にやっているところ」というようなイメージが国民のあいだに、かなり根強く定着してしまっていることが問題である。

公民館はその運動の出発当初は、もっと住民自身による集会や学習や相談ごとの場というムードをもっており、

内容は素朴単純でも、なにかそこに熱っぽい雰囲気がかもし出されていたはずである。しかし、最近ではそういう熱っぽさがいつの間にか失われて、公民館全体がなんとなく暖かみのない、役所的なものに変わってしまったという批判もあながち否定はできない。なぜそうなってしまったのか、そのところをよく考えてみなければならない。

現在はとくに、全面的都市化状況、急激な社会構造の変化の状況のなかで、生活の全体が、そして人間存在の根本が問いなおされており、公民館の役割についてもその今日的あり方が追求されているわけだから、ことさらに、公民館は住民に対してどのような役割を果すべきかが、じっくりと問いつめられなければならない。

とにかく、公民館は新しい時代のイメージを鮮明に打ち出し、そのイメージを裏打ちするにたる新しいスタイルと内容をもった事業を創造していくことが重要である。無論マンネリ化し、伝統化している既成の学級・講座など事業の再検討が前提になるのはいうまでもない。

そのような新しいイメージをつくりあげるうえで、いくつかの参考となる資料がすでに出されている。たとえば、全公連の「公民館のあるべき姿と今日的指標」「第二次専門委員会報告書」や社教審答申「急激な社会構造の変化に対処する社会教育のあり方」など。しかし、それらの参考資料は、今日的状況のなかで、公民館の存在理由を重要なものと再評価し、積極的に位置づけようとする意図をもちながらも、なお明確で、説得性のある公民館像を提示するところまでいたっていない。われわれは、だから、もう一度、憲法と教育基本法の精神を守り、発展させるという原点に立ちもどり、今日的状況をふまえながら、新しい公民館像の創出に最大限の努力をはらわなければならない。

私たち職員は、いろいろ条件が悪いからとか、いままでの経過が云々だから思うようにいかないのだといった、住民からすれば歯切れの悪い弁解が多すぎたために、真に国民に役立ちうる公民館イメージをにつめ、それを具体化し、実践化する意識的な努力が不足していたのではないか、といまこそ反省する必要があると考えるのである。

(2)

新しい公民館像をつくりあげるということは、とりもなおさず公民館活動が全体として目ざす人間像をどのようなものとしてとらえ、えがき出すかということが前提となる。公民館の存在そのものが、あるいは公民館でおこなわれ、展開される年間の諸事業が、ひとりの青年や主婦に対してどのような意味をもち、どのような人間に成長することを期待していとなまれているのだろうか。それは非常に重要なことであり、基本的なことなのだが、現実にはこの問いつめがきわめてあいまいであり、いい加減になされているのではないだろうか。私の調べた限りでも、公民館事業の基本方針のなかにめざす人間像をはっきりと打ち出し、文章化しているものはきわめて少なかったし、多くのものは社教法の条文や全公連文書のひきうつしであったり、「健全な家庭づくり」、「青少年の健全育成」といった類のものが非常に多かったのである。

私どもは、公民館活動が目ざす人間像を、憲法と教育基本法の精神をふまえた『民主主義的人間像』としておさえ、それを次のように具体化して考えている。

(一) なにが美しいか、みにくいかを感じとれる直観力をもった人間(人間的感受性)
(二) 自分の頭で考えることのできる人間(主体的判断)
(三) 他人の意見や生活を尊重できる人間(人間尊重の精神)
(四) 主権者意識に徹した人間。社会の民主化に役立つ人間(主権者意識)
(五) 歴史の動く方向のなかで、日本人として人類の平和と進歩に役立つ人間(歴史的認識)

自分自身のプライベートな自由をもちながらも、小さな日常問題にとどまることなく、人間存在の根源的問題や社会的・政治的問題にもするどく反応し、積極的に立ちむかえるような感覚をもった人間――そのような人間にだれもが育ち成長していくことができるように、公民館はその役割を考え、年間の事業計画に意をもちいなければならないのである。

無論、このような目ざす人間像はなにも公民館だけの専売特許ではなく、あらゆる機関や場において意欲されなければならないが、次の三つの役割は公民館独自のものとして強調されてよいのではなかろうか。

(一)公民館はすべての人にとっての自由なたまり場、自己解放の場である。

(二)公民館は集団活動の拠点である。

(三)公民館は市民にとっての『私の大学』である。

そして、この三つの要素をあわせもった、ムードのある文化的・教育的機関として『新しい公民館』をイメージしたいのである。

(3)

公民館は住民全体、市民全体の施設としていろいろな層の人たちやさまざまな考えや趣味をもった人たちがだれでも自由に気軽に来ることができるように開放されていなければならない。めいめいの気持が尊重され、自由に活動できることが民主主義社会では基本であるから、公民館はそのために魅力的で、多角的な施設機能をもたなければならない。とくに都市化状況激動の時代のなかで、集団やサークルに属しえない孤独な人たち、孤立している人たちがふえている現状では、ひとりででも気軽に、積極的に足をむけることができるようなムードのある場の設定が大切である。いままでの公民館はその施設設計からして集団やグループ中心の運営がなされており、ひとりぼっちで、行き場のない人間が公民館へ行けば、楽しく退屈でない時がすごせて、さらには学習に参加したり、グループに加入できるようなキッカケがつかめるといったものではなく、逆に「無用の者立入るべからず」的な雰囲気がなんとなくただよっていたことも否定できない。

だれもが来れる自由なたまり場である以上、まさに無用の者こそ、大切なお客さんとして迎え入れることのできる場の設定が重要である。その意味では、公民館の施設設計に根本的な検討が加えられなければならないが、さらに大切なことは、現状でもそのような公民館運営ができるような積極的な工夫と努力である。

どうしたら公民館を、孤独で、ひとりぼっちで、学習も好きでないような人がぶらりとやって来れるような開放的な場にすることができるか、年間事業をあれこれ企画する前に、じっくりと検討する必要にせまられているのだと思う。いや、そのこと自体が大切な事業の一環と考えるべきではないのだろうか。生きている限り、本当に無用な人などはいないのであるから、公民館で退屈しのぎをしているうちに、自分のしたいことに気がついたり、あるいは学習やグループへの参加を触発されるような「自由なたまり場」が必要なのである。また、そのような場の設定と公民館運営のなかでこそ「相談事業」というものが積極的な意味をもってくるのだと考える。

公民館が集団活動の拠点である、いや拠点となるために必要なことは、まず第一に、住民がつくっているいかなる団体やグループに対しても、無差別・無料の原則が適用されるということである。これはきわめて重要な原則であるが、一時代前の青年団や婦人会といった既成の集団に代って、非常に多種多彩な目的集団が生まれ、育っている現状では、ことさらにその重要性が強調されなければならない。

いかなる個人に対しても公民館が自由なたまり場、自己解放の場として開放されていなければならないが、それと同じ意味で、いかなる住民の集団に対しても、公民館が自由な活動の場として、その拠点として活用されなければならない。従来、多くの公民館がおこなってきた「社会教育関係団体」の認定・登録は、よくよく考えると、意味がないばかりではなく、集団やサークルの集会の自由を差別なく保障するという点で問題があったと思う。社会教育関係団体とはなにかは、いまもって学者・研究者の間でも意見が分かれ、客観的な規定のできないものである以上、認定するという行為そのもののなかに、「する側」と「される側」との差別の問題が含まれざるをえないのは当然の帰結である。これは、「する側」がどんなに「される側」の立場に立って考えようとしても、結果は同じである。いままでの慣例をみると、既成の、伝統的な団体は文句なく認められるが、どちらかというと政治的色彩の濃い集団や認定者の常識で理解できないような集団は認定されないというケースが非常に多かったのではなかろうか。そもそも認定基準そのものが住民の承認をえたものではなく、行政側で一方的につくられたものであって、厳密にいうと憲法違反の疑いすらあるものである。

とにかく、公民館は住民のあらゆる集団が自由にその活動を展開し、発展させることのできる拠点として、開放されていなければならない。その大前提のうえで、活発に展開された諸活動の総体が地域や市全体の生き生きとした文化を創造し、発展させていくための根拠地ともなるべきものである。公民館はそのためにこそ自由に使えるたくさんの集会室を用意しなければならないし、また職員はどんな集団でも気がねなく、その集団活動を発展させていくことができるために、意をもちい、気軽に相談に応じたり、団体相互の連絡の緊密化に役割を果さなければならない。

ここでとくに留意しておきたいのは、保育室の設置ということである。公民館があらゆる人に自由に開放されているべきだといっても、幼い子どもをもつ若い母親たちは、子どもをだれかに安心して託すことができない限り、自由に集まることもできず、主体的に学習に参加することもできないというもっとも不自由な状態におかれているのである。したがって、これらの若い母親たちに集会の自由や学習への参加を保障するために、保育室の設置とその無料運営は必須の条件といわなければならない。子どもをただ便宜的にあずけるという消極的な意味からだけではなく、まさに若い母親の時代にこそ、真剣な学習に取り組み、仲間との連帯を深めながら、社会の中で活動することの意義がきわめて重要であるが故に、保育室のもつ積極的な意味が強調されなければならない。

めざす人間像に示された、豊かな人間性と確かな判断力や認識力をかねそなえた人間になるためには、どうしても人間や社会についての不断の学習が必要である。現在は、いわば地域の小さな問題のなかに全世界の動向が反映しているような状況であるから、その学習も日常生活や身近かな問題を内容とするだけではなく、人間存在の根本問題や全世界的視野での問題を学習内容化することが必要になってきているのである。身近かな生活の問題をふまえながらも、さらにつきつめた高度な問題をいかに学習していくかが、いま国民ひとりひとりにとってもっとも重要な学習課題であるのだが、このことはいままでの公民館事業のなかではもっとも不充分なものであったといえよう。たとえば、ひとりの平凡な主婦を想定した場合、彼女の気持のなかには日常的な家事育児の問題をこえて、もっとつきつめて考えたい、自分をかけるに価するなにかをつかみたいとする欲求がしだいに大きくなっていると考えられるのだが、そのような潜在する欲求に対して、公民館はどのように真剣に応えようとしたのだろうか。年間計画の中で、どのように具体化をはかろうとしたのだろうか。それは非常にお粗末で、いい加減なものであったとしかいいようがないのではなかろうか。そのようなものはいわゆる「大学開放」の仕事であって、公民館はそこまでしなくともよいとする反論もあるけれども、私の考えでは、そのような『真剣で、高度な学習』は大学のないようなところにこそくまなく必要であるし、各市町村単位にかならずほしいものである。さらにいえば、市民へのサービス、国民への奉仕をまったく自覚していない日本の既成大学に大きな期待をよせることはもともと無理な相談というものである。公民館はいまこそみずから構造的な学習の具体化をめざし、市民にとっての『私の大学』をめざして、積極的な努力を急ぐ必要にせまられているのである。

(4)

さて、実際に年間事業を組む場合、とくに留意したいことは事業の立体化と学習の構造化ということである。

公民館の年間事業には実にさまざまな分野や種類がある。現に、社会教育法第二十二条には青年学級をはじめとして七項目の事業が具体的に列記されている。また、全公連の「公民館のあるべき姿と今日的指標」のなかには、標準的事業の領域と内容として（1）地域生活に根ざす事業、（2）生活文化を高める事業、（3）地域連帯を強める事業の三つの領域が区分され、そのひとつひとつの内容についても非常に詳細に分類されている。これは社教法の羅列にくらべて、大変現代的な問題意識で編成されたものといえよう。

しかし、そういったものに従って、なんでも少しづつ、広く浅く実施するような事業の企画であっては意味がないし、また現在の公民館の職員数や実力では、そのすべてをもれなく実施するなどということはとうてい考えられないであろう。

公民館の年間事業は「目ざす人間像」をたえず念頭におきながら、たとえば、ひとりぼっちの青年なり主婦なりがなんらかの機会に公民館へふらりとやってきた場合に、そこで気楽に、愉快に時がすごせ、自分の気をひくなにかがそこで発見でき、いつのまにかグループに参加したいとか講座に参加してみようという意欲を触発するようなものであり、さらにそのようにして触発された要求にこたえるための事業がたくみに企画されているようなものでありたい。事業の平板的な羅列ではなくて、立体的、重点的な構成が大切なのである。私がかねてから考えている「公民館三階構想」もそのような事業の立体化を具体的にイメージしたものにほかならない。

まず一階は主としてレクリェーションと社交の場として設定される。そこでは、たとえばひとりぼっちの青年やサラリーマンや主婦や老人などが自由にやってきて、充分に満足して時を過ごすことのできるような、さまざまな場やコーナーが設定され「自由なたまり場」として開放される。そこには図書室もあって、いつでも自由に読める新聞や雑誌のほか、簡単に借りることのできる図書もたくさんそろえてある。また学習に必要な資料も整備されていて、必要なときはいつでも借りることができる。そこでは常時、展示会のできるコーナーもあって、サークル活動の成果や有志の作品が展示されている。また、そこには親切で頼りになる職員がいて、話し相手や相談相手をつとめながら、仲間づくりの役目もはたす。さらに、ここでの機能の延長として「公民館だより」が毎月定期的に、全家庭に配布され、公民館事業へのおさそいや団体のうごきや講座の内容などがことこまかに紹介される。現在のような都市化状況のなかでは、このような広報活動の必要性は、いろいろな意味で、非常に大きくなっているといわなければならない。

二階には、グループの集団活動が自由におこなわれうるだけの部屋がたくさん設けられ、また集団活動に必要な設備や備品も充分に用意され、求めに応じて自由に提供される。ここで特に大切なことは、すべてのグループやサークルに対して無差別・無料の原則が適用されるということである。ここでの職員の役割は団体相互の連絡をはかったり、グループ活動やサークル活動についてのサービスを充分におこなうことであるが、それもただ消極的ではなく、新しい人たち、孤立した人たちをたくみにつないで集団化する指導性が必要である。そのためには職員は学習内容についての深い見識を養わなければならないし、頼られがいのある人間的魅力を身につけるよう、不断の努力を怠ってはならない。そして、そのようにして展開される集団活動の総体が、ほかならぬその地域や市全体の文化創造にまで発展する可能性を期待したいのである。文化祭や発表会はたんなる年中行事として開催されるのではなく、まさに諸集団の日常生活の成果、集大成として目標づけられなければならない。

三階では「市民にとっての『私の大学』」の諸事業が年間を通じて開設され、市民は好みに応じて、いつでも、またどこまでも学習をつづけることができる。ここでの学習内容は身近かな問題から全世界的な問題をふまえ、またあらゆる領域の学習が臨機応変に、住民の要求に充分こたえうる内容とスタイルで企画され、実施される。私の考えでは、ここでの事業活動こそ公民館としてもっとも重点をおくべき勝負どころであり、まさに職員の腕のふるいどころである。文字どおり、市民にとっての『私の大学』の内容を構成するわけだから、職員の専門性はまことにきびしく、深いものを要求されることになる。

ここでとくに強調したいのは「学習の構造化」である。すべての人が、欲したときにいつでも学習できるためには、学習の機会が具体的に用意されていなければならないし、また各人の意識状態や問題関心に見合った具体的な学習内容が提供されていなければならないから、当然のことながら、学習は複線的に、そして構造的に考えられなければならない。いままでの社会教育における学習は、たとえば家庭教育学級に典型的に見られるように、対象として婦人一般を漠然と想定し、その内容も子供のしつけや家庭の生活設計といったごく身近かで、平均的なものをとおりいっぺん的にこなせば、それで無事終了といったものが圧倒的に多かった。それは基本的に婦人というものを一段レベルの低い存在と見なし、従って低い次元での啓蒙をしていれば、それでことがすむといった企画者側の思いあがった発想に裏付けられたものであった。しかし、主婦の気持のなかには「消極的、または無関心な生活状態にひとつの区切りをつけたい」とか「埋没し切ってしまった家庭のなかで自分をとりもどしたい」といった思いが確実に動いており、従って、とおりいっぺんのものや日常的な家事育児の問題ではあきたらず、もっと根源的な問題にメスを入れて、自己存在や生きがいについて真剣に問いつめたい、きびしく自分を鍛えたいという学習への意欲が高まってきているのである。そして、このことはなにも主婦だけに限らず、青年でも一般成人でも同様である。だから、これからの学習は、一定の段階をマスターすれば次の段階にすすみ、さらに高度な段階へもすすみうるような学習の内容と形態が、あらゆる対象に対してきめこまかく用意されなければならない。それはいわばひとりの人間が意欲した場合には、いつまでも、どこまでも継続して学習をつみかさねつづけうるものである。その意味で、学習形態も、たとえば、（1）主として話し合いを中心におこなわれる「話し合い学習」、（2）講師の話を聴くことによって、自分のなかにあるもやもやした問題をはっきりさせる「問題触発学習」、（3）ひとつの主題や課題についてどこまでも掘り下げ、追求していく「主題追求学習」、（4）主題を追求しながらも、学習者が積極的に調べ、討論し、論文を作成していく「論文作成学習」といったものが、有機的・構造的に設定されなければならないのである。

以上が「公民館三階構想」の概要であるが、それは無論、建物の設計を意味しているのではなく、公民館の施設機能をふまえた「事業の立体化」をイメージしてのことである。

いままでは内容の乏しかった三階の諸事業に力点をおきながら、一階、二階での活動を充実発展させ、とくに一階にはできるかぎりの多くの人びとを招きよせながら、その人たちが徐々に二階や三階の活動へ主体的に参加していくことができるように、公民館の年間事業が企画されなければならないのだと考える。

（東京・国立市公民館長）

2 社会教育法における公民館

原題――講座・やさしい社会教育法（Ⅶ）公民館（第五章）
掲載誌――『月刊社会教育』国土社、一九七五年十月号

1 法上における公民館の位置

社会教育法は実質上の公民館法であるといわれるほどに、第五章のもつ意味は重く、法上に占める比重は大きいといわれています。それはそもそも社会教育法制化の中心が公民館の法制化にあったことによるものですが、そのことは公民館の生みの親といわれる寺中作雄氏（法制定時の文部省社会教育課長）が次のように述べていることからも明らかです。

「終戦後の直後から手にかけ、終戦年の翌年にその構想を定型化して、奨励を図ってきた『公民館』の建設を、法律の楯によって守るということが社会教育法制化の第一のねらいであった」（『月刊社会教育』、七十四年十二月号『社会教育法と私』）

法律の普通の体系からすれば、社会教育法という基本法を受けて、図書館法や博物館法と同じように、公民館法がつくられているというのが理解しやすい形ですが、実際にはそうではなく、社会教育法の中の重要部分として「公民館」が位置づけられているところに日本の社会教育の特質があり、公民館の在りようが象徴されている

のです。

どうして公民館単行法がつくられなかったかといいますと、もともと文部省当局の考え方の中には公民館単行法をつくる意志はなかったのです。社会教育法の草案にははじめ図書館と博物館をも含む総合法の形が考えられていたのですが、法制定にいたる経過の中で、図書館界と博物館界の強い運動によって、図書館と博物館は社会教育法の枠外に出て、それぞれ単行法がつくられた結果、公民館だけが社会教育法の中に残されたという次第なのです。このことはいいかえると、図書館や博物館が戦前の歴史の中で、一定の専門的位置づけを社会的に確保していたのに対して、公民館は戦後俄かに始められた活動ないし運動であって、戦後の日本の社会教育の歴史の中では非常に大きな役割を果してきたにもかかわらず、「公民館とは何か」という存在証明については、いまだにはっきりした専門的位置づけを主体的にも客観的にも明確にしえなかったことに関係があるといえましょう。そのことは、小川利夫氏が「歴史的イメージとしての公民館」(「現代公民館論」、一九六五年、東洋館出版社)の冒頭で、「今日一般に公民館あるいは公民館活動といわれているものは、すでにある種の実体的概念として定着したものというよりも、むしろきわめて一般的に、市町村の社会教育活動についての総体的なイメージの別名にすぎない。この傾向はいまなお、一般的にそうなのであるから、かつては一層そうであった、といってよいであろう」と鋭く指摘している通りです。

しかし、社会教育法制定後において、全国公民館連絡協議会が社会教育法のなかの一章に公民館をとどめておいては到底公民館人の要求をかなえることはできないという見地からこれを単独の法律におきかえることによって、公民館の目的、性格、国や地方公共団体の行政責任、施設整備の最低基準、職員制度などを明確にさせようとする、いわゆる単行法制定の運動が一時激しくなされたことからも察せられるように、社会教育法における

「公民館」の諸規定には不充分で、不明確で、あいまいなものが多いのです。法制定後も五一年、五三年、五九年の改正によって、ある部分はやや明瞭にされてきたとはいうものの、なお不充分さやあいまいさはなくなってはいません。

ですから、私たちはここでは、歴史的に公民館をふりかえりながら、社会教育法の規定を固定的にとらえることなく、「不充分さ」「あいまいさ」の中味を、今日的状況の中で明確にし、十分なものにしていくための法解釈の試みが必要とされているのだと考えます。

2　原点としての寺中構想

戦後日本の公民館活動の出発をうながしたものは四六年七月五日に発せられた文部次官通牒「公民館の設置運営について」ですが、その中味はいわゆる寺中構想とよばれている考え方にもとづいています。

寺中氏は情感のあふれた、まことに躍動的な文体で「公民館の建設」という指導的なテーゼを書いたのですが、その副題に示されたように、公民館をまさに「新しい町村の文化施設」として普及発展させることによって、新しい日本の再生を志向したものだったのです。「公民館の建設」は全八章から構成されているのですが、寺中氏は「なぜ公民館をつくる必要があるか」の章で、「まさに民主主義の基盤の上に、平和国家、文化国家として立つこと、それを除いては日本の起き上るべき方途はない筈だ。」「誰に勧められなくとも、何国に強制されなくとも、われわれは当然に、自ら進んで平和と文化の道をとるべきであったのである」と言い切り、そのために、最も手近かなところから再出発の第一歩を踏み出そうと、公民館の建設を提唱したのです。そして、なぜ公民館をつくるかの理由として次の三つのことを強調しているのです。

第一に民主主義を我がものとし、平和主義を身についた習性とする迄にわれわれ自身を訓練しよう。

第二に豊かな教養を身につけ、文化の香高い人格を作るように努力しよう。

自発的に考え、自分で物事を判断するには先ず自らを教養し、広い常識と深い見識を養って、如何なる事にもはっきりした見通しと不動の信念が出来ねばならない。

第三に身についた教養と民主主義的な方法によって、郷土に産業を興し、郷土の政治を立て直し、郷土の生活を豊かにしよう。

このように、寺中氏の説く公民館の存在理由は極めて積極的であり、意欲的であったのです。したがって、これらの原則のもとに、発足当初の公民館活動の中心は政治教育の徹底であり、政治学習の推進であったのです。そのことは政府が自ら、新憲法の内容を国民に徹底させる運動を先頭に立って行なったことからも明らかです。即ち、文部省は社会教育局長通達を出し、「町村民に対し新憲法の精神を日常生活に具現するための恒久施設として公民館の設置を促進する」ために、新憲法発布を記念する公民館の設置を奨励したこと、同時に「新憲法普及教養講座」という学習会を自ら企画して、日本中の全町村もれなく実施して歩いたのです。さらに講義だけではなく、町内会、部落会ごとの討論会、研究会を行なうような奨励もし、そのために必要な新憲法を解説した印刷物を文部省は率先してつくって配布もしたのです。このような文部省の姿勢は五〇年の朝鮮戦争へと向う占領軍の反共政策のために忽ちのうちに一転し、その結果、憲法学習は次第に後退し、さらには「政治教育」「政治学習」という言葉すら公民館活動の中でタブー化されていくのです。しかし、たとえ束の間にせよ、このような活動が実際に行われたことはまぎれもない歴史的な事実であったことを、私たちは銘記しておかなければなりませんし、そこを一つのよりどころとして、これからの公民館活動を考えていく必要があります。

3　公民館の存在理由

以上のような公民館構想とその実際の経過をふまえて、社会教育法が生み出されてきたのですが、社会教育法に規定された「公民館の目的」は寺中構想に比べて大変ニュアンスのちがったものになっています。即ち、「公民館は謂わば郷土における公民学校、図書館、公会堂、町村集会所、産業指導所などの機能を兼ねた文化教養の機関である」といった次官通牒の規定はいわば「公民館万能主義」であったのですが、それが法第二十条の規定では教育的に整理され、焦点化されたのです。これは、社会の近代化に伴い、地方行政全般の整備と機能の分化が進行した当然の帰結といってよいでしょう。しかし、にもかかわらず、同じ社会教育施設である図書館や博物館の目的が明確であり、専門的であるのに対して、公民館は社会教育の殆どあらゆる分野をその機能範囲とする綜合社会教育施設として考えられ、位置づけられているために、その綜合性が公民館の性格を大変あいまいなものにしているのです。また、この目的をうけて行われる事業の内容は第二十二条で規定されていますが、ここにあげられている事業は例示にすぎないものであって、公民館が特に、専門的に実施しなければならない事業というものは示されてはいないのです。従って、公民館が公民館といえるためには最小限どのような事業をしなければならないのか、反対に社会教育の機関としての公民館の事業はどんな程度に限定されて然るべきなのか明らかではありません。さらに第二十二条に例示された事業は第五条で規定された教育委員会自身が実施できる事務と重複しているものが少なくありません。これは公民館の不足分を補う意味であったとしても、実際には市町村の社会教育において混乱を招く結果を生んでいます。

このような状況の中では、市町村における公民館の設置率は年々高まっていったにもかかわらず、逆に「公民館とは何か」ということについては一向にそのイメージは明らかになってはこなかったのです。さらにいえば、公民館活動の中から実質的に政治学習が後退してしまったあとは、施設の前近代性や職員の不足ともあいまって、公民館は何となく時代遅れで、魅力のない存在として、住民からみなされるような傾向が強くなっていったのです。五九年の改正で、公民館の設置運営基準が設けられたものの、このような傾向はなくならず、むしろ日本全体が工業化・都市化の状況へ変展し、その結果市民会館などの近代施設がふえるにつれて、公民館の存在理由はますますはっきりしないものになっていったのです。このような状態をなんとか打破しようとして、既にいくつかの指標の試みや提案がなされています。

例えば、六三年には文部省が「進展する社会と公民館の運営」というパンフレットを出していますし、七一年には社会教育審議会が「急激な社会構造の変化に対処する社会教育のあり方について」という答申を出して、公民館の新しい性格づけを志向しています。

一方、全国公民館連合会では、六八年に「公民館のあるべき姿と今日的指標」を発表し、七〇年には「第二次専門委員会報告書」をまとめて、法改正への積極的提案を行なっています。また、東京都でも、現場の職員を中心とした資料作成委員会を設け、七四年に「新しい公民館像をめざして」という意欲的な提案を試みています。

これらのものをいま一つ一つ吟味している余裕はありませんが、私たちはそれらの内容を批判的に吟味しながら、なによりも現実の新しい創造的実践をふまえて、あるべき公民館の存在理由を意欲的につくりあげていくことが切に求められているのです。

私見では、寺中構想がもっていた輝かしい方向性を見直し、いまこそ復活させることが必要だと考えます。即ち、（一）憲法学習を中心とする政治学習、（二）主体的判断を強めるための学習・文化活動、（三）それらをテコにして、地域の政治を立て直し、地域の生活を豊かにしていくこと。このような方向性の中で、公民館の必要性を明らかにしていくことが重要だと考えるのです。そして、このような公民館像が明確になれば、そこで行われるべき事業の内容もおのずから明確なものになっていくにちがいありません。(くわしくは、拙文「公民館の年間事業をどう組むか」月刊社会教育、七二年一月号を参照されたい)

4　公民館の職員

公民館活動を支え、発展させていく上で最も重要な問題は公民館職員の存在です。住民の多様な学習・文化要求に応え、公民館が真に住民のものとして充実し、発展していくためには、専門的識見と積極的な意欲をもった職員がいるかどうかによって決定づけられていくといわなければなりません。また、職員があふれる情熱と専門的識見を失わずに、住民サービスに徹することができるためには、どうしてもいつまでも安心して働けるための身分の安定と自由に積極的に研修を行いうる職務の自立性が保障されていなければなりません。戦後日本の社会教育において中核的役割を果してきた公民館活動、その中でも特に重要な役割を担ってきた職員の位置づけがどのようになされているかは公民館にとってはまさに重大な問題であるのです。

しかし、にもかかわらず、社会教育法では「公民館に館長を置き、主事その他必要な職員を置くことができる。」という第二十七条の規定があるだけで、身分の保障や資格要件については何らの規定もないのです。しかも、この「主事」という職名も五九年の改正ではじめて付けたされたものにすぎません。第九条に示された「社会教育主事」に比べると全く雲泥の差があります。この「社会教育主事」の法制化は五一年に行われ、さらに五九年の大改正で「市町村にも必置」ということにされたのですが、このときに、「公民館主事」の必置制とその専門性の裏付けのえられなかったことが公民館職員論の上で致命傷になったといわなければなりません。つまり、五九年の法改正の内容は社会教育主事の必置制に対して、公民館の主事は「おくことができる」という任意設置制ということであったのですが、このことは社会教育実践のための現場のしくみにおいてはまさに逆さまであったのです。実際に市町村においてはまぎれもなく社会教育の中核的機関であった公民館の主事を裏付けのある専門職として必置制にし、その複数配置の実現の上ではじめて社会教育主事の存在理由がでてくると考えるべきであったのに反し、実際には社会教育主事だけが必置ということにされてしまったのです。その上、社会教育主事の職務は第九条の三によって「社会教育を行う者に専門的技術的な助言と指導を与える」と規定されており、そして五九年、法改正時の文部省社会教育課長・宮地茂氏の法解説によれば「社会教育主事は学校教育行政における指導主事に対比されるべき性格のもの」であり、「助言・指導の対象の重点は社会教育施設の職員や社会教育関係団体の指導者である」とされています。しかし現実は専任の公民館の主事の設置率が一館平均〇・三人にも満たない実状なのですから、これでは全く教員のいない学校に指導主事だけを配置するというおかしな施策だったといわなければなりません。しかし、法改正時には反対運動の側からも、この問題の不当性、欺瞞性はあまり問題にはされなかったのです。もともと公民館の義務設置と専門職主事の必置性を中心とした単行法を主張していた全国公民館連絡協議会も「この次の機会には公民館職員のことを考えるから」といった程度の口約のみで文部省に妥協し、法改正に賛成してしまっています。このように、公民館主事の職制の確立が五九年の法改正時において、客観的にも主体的にも重大性が明確にされず、うやむやにされてしまったことが今日まで尾を引いているのです。問題はその後、現在にいたる経過にあるのです。七三年度に突如文部省が意図した「派遣社会教育主事制度」は七四年度から全国的に実施されていますが、この制度をすすめるうごきの中で、文部省はこの派遣社会教育主事は暫定的なものではないこと、そして社会教育の中心的な専門職員は社会教育主事であるという考え方を明瞭にさせているのです。つまり、公民館に学校の教員と同じような独自の専門職員をおくという考えは全くなく、それは派遣の社会教育主事でも間に合うという考え方が貫かれているのです。

いうまでもなく、市町村の社会教育サービスにおいて今日でも中核的役割を果しているものは公民館の職員であるのですから、現段階で社会教育専門職の充実策を考えるときには、どうしても公民館の専門職の身分保障と充実策を優先すべきなのです。既に明らかなように、このような条理は、法の上では生かされず、まさに逆さまになっているのですが、しかし現実には市町村の中で実践的に徐々に実体化されつつあります。すなわち、実際に社会教育活動が活発に行われている自治体では、公民館に社会教育主事の資格をもつ専任職員を配置している例が少なくありません。「公民館指導係の職員は社会教育主事（有資格者）をもって充てる」という規則を定めている国立市の例、公民館職員の募集を一般職とは別に行って、採用している国分寺市の例などがあり、この傾向は東京・三多摩地域では急速にひろがっています。自治体のこのような状況は、国が法に定めた内容をすでに乗りこえて、正しい条理に基づいた制度が確立されつつあるといっても過言ではありません。このような先駆的な例にならって、自治体の条例や規則によって、公民館職員の任用資格や身分保障などを制度的に明確にしていくことが、法の内容を実質的に変えていくことであり、実際にしなければならない大切な努力なのです。

5　公民館の運営方針

第二十三条では、公民館の運営方針として、「営利事業およびその援助」「特定政党の利害に関する事業」「特定の宗教の支持」の禁止を規定しています。そして、その違反に対しては第四十条と第四十一条によって停止命令権と罰則を設けています。公民館に関する他の条項が不完全で、あいまいなのに対し、これは全く徹底した規定です。しかし、これらの禁止条項は、公民館がすべての住民に対して公平なサービスをしなければならない以上当然のことであり、あえて規定する必要もないほどなのです。しかも、これが「公民館の運営方針」としてうたわれているのですから、なにか不自然な感じをまぬがれません。それに、この禁止条項があるために、しばしばゆきすぎの解釈や規制がかけられることが問題なのです。例えば、「特定の政党の利害に関する事業を行ってはいけない」という条文の解釈が「政党が公民館を使うことも禁じられているのだ」「政治的な団体の使用も好ましくないのだ」というような考え方に拡大されて公民館の運営がはかられている例は決して少なくないようです。ここは、いうまでもなく、すべての政党が利用できるような原則を公民館がもつことによって、いかなる政党でも自由に利用できるようにしなければなりません。地域における政党活動が限られた職業政治家だけのものでなく、地域住民のだれにも保障されている権利であり、さらに地域における日常的な政治活動や政党活動の活発化が政党そのものをきたえ、民主政治をほんものにしていく基本的な活動である以上、公民館はむしろそれを積極的に奨励すべきなのです。無論、そのことは公民館そのものが政治的中立を堅持しなければならないことと矛盾はしないのです。そのことをしっかりと弁えておくことが大切です。さて、第二十三条のような禁止条項をもって公民館の運営方針とするのでは、あまりにも消極的すぎですし、そもそものようなものが運営方針といえるかどうかも問題です。公民館がすべての住民に支持され、地域における自由なたまり場、交流の場をかねそなえた学習と文化の殿堂としての役割を果していくためには、どうしてももっと積極的な運営の方針をもつことが必要です。その意味で、次のようなことが公民館運営の原則として確立されなければなりません。

第一には無料、無差別の原則です。

公民館が住民全体、市民全体の施設として、あらゆる層の人たちやさまざまな考えや趣味をもった人たちが、だれでも気軽に自由に活用することができるためには、まず公民館の使用が無料であり、どんな団体も差別しないということが必要です。このことは図書館法が第十七条で「公立図書館は入館料その他図書館資料の利用に対するいかなる対価をも徴収してはならない」とはっきり無料の原則をうたっていることに見習うべきです。東京では、国立市公民館が公民館使用規則で無料化をうたっていますし、小金井市では条例の中から使用料規定を削除して公民館の無料化を実施している例があります。このように、住民は当然の権利としてこの原則の確立を要求していくべきですし、職員は当然の義務としてそのための努力をしていかなければなりません。

第二の原則は、公民館は学習文化機関としての独自性をもたなければならないということです。

公民館が住民のための社会教育機関として、住民の自由な集会や学習・文化活動の拠点という役割を果していくためには、行政から独立した教育機関本来の独自性をもたなければなりません。それは具体的には、館長が常勤・専任化された上に、行政からの命令や指示や干渉をうけない独自の権限をもっていることであり、また公民館職員も直接住民との接触の中で、臨機応変に対応できる専門職としての自立性が保障されていることであり、さらには公民館運営について真に住民を代表しうるような公民館運営審議会が構成されていることです。

第三の原則は、公民館の地域配置と豊かな施設設備の整備ということです。

公民館が地域住民の自由なたまり場になりうるためには、ふだん着のまま、下駄履きで行けるような所になければなりません。具体的には歩いて十五分以内、都市でいえば一中学校区に一館、人口にして約二万人に一館ということになります。これは地域にあたらしい連帯を育てていくための拠点として、ぜひ実現されなければならない原則です。また公民館があらゆる住民の集会や学習活動に役立つためには、そのための施設設備や器具・備品が十分に配備されていなければなりません。特にこれからは、一人でも気軽にこれる自由なたまり場（市民交流ロビー）と若い母親たちが安心して集会や学習に参加できるための保育室はぜひとも設置されなければなりません。集会室や和室はいうまでもなく、団体活動室、青年室、図書室、実験実習室など住民の要求や活動に応えられるような機能的な場が設定されていくことが必要です。

第四の原則は、住民参加の原則が貫かれなければならないということです。

公民館はなんといっても住民のための機関であり施設ですから、住民の意志によって運営されることが本来の姿です。そこで、できるかぎり住民の意志を反映した運営にするために、第二十八条によって公民館運営審議会の必置が義務づけられています。この運営審議会は館長の諮問機関とされていますが、第二十八条の二項で、館長の任命に関しては教育委員会があらかじめ公民館運営審議会の意見をきかなければならないとされていることからしても、単なる諮問機関ではないことが明らかです。さらにいえば、次官通牒では、全町村民の選挙で選ばれた「公民館委員会」が公民館運営の主体となる機関であり、公民館長や職員の詮衡をはじめ公民館運営に関する一切の重要事項を審議し決定することとされており、文字通り住民主体による公民館運営が実施されていた歴史的経過があるのです。公民館運営審議会は公民館委員会にくらべて明らかに後退した機関になっていますが、しかし、だからこそこの機関を住民意志を代表する機関として重視していくことが必要なのです。現実には、大変形式的な諮問機関として扱われ、年に二、三回しか開かれないようなものも少なくないのですが、逆に実質的な住民参加の機関として重視し、毎月の定例会を制度化している公民館もふえています。

そこで問題なのは委員の構成です。第三十条は委員の委嘱について規定していますが、住民の意志が多方面にわたって反映されるためには、一号委員の学校長や三号委員の学識経験者よりも、むしろ二号委員の団体の代表者をできるだけ多数委嘱することが重要です。この二号委員の委嘱は「それぞれの団体又は機関において選挙その他の方法により推せんされた者について行う」と規定されているように、団体の自主性を重んじた大変民主的なものです。その範囲も「教育、学術、文化、産業、労働、社会事業等に関する団体又は機関」とされていますので、その通り、できるだけ多方面から団体を選ぶことが望ましいのです。またその場合、団体の連絡協議体よりも、むしろ人数は少くとも活発な活動やユニークな内容をもった単位団体を選ぶことの方が大切ですし、労働組合の代表もぜひ入れたいものです。三号委員の学識経験者の中には「市町村の長若しくはその補助機関たる職員又は市町村議会の議員」を入れることができるとされていますが、経験的にみてこれは望ましくありません。学識経験者はやはり厳密な意味で解釈すべきだと思います。

以上、住民意志を代表する機関として法的に重視されている公民館運営審議会を大切に考えていくことが住民参加の第一歩ですが、このほか、できるかぎり具体的に住民参加の機会をつくっていくことが大切です。たとえば、住民による公民館事業の企画実行委員会（小金井市）、公民館利用者懇談会（小平市ほか）、講座準備委員会（国分寺市）など各地でさまざまな住民参加が実際に行われていますが、さらにいろいろな形で、積極的に住民参加をすすめていくことが重要なのです。

（東京都国立市教育委員会）

3　公民館施設の理論

原題――1　公民館施設の理論
掲載誌――『講座 現代社会教育Ⅵ「公民館・図書館・博物館」』亜紀書房、一九七七年十二月

1　はじめに　公民館の時代区分

公民館は国民の権利としての集会や学習や文化活動がだれにとっても、自由に、差別されることなく、充分に、いつでも、いつまでも行なうことのできる社会教育の施設であり、機関でなければならない。それは公的な機関ではあるけれども、施設の内容や事業のあり方は、それを利用し、活用する住民を主体として考えられ、具体化されなければならない。逆に住民からすれば、自分たちの集会や学習に必要な施設のあり方や事業の内容を自分たちみずからの要求や運動によって具体化していく（行政につくらせていく）ものでなければならない。それが社会教育法第三条の意味するものであり、また第二一条「公民館は市町村が設置する」という条文の正しい解釈であるとされねばならない。

このような考え方が七〇年代になってしだいに国民のあいだに定着しつつあるし、またそのような考え方にもとづく住民による公民館づくりの運動が現実に活発化してきている。それは部分的、例外的な事例というよりも、むしろおしとどめることのできない大きな時代の流れとなってきているのではないだろうか。

さて、公民館の歴史においては、その発想やイメージにおいて戦前からの伝統を無視することはできないが*1、制度としては戦後文部次官の通牒「公民館の設置運営について」（四六・七・五）が出されてからのことである。

戦後三〇年の公民館の歴史にはさまざまな変化発展があり、それをどのように時代区分するかについてはいろいろな考え方があり、具体的な試みがなされているが、ここではやや大まかに、つぎの四つの段階に分けて考えておきたい。

（一）建設期—初期公民館の時代（一九四六—四九年）

まず、一九四六（昭和二一）年七月五日発で、文部次官通牒「公民館の設置運営について」が各地方長官宛に出され、つづいて九月に、その実質的な起草者である寺中作雄（文部省社会教育課長）が「公民館の建設—新しい町村の文化施設」という指導書を出している。いわゆる寺中構想と呼ばれるものであるが、この構想が全国の共感を呼んで、全国的に公民館運動がひろがっていった。ここでは公民館はたんなる社会教育機関にとどまらず、いわば新日本建設のための全村運動の拠点として、万能的な役割を期待されたのであった。

（二）定着期—法制化された公民館の時代（一九四九—五九年）

社会教育法の制定によって、法制化された公民館が歩みを始めるわけだが、全国公民館連絡協議会による公民館単行法制定運動が激しくなされたことにみられるように、公民館職員の専門職化や公民館設置のための国庫補助など基本的な問題について社会教育法は実質的な条項を欠いていた。教育委員会の発足（五二年）、町村合併の促進（五三年）などによって公民館の水準はむしろ低下するばあいが少なくなかった。公民館が社会教育法の規定に従ってやや実態化され、定着していくのは昭和三〇年代（五五年以降）になり学校教育施設が一応の整備を終ってからで、万能論的公民館から脱した、社会教育施設としての発想がようやく地域に根づいていくことになる。

（三）模索期—都市化による変化と模索の時代（一九五九—七〇年）

五九年四月、「大改正」といわれる社会教育法の改正が行なわれる。この改正には社会教育関係団体への補助金交付の禁止規定（第一三条）の削除をめぐって、一大反対運動が展開された。こと公民館に関しては、単行法運動以来の現場の悲願はほとんど実現されず、国の公民館にたいする冷たい姿勢がはっきりと示された。いろいろな意味で、戦後社会教育にとって大きな曲り角を感じさせるものであった。文部大臣が「公民館の設置及び運営上必要な基準を定めるものとする」（第二三条の二）が追加されることによって、この年の末に、はじめて「公民館の設置及び運営に関する基準」が文部省告示として示達された。だが、社会教育法制定一〇年目にして漸く出された基準はまことに低水準で、お粗末なものでしかなかった。

このころ、日本は高度成長経済のもとで、地域開発政策がとられた結果、日本の全土は急激な地域変貌を余儀なくさせられる。工業化、都市化が進行するなかで、農村を母胎とした公民館は転換をせまられ、いかにあるべきかの模索が始まる。いわば都市化状況のなかで公民館はいかにあるべきか、さまざまな試みがなされている。たとえば、文部省は六三年に「進展する社会と公民館の運営」というパンフレットを出しているし、全国公民館連合会では六八年に「公民館のあるべき姿と今日的指標」を発表し、つづいて七〇年には「第二次専門委員会報告書」をまとめて、法改正への積極的な提案を行なっている。そして、社会教育審議会が「急激な社会構造の変化に対処する社会教育のあり方について」の中間発表を七〇年に行ない、翌年成案をまとめて文部大臣に答申を出し、都市化における公民館の新しい性格づけを提唱したことは文部省の公民館施設費補助の飛躍的増額と合せて、一つの画期として注目しなければならない。

（四）発展期—住民による公民館づくりの時代（一九七〇—　　）

社教審の答申を一つの画期とみたのは、社会教育法制定以来、きわめて冷淡に公民館問題を扱ってきた文部省が、国のダイナミックな国土開発・地域開発政策によってもたらされた都市化状況、そのなかでの地域連帯の喪失など地域混乱状態を上からの統治の必要からなんとか手を打たねばならぬとして出されてきた「コミュニティー構想」に公民館を積極的に役立たせようという姿勢の変化が読みとれるからである。

しかし一方では、すでに多くの自治体のなかで、住民の要求に裏づけられた公民館の設置運動、建て直し運動、保育室など新しい施設の増設運動、さらには公民館運営への住民参加や学級講座の自主編成など活発なうごきが展開されるなかで、新しい潮流がしだいにはっきりと形成されてきている。国の基準が低水準で、実際の効力をもたないこともあって、住民要求をふまえた自治体独自の構想が嫌応なく試行されるようになってきたのである＊2。

＊1 小川利夫「歴史的イメージとしての公民館」小川利夫編『現代公民館論』所収、東洋館出版社、一九六五年。

＊2 東京都三多摩の公民館関係者によって作成された「新しい公民館像をめざして」（一九七四年、東京都教育庁資料）はその代表的なものといえよう。

2 原点としての寺中構想

戦後日本の公民館活動の出発をうながしたものは四六年七月五日に発せられた「公民館の設置運営について」という文部次官通牒であったが、その実質的な起草者である寺中作雄（文部省社会教育課長）は四六年九月に「公民館の建設―新しい町村の文化施設」という解説・指導書を発表している。いわゆる寺中構想と呼ばれるものである。

ここでは、公民館は単なる社会教育機関にとどまらず、敗戦という現実のなかで、新生日本の再興を図るための村づくり・町づくりのセンターとして、総合的、万能的な役割を担わされたものであった。

寺中氏によれば「公民館の構想は文部省の創作にかかるものではない。終戦後の混乱たる世想の中から、これではいけない、何とかせねばならぬと起ち上ろうとする人々の胸の中に期せずして湧き上る欝勃たる建設の意欲が漠然と公民館を求める心となったのである。文部省の示した構想は、これらの人々の欲求に応える為の一つのイメージに過ぎない。このイメージに血を通わせ、肉をつけ、活きた文化施設として育たせるのはひとえに町村民の熱意と努力に俟つものである＊1」といい、新しい町村の文化施設としての『公民館の建設』を八章に分けて述べている。

かれは第一章「なぜ公民館をつくる必要があるか」の章で、「まさに民主主義の基盤の上に、平和国家、文化国家として立つこと、それを除いては日本の起き上るべき方途はない筈だ。だがわれわれは聯合国から迫まられて已むを得ず文化国家として立つのだと考えてはならない。戦いに敗れた結果、仕方なく民主主義になるのだと思ってはならない」「誰に勧められなくとも、何国に強制されなくとも、われわれは当然に自ら進んで平和と文化の道をとるべきであったのである」と言明し、そのためにもっとも手近なところから再出発の第一歩を踏み出そうと、公民館の建設を提唱しているのである。そして、なぜ公民館をつくるかの理由としてつぎの三つのことを強調している。

「第一に、民主主義を我がものとし、平和主義を身についた習性とする迄にわれわれ自身を訓練しよう。第二に豊かな教養を身につけ、文化の香高い人格を作るよう努力しよう。自発的に考え、自分で物事を判断するには先ず自らを教養し、広い常識と深い識見を養って、如何なる事にもはっきりした見通しと不動の信念が出来ねばならない。

第三に、身についた教養と民主主義的な方法によって、郷土に産業を興し、郷土の政治を立て直し、郷土の生活を豊かにしよう」。

同様の趣旨は次官通牒にも述べられているが、このように寺中構想の説く公民館の存在理由はきわめて積極的であり、新しい意欲に燃えていたといわなければならないが、それはまた敗戦直後の混乱状態のなかで新しい生き方を熱望していた当時の住民の心情に大きな共感を呼び、その結果、全国に澎湃として公民館活動がおこっていったといえるであろう。今日からみてもこの三原則は大変格調が高く、新鮮なひびきをもったものであるということができるし、われわれがこれからの公民館活動を考えていくばあいの原点として位置づけられるべきであると考えられる。

したがって、これらの原則のもとに発足した当初の公民館活動の中心は政治教育の徹底であり、政治学習の推進であった。そのことは政府がみずから、占領軍の奨励の下に、新憲法の内容を国民に徹底させる運動を先頭に立って行なったことからも明らかである。すなわち、文部省は社会教育局長通達を出し、「町村民に対し新憲法の精神を日常生活に具現するための恒久施設として公民館の設置を促進する」ために、新憲法発布を記念する公民館の設置を奨励したこと、同時に「新憲法普及教養講座」という学習会をみずから企画して、日本中の全町村をもれなく実施して歩いたこと、さらにたんに講演だけでなく、町内会・部落会ごとの討論・研究会を行なうような奨励もし、そのために必要な新憲法の解説書を文部省は率先してつくり、全国に配布しているのである。しかし、このような試みは地域の古い体制を復活しようとする指導層の動向のなかで、与えられた民主主義を真にみずからのものにしていこうとする住民側の自覚や力がいまだひ弱であったために、ほとんど地域に定着するものとはならなかった。

実際に、公民館でどのようなことが行なわれたか、初期公民館のタイプについては、(1)生産復興・生活向上を中心内容とする公民館、(2)失業救済・生活安定を中心内容とする公民館、(3)文化・教養活動を中心内容とする公民館の三つに分類・整理されている。*2

しかし、限界はあったにせよ、民主主義理念の啓蒙普及および民主主義的態度の養成に公民館が一定の役割を果したことはまぎれもない事実である。

しかるに、このような文部省の姿勢は五〇年の朝鮮戦争へと向う占領軍の反共政策のためにたちまちのうちに一転し、その結果、憲法学習は意図的に後退させられ、さらには「政治教育」「政治学習」という言葉すら公民館活動のなかでタブー化されていくのである。しかし、たとえ束の間にせよ、このような活動が実際に行なわれたということはまぎれもない歴史的事実であったことをわれわれは銘記しておかなければならないし、そこに原点としての意味があるといわなければならない。

さて、寺中構想の特色を簡単にまとめてみるとつぎのようなことがあげられる。

第一の特色は万能主義ということである。それは公民館の機能として「公民館は謂わば郷土における公民学校、図書館、博物館、公会堂、町村民集会所、産業指導所などの機能を兼ねた文化教養の機関である*3」とのべられていることからして明らかであるが、たんなる社会教育の機関にとどまらず、郷土振興(村づくり、町づくり)のセンターとして総合的、万能的な役割を期待されていた。

第二の特色は住民主体の運営が考えられていたことである。つまり、公選を原則として住民のなかから選ばれた「公民館委員会」が公民館長の選出、公民館職員の銓衡、毎月の事業計画、新しい設備施設の計画など「公民館運営に関する一切の重要事項を審議し決定する」とされていることがそれである。

第三の特色はいわば青空公民館主義ということである。いってみれば、施設観の不在、軽視である。それは当時の社会の実状から到底専用の施設の建設は困難であったにせよ、施設よりも機能（活動）が重視されていたことは間違いない。すなわち、次官通牒には「公民館の為に建設を起すことは困難であるから、成るべく町村中心地に在る最も適当な既設建物、例えば青年学校又は国民学校の校舎或は既存の道場、公会堂、寺院、工場宿舎其の他適当な既存建物を選んで施設すること」と明記されているし、また寺中氏も「施設は単に公民館の一面に過ぎないのであって、設備は備わなくとも魂がこもり町村民の支持があれば立派に公民館の名に値し、如何に設備が整っていても魂がこもっていなければその名に値しないのである*4」とし「極端に言えば実質さえ伴えば、公民館の設備は始めは『公民館』の看板一枚でもよく、看板一枚から出発して、漸次に設備の行き届いた立派な公民館に発展させてゆくことができる*5」といっているところにも端的に示されている。

*1 寺中作雄「公民館の建設」の自序、一九四六年。
*2 千野陽一「初期公民館活動の性格」小川利大編『現代公民館論』所収、東洋館出版社、一九六五年。
*3 寺中作雄、前掲書、第二章。
*4 同前、第七章。
*5 同前、第八章。

3 法制化された公民館

社会教育法は実質上の公民館法であるといわれるほどに、第五章「公民館」のもつ意味は重く、法上に占める比重は大きい。それはそもそも社会教育法制定の最大の目的が公民館の法制化にあったことによるものであるが、そのことは公民館の生みの親ともいわれている寺中作雄（法制定時の文部省社会教育課長）がつぎのようにのべていることからも明らかである。

「社会教育法制化の最大の眼目は終戦後の新しい社会教育施設として出発した公民館に法的根拠を与え、之に財政的援助の裏付けを保障することによって、地方各町村の社会教育体制を恒久化することにあった*1」。法律のあるべき体系からすれば、社会教育法という基本法を受けて、図書館法や博物館法と同じように公民館法がつくられているというのが理解しやすい形であるが、実際にはそうではなく、社会教育法のなかの重要部分として「公民館」が位置づけられているところに日本の社会教育の特質があり、公民館のありようが象徴されているのである。ともかくも、教育基本法第七条をうけて社会教育法が制定され、法制化された公民館が歩みを始めることになったのである。

さて、法上における公民館の位置づけ、あるいは特色はおよそつぎの三点にしぼられる。

第一は、いうまでもなく公民館の法的性格が明確になったことである。あるいは公民館の設置・運営に法的根拠が与えられたことといってもよい。つまり、第三条において、すべての国民が社会教育を行なうことは国民の権利であると認め、そのために必要な環境の醸成（条件の整備）を国や地方公共団体の任務として規定したこと。第二一条において「公民館は市町村が設置すること」としたこと。そして第二〇条において、公民館の目的をかなり明確に規定したことなどがそれである。第二〇条の目的規定はやや明確性にかけるところがあるとはいえ、寺中構想でうたわれた郷土復興・町村自治振興の機関という性格から社会教育の機関という性格にはっきりと限定している。これは社会の近代化にともなって地方行政全般が整備され、機能の分化が進行した当然の帰結といえるものではあるけれども、反面、寺中構想のもっていたエネルギーと情熱がいちじるしく後退したともいわれている。

第二の特色は、公民館の事業の内容が教育的に整理され、焦点化されたことである。つまり、第二二条に例記された七項目はおよそつぎの三つに類別される。

（1）定期講座や諸種の会合、またそのために必要な資料の収集と提供。

（2）各種の団体や機関等の連絡を図ること。

（3）施設を住民の集会その他の公共的利用に供すること。

第三の特色は、第三五条によって国庫補助の道をひらいたことである。

以上の特色をまとめていうと、公民館がはじめて社会教育の機関として性格づけられ、しかもその公民館はいわゆる「看板公民館」「青空公民館」ではなく、施設をもった事業主体として意味づけられたことである。それはまさに画期的なことといわなければならない。

しかしながら、同じ社会教育施設である図書館や博物館の目的が明確であり、専門的であるのにたいして、公民館は社会教育のあらゆる分野をその機能範囲とする総合社会教育施設として考えられ、位置づけられているために、その総合性が公民館の性格を大変あいまいなものにしてしまっている。またこの目的を受けて行なわれる事業の内容はたんに例示にすぎないものであって、公民館がとくに専門的に実施しなければならない事業というものは明確ではない。したがって公民館が公民館といえるためには最小限どのような事業をしなければならないのか、反対に社会教育の機関としての公民館の事業はどんな程度に限定されて然るべきなのかも明らかではない。さらに第二二条に例示された事業は第五条で規定された教育委員会自身が実施できる事務事業と重複しているものが少なくないのであって、このことも公民館の性格をあいまいにさせる原因になっている。つまりこのような位置づけのなかでは、市町村における公民館の設置率は年々高まっていったにもかかわらず、逆に「公民館とは何か」ということについては一向にそのイメージは明らかになってはこなかったのである。さらにいえば、朝鮮戦争を契機とする占領政策の転換によって公民館活動のなかから実質的に政治学習が後退してしまったあとは、施設の前近代性や職員の不足ともあいまって、公民館は何となく時代遅れで、魅力のない存在として住民からみなされるような傾向を強くしていったのである。

また、一九五二（昭和二七）年秋に地方教育委員会が全国の市町村に設置されたことも公民館運動にとっては一つの打撃としてひびいたことは疑いない。教育委員会の設置によって、教育行政が一般行政から分離するとともに、従来熱心に公民館運動を推進してきた市町村長を公民館から引き離す結果を招いたこと、しかも、公民館に直接責任をもたなければならない教育委員会は学校教育委員会と呼んだ方がふさわしいほどに学校施設の建築に追われ、したがって公民館への関心は必然的に退潮せざるをえなかったのである。

さらに、五三（昭和二八）年以降の町村合併促進も公民館運動の発展を阻害した。町村合併の結果、中央公民館への集中による地区館の廃止または分館への格下げが行なわれたり、合併市町村のうち公民館の充実した地区を未整備の地区の低い水準にまで下げることがどんどん強行された。要するに、町村合併によって、全般的に社会教育予算は削減・圧縮され、施設や職員の水準は低下し、弱体化する傾向を強めていったのである。

このころ、「公民館は施設か機能か＊2」という論議がおこり、現場に混乱を呼んだ。すなわち五一、二年ごろから公民館指導について国の方針が転換をみせ、文部省の施設課長や社会教育官などがしきりに公民館の管理を説き、公民館の限界を強調して機能よりも施設を重視すべきだとしたのである。これにたいして現場からは、公民館はいわば寺中構想にうたわれた町づくりや民主化の拠点として、その積極的な機能こそ重要であると訴えられたのであった。思うに、この論議は公民館活動を発展させあるいはそのイメージを明らかにするためのものというよりは、行政のトップが地域の民主化へのおそれから、公民館をある意味で見限った、一歩後退した問題の提起であったといわなければならない。だから、施設とその管理を強調しても、公民館活動を真に盛りあげるための施設論はすこしも示されなかったのである。

社会教育法の制定により公民館に法的根拠が与えられたことはまさに画期的なことではあったが、しかし社会教育法における「公民館」の諸規定は肝心なところが不充分であり、不明確なところが多く、そのため現場の関係者には少なからぬ不満や不安を感じさせたのであった。それゆえ、全国公民館連絡協議会は、社会教育法のなかの一章に公民館をとどめておいては到底公民館人の要求をかなえることはできないという見地から、これを単独の法律にすることによって公民館の目的、性格、国の地方公共団体の行政責任、施設設備の最低基準、そして職員の制度などを明確にさせようとする、いわゆる単行法制定の運動が五三（昭和二八）年ごろから数年間にわたって活発に展開されたのである。すなわち、五三年の第二回全国公民館大会では公民館法第一次試案が発表され、五四年の第三回全国大会では単行法立法化の決議がなされ、五五年の第四回大会では議員立法でも成立させようというように盛りあがりをみせたのだが、文部省の壁は厚く、かつ現場の力もう一つ団結と積極性に欠け、ついに単行法運動は挫折に追いこまれてしまったのである。

＊1 寺中作雄「社会教育法制定の頃」『社会教育』一九五四年六月号。

＊2 三井為友『現代社会教育の理論』明治図書、一九六三年、一六九頁。

4 都市化におけるさまざまな試行

五九（昭和三四）年の社会教育法の改正は第一三条を削除して団体への補助金支出を可能にしたこと、市町村に社会教育主事を必要にしたことなどをふくめて「大改正」と呼ばれたものであったけれど、こと公民館に関しては、わずかに文部大臣が公民館の設置および運営上必要な基準を設けるようにしたこと、分館にかんする規定を設けたこと、主事という職名だけが設けられたこと、国の公民館への補助規定が施設設備の補助にまで拡大したことなどにすぎず、単行法運動以来の公民館関係者の悲願はいわば「パンを求めて石をあたえられた＊1」程度のものでしかなかった。

一方、このころと軌を一にして日本経済の高度成長が始まり、日本社会の全面的工業化、地域開発政策の下で急激な地域変貌がおこり、全面的な都市化状況を迎えるにしたがって、公民館は根本的に存在理由を問われるに至ったのである。設置率は依然増加の一途をたどっていたというものの、いわば農村を基盤にして発展してきた公民館は、工業化・都市化の状況のなかでそのあり方の問いつめを余儀なくさせられたのである。一方では市民会館などの類似近代施設が増加していくなかで、公民館は一体何をなすべきなのか、また社会的にいかなる役割を果すべきなのかの模索や試行が始まったのだが、しかし職員も住民もともに支持しうるような公民館イメージはなかなか明らかなものにはならなかった。このような状況のなかで、公民館のあるべき姿を求めていくつも試案が出されている。

その一つが六三（昭和三八）年に文部省社会教育局の出した「進展する社会と公民館の運営」である。それは「もし、このまま放置するならば、恐らく公民館はますます貧弱なものになり、社会の進歩に即応する教育文化施設として、地域の文化発展に寄与することはいっそう困難となるにちがいありません」という問題意識から、変貌する社会のなかでの公民館のあり方、役割をつぎのようにのべている。

（1）公民館は、地域住民のすべてに奉仕する、いわば開放的な生活のための学習や文化活動の場である。

（2）公民館は、人々の日常生活から生ずる問題解決を助ける場です。

（3）公民館は、他の専門的な施設や機関と住民との結び目となるものです。

（4）公民館は、仲間づくり（地域住民の人間関係を適切にする）の場です。

大変平易な表現で説明されているのだが、この提案は掘り下げの浅い、大変便宜的、思いつき的なものといわなければならない。なぜなら、それらを補足する解説文をみても「進展する社会」における地域社会の変貌の様子や住民の生活の変化の実態などは何も分析されておらず、したがって、いま公民館は何をめざすべきなのかといった格調や主体性が少しも感じられないのである。宇佐川満氏が指摘しているように「どの国の、どういう時代の国民を念頭におき、いかなる生活環境に生きる住民を対象としての公民館活動なのか、まるで無国籍の、無性格の公民館のあり方が説かれている*2」のである。

ことに（3）にいわれている「施設媒介論」はこのころ都市において目立ち始めたデラックスな市民会館や文化会館などの出現にたいして、あわてて公民館の役割を関係づけようとしたもので、まことに便宜的、非主体的といわざるをえない。さらにいえば、このころ文部省の内部では施設主任官室を廃止したことに象徴されるように、公民館の基本の問題への取組みはほとんどなされずに、非常に冷淡な態度をとっており、都市化状況のなかでの公民館の存在はもはや時代遅れであるとする考え方が強く支配していたのである。

文部省が積極的に公民館を見直そうということになったのは、七〇年九月に中間発表を行ない、翌年四月に成立をみた「急激な社会構造の変化に対処する社会教育のあり方について」という社会教育審議会の答申が出されてからである。この答申には「公民館の新しい役割」についてつぎのようにのべられている。

「公民館については、従来ややもすればその性格と活動が明確に理解されていないきらいがあったが、コミュニティ・センターの性格を含む広い意味での社会教育の中心施設として、地域住民の各種の日常的学習要求にこたえながらとくに新しいコミュニティ形成と人間性の伸展に果たす役割が、改めて重視されなければならない。このような公民館の性格づけのうえに立って施設の増設および専門職員の増員によりその機能を充実するようにつとめるとともに、その未設置地域にあっては都市、農村を問わず新たに公民館の整備を促進する必要がある」。

しかし、このうちで文部省のとった施策は建物としての公民館の助成のみで、社会教育機関としての公民館に不可欠な専門職員は軽視され、かわって社会教育主事の派遣で充分であるとする考え方で貫かれており、それはかつての「施設か機能か」の論議において、施設の管理を強調した態度に相通ずるものである。つまり、公民館を実質的な社会教育機関として育てることはしないという文部省の態度は一貫しているのである。

一方、全国公民館連合会では専門委員会を設けて約三年間の研究討論の末、六八年に「公民館のあるべき姿と今日的指標」を発表し、つづいて七〇年には、「第二次専門委員会報告書」をまとめている。これは、いままでの、公民館創設以来の公民館にたいする指標がすべて国の政策として示されてきたのにたいして、公民館関係者の組織が主体的にまとめあげたものである点で高く評価されるものであるし、全公連という組織にとっても画期的なことであった。いまその「公民館のあるべき姿」についての概要を示すと、つぎの通りである。

（1）目的と理念

公民館は、住民の生活の必要にこたえ、教育・学術・文化の普及ならびに向上につとめ、もって地域民主化の推進に役立つことを目的とする。このためにはつぎのような理念に立たなければならない。

1　公民館の活動の基底は、人間尊重の精神にある。
2　公民館活動の核心は、国民の生涯教育の態勢を確立するにある。
3　公民館活動の究極のねらいは、住民の自治能力の向上にある。

（２）役割

1　集会と活用　地域の社会生活は、集会活動をとおして向上する。このため集会場、いこいの場、茶の間など、多様な役割をはたすものが公民館である。
2　学習と創造　学習活動の場をととのえ、ゆたかな教材を提供し、教育・文化活動を展開するのが、公民館の重要な役割である。
3　総合と調整　地域社会における課題といかにして総合的に取り組むか、ここに公民館の高次の役割がある。

この試案は寺中構想以来の代表的指標の批判的検討をふまえてつくりあげられたと説明されているものの、しかしながら日本の今日的状況と公民館の現実的実態をどうとらえているかが明らかでなく、またどこに公民館の危機があるのかもはっきりとはせず、したがって公民館をどのような社会的存在としてイメージし、アピールしようとしているのか必ずしも明確にされなかったうらみがある。また、公民館の役割については「集会と活用」「学習と創造」「総合と調整」の三つがあげられているけれども、このうちのどれがもっとも基本的な役割なのか明らかにされておらず、これを「今日的指標」のなかの「公民館における標準的事業の領域と内容」でのべられている広範な事業内容と合せて読むと、まことに総合主義的な公民館像が新しいスタイルで復活させられたと判断せざるをえないものであった。

このような欠点や批判点を何とか克服しようとして、六九年に第二次専門委員会がつくられ、七〇年に成案がまとめられている。これによると、日本の今日的状況である「都市化」をはっきりとふまえたうえで、「公民館とは何か」「公民館は何をなすべきか」が究明されている。そこではまず「公民館の中心的機能」として「学習と創造」にはっきりと焦点をしぼり、それを必須の機能とした教育機関として位置づけがなされている。さらに、この第二次専門員会は「公民館をめぐる諸制度改善の具体案」をまとめ、「社会教育機関としての公民館の目的と特色とを強調すること」「公民館の専門職員の制度を確立すること」などを骨子として法改正の必要を訴えている。ここでは公民館は施設をともなった教育機関としてはっきり位置づけられたといってよいであろう。

さて、五〇年代から、とくに六〇年代に入って、都市化という状況が全国的にもたらされるようになった。それは国の政策が農業を切り捨て、高度経済成長をバネにして、全国的な産業化、地域開発化が意図的、積極的に行なわれた必然の結果であった。そのため、日本の社会は急激な構造的変化を余儀なくされ、住民の生活や意識にも大きな変化がもたらされるに至った。このような状況のなかで日本における社会教育はその基本的なあり方が問題になってきたのである。よくも悪くも農村型公民館の基盤であった地域共同体が崩壊し、住民は嫌応なく、都市化という新しい混乱状態で生きることを余儀なくさせられたのである。

都市化による地域アノミーの特徴を簡単にいえば、(1)地域連帯性の喪失(青年団や地域婦人会の衰退に象徴される)、(2)孤立感・孤独感の増大(都市の団地がその象徴)、(3)生活と精神の不安定(漠然とした不安といらだち)、(4)政治的無力感(一票の軽さ、あきらめムード)、(5)根なし草的存在感(今は仮りの宿、いずれどこかに安住の地を得たいという想い)などに集約されるであろう。しかしながら、このような状況のなかで公害問題がしだいに激化するにおよんで、それと対決するための住民運動が活発化してきたという事実は、住民が自分のおかれた地域アノミーのなかで居直り、仮りの宿を仮りでなくするための積極的な意志表示であり、現状を打破して新しい生き甲斐を求めようとする自覚的な行為として認めなければならないものであろ。このような自覚や具体的なうごきを基本にして、地域に自分を変え、地域を変えていくための拠点の必要件がしだいに強く求められ、意識されてきたのである。つまり、（1）自分のなかのモヤモヤを客観的、知的に究明したい、（2）仲間をつくりたい、（3）みんなの連帯のなかで、自分を変え、地域を変え、新しい生き甲斐を求めていきたい、というような想いや願いが地域住民の胸のなかに徐々に大きくなり、広がっているといわなければならない。このような地域の状況と住民の意欲をふまえて、公民館のあるべき姿やビジョンもまた徐々に自覚化され、具体化されつつあるのである。

＊1 渡辺英雄（尼崎市公民館主事）一九五九年三月三日、参議院文教委員会公聴会での発言。
＊2 宇佐川満編『現代の公民館』生活科学調査会、一九六四年、一九四頁。

5 これからの課題　あらたな公民館像の創造

これからの公民館のあり方は、まさに都市化状況のなかでいかにあるべきかの姿を鮮明にし、基本的な役割を具体化していくことができるかにかかっている。住民の側も、みずからの集会や学習活動をより豊かに、より積極的にすすめるために、そのよりどころとしての施設を積極的に要求するようになってきたといえる。いわば都市化という状況がそのような必要を呼び、積極的な要求を具体化してきたのだといえよう。とくに七〇年代に入ってからは、多くの自治体のなかで青年や婦人などの住民運動による公民館づくりの運動が非常に活発になってきたことに注目しなければならない。一時代前の「施設か機能か」といった発想ではなく、まさに住民主体の社会教育をすすめるためにこそ施設が必要であるとする、いわば機能と施設の統一的把握が自覚化されてきたのである。

さて、そのばあい、問題は公民館とは一体何かということであり、それは公民館の基本的な役割をどのようなものとしてとらえられるかによって当然異なってくるのだが、すでに出されてきた公民館の基本的役割論はおよそつぎの四つのパターンに整理することができる。

（1）自治公民館論

（2）施設媒介論

（3）サークル中心論

（4）市民大学論

「自治公民館」とは町内会・部落会などの自治会と部落公民館を一体化し、再編成したもので、その「自治公民館長」が行政と教育の全体を統轄しようとするものである。いわゆる寺中構想を今日的時点において再確認しようとするものであるといえよう。鳥取県倉吉市に代表とされるこの「自治公民館方式」についての評価は「現時点におけるわが国の公民館活動（社会教育）のあり方と方向を示す、一つの先進的な意義をになうものである＊1」という高い評価もあるが、反対に「主として地域開発の『後進的』地帯における現代公民館の典型的な再編方式である＊2」とする逆の評価もある。いずれにしても、このばあいの施設イメージは明瞭ではない。

「施設媒介論」とは公民館の役割を「他の専門的な施設や機関と住民の結び目となるもの＊3」とし、いわば住民の多様な要求を図書館や博物館などの専門的社会教育施設、保健所や試験所や研究所などの専門機関、その他行政機関などと密接な連携を保って、サービスを図ったり、解決の方途について手助けをすることであるとするものである。公民館はオールマイティではないのだという一見謙虚な考え方によるのだが、しかしこの役割論からは公民館の固有の機能や本来的な性格は一体どういうものなのかということが大変あいまいであり、いわばかつての万能主義の皮が社会の近代化による類似施設の出現によって一枚一枚はぎとられていった結果、はたして何が残るかというあせりのなかで便宜的に考え出されたものといわなければならない。

「サークル中心論」とは、公民館の基本的役割は一口にいってサークル活動の手助けをすれば、それで充分であるというものである。つまり自主的なサークルやグループにとって何よりもまず必要なのは自由に使うことのできる場所であるのだから、公民館はそれらのサークルやグループの活動が自由に、差別されることなく展開できる場を充分に用意し、また、それらの活動がより豊かに発展できるための設備や備品などの諸条件を整備することがもっとも大切な役割であるとするものである。だから、公民館が積極的に事業をすすめたり、住民に向って指導的な活動を行なうことはむしろ禁欲すべきであるということになる。この考え方は住民の可能性の信頼のうえに、社会教育というものは何よりもまず住民が主体であるべきであるとするもので、まさに正論といえるものであろう。しかし、とはいうものの、すべての住民が意識的に、組織的に集団活動をすすめることができるわけではなく、逆にひとりぼっちで孤立しているひとたちや、潜在的に学習要求はもちながらもみずからの要求を明らかにしえないひとたちが少なくない、いやむしろ一般的でさえある現状のなかでは、それらのひとたちにたいして公民館が果さねばならない積極的な役割がどうしても必要とされるのである。

そこで登場したのが「市民大学論」である。それは、住民がおかれている複雑で、困難な状況のなかで何よりも重要なことは、一人ひとりが自分の頭で考え、みずからの主体的判断によって行動をおこすことのできる「自己決定能力」を強くしていくことであるという認識のうえで、公民館はまさに社会教育の機関としてそのために必要な具体的な役割（いわば市民にとっての「私の大学」）を果すべきであるとするものである。

現在の状況はいわば地域の小さな問題のなかに全世界の動向が反映しているような状況であり、あるいは身近かな日常問題のなかに実は人間在存の根本問題がかくされているような状況なのであるから、その学習内容は通りいっぺんのものでは済まされなくなっている。各人の意識状態や問題関心に見合った具体的な学習内容が提供されることが前提であるが、いわばひとりの人間がいつまでも、どこまでも継続して学習を積み重ねていくことのできる学習の内容と形態を構造的に考えていくことがとくに重要とされる。一方では住民にたいするサービスや役割をほとんど自覚していない日本の既成大学に期待をかけることのできない現状のなかでは、公民館こそが地域において住民にとっての「私の大学」として具体的な役割を果しうる機関でなければならないとされてきたのである。この考え方は生涯教育、生涯学習時代といわれる最近の社会状況のなかでしだいに広く共鳴を呼ぶようになってきているし、この考え方にもとづく公民館のあり方がまさに現実的な課題となってきているということができる。

公民館の施設の内容や構造はいうまでもなく時代の要求を反映したものである。あるいは公民館の役割がどのようなものとして考えられてきたか、その具体的な現われとしてみることができるが、反面そのようにしてつくられた一定のパターンやスタイルが逆に活動の内容を方向づけ、規制する結果を生んだことも否定できない。ここで簡単に公民館施設のパターンを歴史的にふりかえってみよう。

まず第一段階として、初期公民館の時代には、大集会や村芝居のできる講堂と舞台が中心であって、それにいくつかの部屋と事務室が附属的に設けられていたのが標準的であった。いわば大きな集会や行事のためにひとを集めるといった形での施設設計であった。

ついで、第二段階の法制化された公民館の時代になると、教育機関あるいは学習センターといった施設発想で、ある意味では学校施設に類似した学習室が数多く設けられ、さらに共同学習や小集団活動に必要な小集会室や和室などに力点のおかれた公民館が多くなっている。つづいて、第三段階の模索期に入ると、学校施設の建築が一応完了したこともあって、公民館施設も次第にデラックスなものになり、多額の予算を投じた視聴覚室や料理実習室などが軒並みに設けられるようになってきている。さらに第四段階の発展期を迎えると、都市化状況のなかで、さまざまなひとたちのたまり場や交流の場にもなるようにという配慮から、ロビーや談話室などが設けられるようになってきたし、また若い母親たちの集会や学習活動を保障するための「保育室」や、さらに宿泊も可能な部屋の設置など、住民の要求を反映したものが徐々に附加され、ゆたかになってきている。

このような推移のなかで、都市状況における公民館の基本的な役割をふまえた具体的な施設イメージとして登場してきたのが「公民館三階建構想*4」である。

「公民館三階建構想」とは、たんに公民館の建物を三階にするということではなくて、公民館の基本的な役割と機能を構造的に組織し、発展させようとするものである。

まず一階は主としてレクリエーションと社交・交流の場として設定される。そこでは、たとえばひとりぼっちの青年やサラリーマンや主婦や老人などが自由にやってきて、充分に満足した時をすごすことのできるようなさまざまな場やコーナーが設定され、いわば、「自由なたまり場」「自己解放の場」として開放される。そこには図書・資料コーナーもあって、いつでも自由に読める新聞や雑誌のほか借出しのできる図書も沢山そろえてあり、さらには学習に必要な資料も整備されている。そこでは常時展示会のできるコーナーもあって、サークル活動の成果や有志の作品が展示されている。そして、そこにはいつでも話し相手や相談相手をつとめる親切で頼りになる専門職員がいる。

二階には、いわば「集団活動の拠点」として、あらゆるサークルやグループの集団活動が自由に行なうことのできる部屋がたくさん設けられ、また集団活動に必要な設備や備品も充分に整備されている。ここでの職員の役割は団体相互の連絡を図ったり、求めに応じてサークル活動やグループ活動についての助言やサービスを行なうことであるが、新しいひとたち、孤立したひとたちをたくみにつないで、仲間づくり、組織づくりの手助けをすることも大切な仕事である。

三階では、いわば「市民にとっての『私の大学』」の諸事業が年間を通じて開設され、市民は好みに応じて、いつでも、またどこまでも学習を続けることができる。ここでの学習内容は身近な問題から全世界的問題あるいは人間存在の根源的問題をふまえ、あらゆる領域の学習が臨機応変に、住民の要求に的確にこたえうる内容とスタイルで企画され実施される。ここでの事業活動こそ公民館としてもっとも重点をおくべき勝負どころであり、まさに職員の腕のふるいどころである。だから職員の専門性はまことにきびしく、深いものを要求されることになる。

以上が「公民館三階建構想」の概要であるが、この構想は六五年前後に、国立町公民館を中心とする東京・三多摩の社会教育実践のなかで試行され、確かめられてきたものである。それ以来、この構想は広く共感を呼んで、この考え方にもとづいた公民館施設の具体的設計や事業の内容編成が意識的になされる傾向が強くなってきているということができる。
これからの課題は、七〇年代後半になってさらに積極的になってきた住民の諸要求を基本にすえながら、いままでは内容の乏しかった三階の諸事業に力点を置きつつも、一階や二階の活動内容をゆたかに充実させ、とくに一階にはできるかぎりの人びと、ひとりぼっちの人びとを招きよせながら、それらのひとたちが徐々に二階や三階の活動へ主体的に参加していくことができるように、施設の内容が具体化され、ゆきとどいた運営が配慮され、年間事業が編成されることでなければならない。まさに、住民にとって「地域における自由なたまり場、交流の場をかねそなえた学習と文化の殿堂*5」としての斬新な公民館像の内容をいかにゆたかなものにし、定着させていくかが大切な課題として提起されているのである。

*1 宇佐川満編、前掲書、一六二頁。
*2 小川利夫『社会教育と国民の学習権』勁草書房、一九七三年、三二二頁。
*3 文部省社会教育局「進展する社会と公民館の運営」一九六三年、三頁。
*4 おがわとしお「都市社会教育論の構想」東京都三多摩社会教育懇談会『三多摩の社会教育』所収、一九六五年。
*5 東京都教育庁社会教育部「新しい公民館像をめざして」一九七四年、四頁。

なお、ここで規定されている公民館の四つの役割と七つの原則はいわば「三多摩テーゼ」ともいうべきもので、公民館像についての先駆的な提案といえるのではないか、と小生は考えている。
ちなみに四つの役割とは、①公民館は住民の自由なたまり場である。②公民館は住民の集団活動の拠点である。③公民館は住民にとって『私の大学』である。④公民館は住民による文化創造のひろばである。

七つの原則とは、①自由と均等の原則、②無料の原則、③学習文化機関としての独自性の原則、④職員必置の原則、⑤地域配置の原則、⑥ゆたかな施設整備の原則、⑦住民参加の原則。

〈付記〉

国立市公民館の改築について

教育委員会の委嘱により、一九七六年五月一三日に公民館改築委員会が発足。七七年度の予算に間に合わすために、最初は隔週、七月からは毎週一回開催。委員のほか傍聴者誰でもが発言できるオープンな会で、熱心な論議のすえ、一一月五日答申書を教育委員会に送付。それに基づき、七七年度に改築（実質は新築）が着工された。

以下の文章は、小林文人氏主催の「南の風」一六五九号（二〇〇六年六月三日）に寄せたものである。

★＝＝＝＝＝＝＝《《徳永功、Ｔｈｕ，01 Ｊｕｎ ２００６ 20：40》》＝＝＝＝＝＝＝＝＝

＊もと国立市教育長

〈国立市公民館の改築委員会について―施設空間論（7）〉

（略）

国立公民館は一九五五年に自治体警察の庁舎を改築して、誕生したものです。文教地区指定を勝ち取った住民の活動意欲は相当なもので、古くて、非機能的な施設にも拘らず、住民、特に婦人たちは多彩な文化活動を活発に始めました。そして、必要な施設をその都度、市民の組織をつくって要求し、増設させてきたのです。集会室の増設をはじめ、ホール、青年専用室、保育室など、すべて市民、利用者の強い要求によって実現したものです。

しかし、元々の施設が警察の建物ですから、ボロなうえに不十分さはどうしようもないほどでした。何しろ、トイレは一箇所、それも男女兼用で、大一つ、小二つといった考えられないような状態だったのです。不自由極まりなかったのですが、自分たちが要求して利用できるようにしたのだから、ということで、我慢してきました。だから、もっと自由に気持ちよく使える公民館が欲しいという潜在欲求は極めて大きかったのです。

小生は初代の公民館職員として、留置所を壊して集会室に変える仕事を手始めに、新しい町づくりの拠点として公民館活動を推進しようと苦心してきたのですが、心の底ではいつも魅力的な施設が欲しいと願ってきました。

七〇年代は革新都政の下、国立も「革新」市政だったのですが、市長は公民館には理解が乏しく、その代わり、補助金のつく福祉施設を造ることに熱心でした。そのことは同じ「革新」だった町田市なども同様だったようです。そしてこの時期に、美濃部都政は画期的な図書館施策（二分の一の施設補助に加え、図書費三年間三分の一の補助）を打ち出し、そのお陰で、間もなく、多摩地区は全国一の図書館普及率を誇ることになりました。当時、多摩地区は住民の運動や活動が活発で、公民館を求める声は図書館を上回るほどのものがあったので、我々公民館職員は図書館と同様の施策を実施して欲しいと東京都に働きかけたのですが、願いは叶わず、都の無理解を嘆いたものです。反面、理解が得られるような公民館像が明確ではなかったことも大きな原因だと痛感せざるをえなかったのです。そのような反省を踏まえ、活発な住民の要望に応えるための公民館を模索した結果、いわゆる「三多摩テーゼ」が生み出されることになりました。一九七三〜七四年のことだと思います。

当時、小生は社会教育課長の職にあり、この三多摩テーゼのイメージによる公民館をぜひとも国立に実現させたいと思い、市長を説き伏せて、公民館の全面改築の予算化に漕ぎつけました。

さて、いかなる公民館施設をつくるか、それは行政側が先に原案を作るのではなく、住民の自由な意見と議論に基づいて作り上げていこうということで、「国立市公民館改築委員会」がつくられました。委員会は公開の原則で、どんな団体でも個人でも自由に発言を認めたうえで、毎回の議論が行われたのです。待望の公民館の全面改築とあって、住民の関心は非常に強く、毎回、委員の他に多数の住民が押しかけ、熱気溢れる議論が展開されました。或る建築士などは議論を踏まえた設計図をたたき台として毎回のように書いてきたほどでした。

議論の内容は、従来の公民館施設にはなかったか、あるいは軽視されてきた施設機能を重点的に行われました。その重点とは、

1、住民の自由なたまり場としての「市民交流ロビー」
2、すべての人に集会・学習の機会を保障するために必要不可欠な「保育室」
3、団体活動を自由に準備し、発展させていくために必要な「団体活動室」
4、青年のための独自なたまり場、活動の場としての「青年室」

といったものです。

「市民交流ロビー」はこれからの公民館にぜひとも必要な施設機能でなければならない。なぜならば都市化の中で、サークルやグループに属し得ないひとりぼっちの人たち、仲間をもとめてもなかなかその機会が得られない人たちが非常に増えている状況のなかでは、とりわけ重要な意味をもつものと考えられたからです。これは、従来の公民館施設が団体中心主義の発想で貫かれてきたことを思うと、画期的な発想の転換でもありました。だから、「市民交流ロビー」は一階の一番入りやすいところに設置されなければならない。従来の公民館は殆ど例外なく事務室が一階の主要な場所を占め、管理に力点が置かれた「事務所中心主義」の発想で設計されてきてお

り、その発想にも転換を迫るものでした。

「保育室」の必要性は、今日では説明の余地もないほどに当然のことと考えられていますが、それというのも、一九六五年から国立公民館で「若いミセスの教室」が実験的に始められ、年を重ねるにしたがって、従来は公民館活動の対象外とされてきた若い母親の学習が当然の権利として認められ、従って、それを可能にする「保育室」の設置が必要不可欠のものとして行政も認めざるを得なくなり、定着してきた実績があるのです。

「青年室」が専用に必要だという理由も国立公民館での実績に基づくものでした。ある意味では、地域の中で最も孤立し、孤独な状況におかれている青年たちには、自由に、夜おそくまで使用できる部屋が必要とされてきたのです。

以上、簡単に説明しましたが、公民館改築委員会では、それぞれの立場、代表の人たちが活発に意見を述べ、さらに傍聴の人たちも負けじと発言し、それはそれは熱っぽい議論が展開されたのです。委員会の回数は二四回にも及んだことを懐かしく思い出しています。

実際にできた公民館の施設は、高さの制約や予算の都合で決して充分なものとは言えませんが、住民の使い具合はまずまず良いと言えると思います。

4　公民館図書室の考え方

原題――公民館図書室の考え方
掲載誌――『社会教育』全日本社会教育連合会、一九六四年十月

公民館と図書館の関係

M兄、いよいよ読書の秋というわけですが、相変らず、図書館の仕事や地域の読書活動の世話にと張切って飛び廻っておられることとお察しします。

さて、今日は兄に公民館と図書館の関係について一緒に考えていただきたくて筆をとりました。実は先日、私たちが毎月やっている社会教育の研究会で、或る図書館職員が「自分たちは全く地味な仕事が多い上に、本当にやりたいこともできないので大変だ。それに、日曜の開館も余り意味がないので、いっそのこと休館にして、人並に自分の時間を持ちたい。」というような発言をしたのをキッカケに、図書館の現状や図書館員の役割などについていろいろ議論が交わされたことがあるのです。そのときにも私は私の持論である「公民館図書室」論を一席ぶったのですが、何かまだ、公民館と図書館は別々に考えられている感じがあって胸がすーっとしませんので、私の考えていることを書いて、図書館の有能な活動家である兄の感想と意見をぜひ聞かせてもらいたいと思ったのです。

図書館の機能が公民館活動と結合し……

ところで、私が考えている「公民館図書室」とはただ公民館の一室に本が置いてあるといったものではなく、図書館の機能が公民館活動と有機的に結合した存在として考えられ、運用されなければならないというものです。

図書館の仕事は、ありていに言って、図書や資料を求めに応じて提供することですが、しかし、借り出された本や資料がどのような人に如何に読まれているかということについては詳細が分らない以上に、そのことについて図書館は大変無頓着であるといえないでしょうか。簡単な統計資料は作れるでしょうが、借出された本の読み手が一体どのような地域の中で、どのような人間関係の中で、どのような問題関心をもって生きている人であるかについて充分な関心を図書館は持っているでしょうか。

馬鹿なことを言うなと兄に叱られるかもしれませんが、兄のやられているような地域に密着した図書館活動はむしろ極く特殊であって、東京などでみる限り、図書館は勤労青年や勤め人や主婦などを主たる対象とするよりは、学生に対する全くの便宜施設としてのみあふれるばかりの繁盛ぶりが実体のようです。

そして、この実状は好ましいものでないと認めつつも、一方現在のような日本の大学の試験地獄や独立の勉強部屋をもち得ない貧困な住宅事情では、まあやむをえないことだし、第一図書館がまじめな学生に活用されるのはそれはそれでよいことではないかというわけで、毎日毎日開館前からワンサと押しかける学生群を実際に目の前にしてみると、図書館本来の姿から外れているなどとノンビリもしておられず、非行青少年に比べれば全く感心なことなんだから……というように自分を納得させて、炎天下一時間も二時間も待たせるのも可哀そっだから屋外にテントを張ってやろうなどと、そんな単なる貸し部屋のためにさまざまな便宜を図書館員が一生懸命計ってやろうというのも、いわば人情というものでしょう。

しかし慣れるということは恐ろしいものです。毎日毎日そんなことを繰り返していると、かなり有能で活発な図書館員でも、いつの間にかその現状に同化され、知らず知らずのうちに無気力になってしまうということはないでしょうか。

公民館と図書館の差異は

私は図書館員にケチをつけようとしているのではありません。第一こんな現状を如何にくやしがっても、それはいわばゴマメの歯ギシリで、微力な図書館員だけではとても手におえないことがらでしょう。ですが、それにしてももう少し何とかならないかと思わずにいられないのです。私が図書館はもっと公民館と有機的な関係をもつべきだと言いたいのもそんな気持からなのです。

公民館活動が日本の社会教育の中でどれだけの役割を果しているかということについては論を改めなければなりませんが、社会教育における公民館と図書館の差異の第一は、公民館は限られた狭い地域社会を対象にしているのに対し、図書館の対象はきわめて広い地域であり、かつ対象を一定の地域に限っていないことです。

さらにいえば、公民館は特定地域の住民を対象にしているのに対し、図書館は不特定多数の人間を白紙的平等的に扱っているといえます。無論、これはきわめて大ざっぱにいっているので、実際には大変キメの細かい活動をしている市立図書館もありますし、逆に幾十万という人口の大きな市にたった一つの公民館、それも貧弱な施設と少ない職員で、一つの分館もないという例はあります。ですが、全国の設置率をみると、公民館は全国の市町村の約九割に設置されているのに対し、図書館は総数で八百そこそこ、それも県立と市区立が圧倒的に多く、町や村には、ほとんどないというのが実態です。

その最も典型的なのは東京で、二十三区内には図書館が四十数館もあるのに、市町村のある三多摩地区にはわずかに都立三館、市立二館、町立二館という状態です。

さて、言いたいことが一杯あって、なかなかうまく整理できません。

ただ読みさえすればいいのでなく

日本は世界の中で文盲率の極めて低い国で、日本人くらい本を読む民族も珍しいといわれるほどです。その証拠に日本の年間の図書出版数は世界一であり、早い話が電車に乗ってみて、本を手にもったり、読んだりしていない人はさがすに困難なほどです。しかし、それほどに読まれているものの圧倒的多数は週刊誌とスリラーの類です。だからというべきなのでしょうか、出版社は良い本、読む価値のある本よりは興味本位で、よく売れる本をどんどんつくり、読者はうまい宣伝文句にひかれて、つい興味本位のものに飛びついてしまう。だから、普通その辺の小さな本屋に並べてあるのはベストセラーや実用書、そしてハウ・ツウもののたぐいばかり。そこで悪書追放というわけで、民を憂うる良識の代表たちは取締法をつくって解決をはかろうとする。

大体、日本人は学校を出ると勉強をしなくなり、まともな本を読まなくなると言われています。通勤者の大多数は電車の中と昼休みに週刊誌やスリラーを熱心に読み、夜家ではテレビにかじりつくというのが通り相場のようです。

こういう言い方は勿論悪い一面だけを強調しているのですが、しかし、こういう社会の一般現象に対して、それでは図書館は一体どういう試みをしようとしているのでしょうか。それとも自分たちは施設の番人なんだからそこまでは責任がないと図書館員たちは考えているのでしょうか。問題は無論、日本の政治や社会全体のゆがみに根本原因があるのですから、一挙にあるべき姿にもどすことは出来よう筈はありませんが、だからこそ、突破口の拠点をどこにつくるかのプログラムがまさに必要になってくるのだと思います。

兎に角、日本の読書運動の最大の課題は価値の高い本をいかに多くの人に読んでもらうことができるかということである、と私は確信しています。自分の頭を強くし、自分の考え方をしっかりさせ、或るいは人間性を豊かにするような読書活動を推進していくためには、どうしたらよいかが一番大事な問題だと思います。本はただどんなものでも読みさえすればそれでよい、といった読書活動は疑問です。

その点、有名なＰＴＡ母親文庫や親子二十分間読書活動などは読書人口をふやすという効果では高く評価できても、その次の段階のプログラムが示されない限り、私には充分納得はできません。「図書館に人がやってくる」のではなく、「本が人間の場に下りていく」ような図書館経営の在り方という点では、長野や鹿児島の試みは大したものですし、今では当たり前のように普及した移動巡回図書館の活動や団体貸出しの活動も、図書館がなんとかして民衆のものになろうとしている尊い努力の姿だと思います。

移動図書館の出現は三つの成果を生んだが

移動図書館の出現は少くとも次の三つを成果を生んでいる点で、従来の図書館活動を一歩も二歩も前進させていると思います。

その第一は、地域直結主義ともいうべきもので、一般の図書館利用者と違って、移動図書館の利用者は一定の地域に限定されていることです。抽象的にではなく、具体的に図書館の機能が地域と結びついているのは何といっても社会教育上、その効果は大きいといえます。

第二は、移動図書館は啓蒙組織者の役割を果しているということです。特に自分で図書館には行けないような遠い所の人たちや、また日頃本などに接したことのない遅れた地域や辺地の人々を主な対象として、読書の啓蒙や普及を計る役割を果しているのは図書館の新しい機能としても高く評価されて然るべきことだと思います。

第三は、読書グループの育成ということです。移動図書館を利用するためには、個人では駄目で、二十人とか三十人とかのグループをつくる必要があります。これは自発的に生まれるにせよ、団体や教育委員会が世話役となってまとめるにせよ、本を読むという目的のために一つの組織がつくられるということは大変重要な意味をもつといえます。

以上が移動巡回図書館の進んだ特徴だと言えると思いますが、現状ではそれに費やされる予算や職員数は広い巡回範囲に対してあまり充分でないために、地域につくられた利用者グループへの読後の指導助言は殆どなされていないようです。それに積み込まれる本はいまでも大多数の通俗小説に教養的なものが少々つけ加えられているといったものですね。職場などへの団体貸出しの内容もそれと殆ど同様なんでしょう。だから、この巡回図書館や団体貸出しの限界は配給された本の中からしか選択できないわけですから、本当に読みたい本を読みたい時に読むことができないし、「どんな本をどのように読むべきか」の本来の読書活動は殆ど期待できないことです。

現状をこえるものとしての公民館活動

さて、巡回図書館や団体貸出しが現状では超えられない限界をもち、従って一番大切な読書活動に迫れない以上、問題とされてよいのは公民館の存在ではないでしょうか。バカに公民館にこだわるようですが、では一体公民館で何ができるかということになりましょう。

全く少ない公共図書館の数、その図書館がただ学生の勉強部屋として繁盛している現状、その現状がいますぐどんな小さな町にも成人の学習にふさわしい図書館が整備されるという理想的状況に変革できない以上、現実にある社会教育施設をもっともっと活用することが考えられて然るべきだと思うのです。殊に「自分で考える」時間や機会が誠に少なくなってきている日本の現状の中では、図書を活かしての学習が極めて大切な意味をもっているといえます。

公民館はもともと一定の地域の中で、その住民のさまざまな団体やグループに接し、とりわけ学習活動のための条件整備や助言指導を仕事としており、自らもいろいろな講座や学級を開設しています。ですから、この公民館活動の中に図書活動をうまくとけこますことができるなら、大変よい効果が期待できるというものではないでしょうか。それに、いうまでもなく、公民館でおこなう事業の中には「図書、記録、模型、資料等を備え、その利用を図ること」（社教法第二十二条）という明瞭な規定もあります。ただその場合、大切なことは公民館が図書館のたんなる出店的存在として利用されるということではいけません。公民館自体が図書による学習活動を主体的に試み、実施するということでなければなりませんし、またそうすることによって、公民館活動の質もより高まる筈です。

水、土、日は夜の九時迄　三つの分室も開く

私の所の例で恐縮ですが、私の公民館（面積八平方粁、人口約四万人の町）では開館以来、公民館図書室の活動を公民館の重点事業の一つとしてやっております。これは、もともと青年サークル活動の積み重ねによって、昭和三十一年に誕生したものですが、最初一千冊程度で出発し、現在の蔵書冊数は約九千冊です。公民館の狭い一室を本室にして、他に三つの分室をもっており、分室の運営はそれぞれ、婦人や青年の自主グループが担当してい

ます。

図書室の本年度の予算は年間約七十五万円で、一ヶ月に大体六万円の本や雑誌を購入しています。図書室が狭いし、予算も多くないという理由もありますが、学生や子供より、まず主婦や勤め人などの成人に利用してもらいために、辞典類と児童図書はいまのところ購入しないことにしています。それでも学生の利用がかなりあるのですが、成人利用者が六十一％、大学生を成人に含めると八十％ということで、特色を示しています。

読書会も常時五つか六つ持たれております。公民館の講座やグループで必要になった本は図書室にすぐ用意いたしますし、ときには同じ本を幾冊かそろえることもできます。またガリ版刷りの図書室月報を毎月一回発行し、新刊紹介や読書会などの報告の他、利用者に自由に何でも書いてもらう編集で仲間づくりを考えていきます。

開館日は勤め人の実情を考えて、祝祭日は休館とせず、水、土、日曜日は夜九時までやっています。そして公民館図書室の運営をよりよくするために公民館運営審議会委員と分室の責任者と利用者代表に公民館職員が加わって、二ヶ月に一度、図書室運営委員会を開いています。

図書館を建てたとしても

ざっと以上が私の所の公民館図書室の内容です。図書館の役割は無論もっといろいろ広く考えられなければならないのでしょうが、私は現在の日本の社会教育の現状では、こういった、狭い地域を対象にした「公民館図書室」の在り方が非常に大切ではないかと考えているのです。ですから、年々本が増加して、狭い図書室が一層狭くなってくる実状を何とか打開し、発展させたいと痛切に思いながら、だから図書館を建てて独立させればよい、という気にはなかなかなれないのです。

独立した図書館をもつのが、恐らく具体的な発展の姿なのでしょうが、そうなったとたんに、今までの持ち味があらかた失われて、学生に占領される図書館になってしまうのではないかという危惧をぬぐうことができないのです。全く矛盾した気持です。勿論いままでの持ち味を活かすように運営を考えればよいのでしょうが、現在の日本の趨勢のなかで、そういうことが可能であるかどうか、これはやっぱり大きな問題だと思います。

こんなことについて、兄はどんな意見を持っているのでしょうか。一度ゆっくりお聞きしたいものです。とまれ、図書館と公民館はまずその職員同志が大いに交流し、話し合う必要があるのではないでしょうか。そして、そのときの具体的なテーマにはぜひ「公民館図書室」の構想をとりあげてもらいたいと私はねがっています。

（東京都国立町公民館）

5　公民館における読書指導の意義

原題――公民館の読書指導
掲載誌――『新読書指導事典』第一法規、一九八一年七月

公民館における読書指導の意義

公民館は、戦後の日本が軍国主義の否定のうえに民主主義・平和主義を社会建設の基本として採用することを余儀なくされたときに、地域住民がそこにあいつどい、お互いの意識や教養を高めながら、下からの村づくり・町づくりを推し進めるためのたまり場、拠点として造られた文化的・教育的施設であるといえよう。それは、昭和二一年に出されたいわゆる寺中構想（寺中作雄著『公民館の建設』および文部次官通牒『公民館の設置運営について』）の具体化であったのだが、昭和二四年には社会教育法が制定され、以来全国の市町村に公民館が年ごとに増え、現在では全国設置率が九〇％を超えるほどに発展してきている。最近では、日本社会の都市化状況の中で、改めてその「あるべき姿と今日的指標」が問われているが、民主主義の基本である住民自治を確かなものにするために、公民館活動の必要性はいっそう高まっているといわなければならない。

公民館活動のねらいは、ひと口にいえば、民主的人間像の確立にあるといえよう。民主的人間像とは、現実を正しくみつめてきちんと判断できる力、何が美しいかきたないかをきびしく感じ取れる力、他人の生活や意見を

尊重できる人間性、そして自分たちこそ政治の主人であるという意識を兼ね備えた人間のことである。公民館活動は、そのようなねらいを持って、実際に地域社会の中で成人や婦人や勤労青年などを対象にして、学級や講座などさまざまな事業を行い、また自主的な団体やグループ・サークルに対する援助や助言・指導を行っているのである。しかし、民主的人間像の骨組みをなす主体的判断力や主権者意識や人間的感受性や歴史的認識力は一朝一夕にして形成されるものではなく、絶えざる努力の中でこそ実現されうるものである。さて、その努力の方法としては話し合い、聴講、生活記録、読書、実践活動などいくつものしかたがあり、実際に行われているのだが、それらの中でもっとも基礎的であり、確実なものは「本を読むこと」＝読書である。読書はみずからの積極的な意欲なしには行われないうえに、話し合いや講義の内容をさらに深め、確かめるという意味で、もっとも有効な方法である。考えを深めるということは、読書という具体的作業を通じて、最終的に整理され、血肉化されていくのである。

したがって、公民館活動における読書指導は、講座や学級に参加した人たちに対して、あるいは地域で自主的な活動を行っている団体やグループの人たちに対して、学習の中身を補い、質を高め、発展させていくためにはどうしても「読書」が必要なのだという導入において、実際に行われることになろう。

しかし、現在の社会状況の中では、テレビの普及をはじめレジャーブームなどの影響で「読む時間」が「見る時間」にとってかわってきているうえに、一般的読書傾向としても「読書のインスタント化現象」があって、どちらかといえば、時間つぶしにしかならないような週刊誌のたぐいやテレビで視聴率の高い番組の原作を読み返すというレベルの読書状況が支配的であるといえよう。それゆえにこそ、読書指導はとりわけ重要で、急を要する仕事であるといわなければならない。

読書指導の原理

読書は本来一人ですべきものである。それは著者との孤独で静かな交わりであり、対決である。そして、その内容は、単なる暇つぶしといった消極的なものを除いて大別すると、①人間性や生き方の追究としての「文学」、②思考力や判断力を高めるための「社会科学」、③未知の知識や事実を知るための「自然科学および歴史・ルポもの」ということになり、これらの範囲に属する書物は無数にある。一人の人間がどのような書物を選んで読書するか、それはまさに自由である。しかし、それが自主的になされうる場合は問題はないのだが、読書意欲はあっても、何を読んだらよいか選択できずに困っている人に対しては、何をいかに読むべきかの触発がなければならない。ここに読書指導の意義があり、必要性がある。読書指導はしたがって、対象者の生活や意識や関心の状態をよく見きわめたうえで、適切になされなければならない。指導にあたるべき公民館主事は対象者にとって適切な書物がどのようなものであるか、積極的な研究と努力を絶えず続けなければならない。

彼の専門性の中身によって、読書指導の質が決まるのであるから、指導者たるものの責任はとくに自覚されなければならない。読書指導の方法はこれも大別すると、個人読書の場合と集団読書の場合とに分けられる。個人読書の場合には、一人の青年や主婦に対して何がしかの書物を勧めるわけであるが、その際の力点は、青年には社会科学書をはじめ、できるだけたくさんの小説の古典を、主婦には小説よりはむしろ社会科学書を勧めたい。感受性の強い青年時代にはとりわけ人間性を豊かにさせ、人生における美しさとみにくさを直観できるための文学教育が重要であり、一方人生経験を積んだ主婦にとっては自分の体験を整理し、物事を論理化して考えることが一般に欠けているからである。しかし、これは絶対的なものではなく、一応の目安である。そして公民館活動においては個人読書よりも集団読書のほうが一層重要である。集団読書は、一人ではなかなか容易でない読書という作業を、一定の時間と場所、および共通のテキストを決め、約束をすること（＝自己強制）によって、はじめて成立するものであるが、一人ではなかなか読書する時間を生み出せない主婦や勤労青年にとってはきわめて適切な方法といえるからである。

集団読書の方法

集団読書（＝読書会）の方法としては、一般に①輪読方式、②レポーター方式、③討論方式の三つが考えられる。

① 輪読方式　会のメンバーが事前の準備なしに、決められたテキストを持って、決められた時間に一定の場所に集まる。司会者か助言者の指示に従って、一定の区切りまで輪読する。少しずつ声を出して読むのである。途中で読めない字や意味のわからない語句などを教え合い、確かめ合いながら、一定の区切りまで進んだら、それまでの内容を整理し、問題を出し合って話し合う。一応整理ができたところで再輪読ということになる。

この方式は、一人ではなかなか予習の時間が持てない主婦や読書そのものに慣れていない人にとって、いちばん抵抗の少ない、やりやすい方式である。ただこの場合のテキストには小説類は不適当である。一人では一生出会うことのないような本を選ぶことが好ましい。そうすることによって、自分に欠けた面での判断力、思考力が強くなるのである。またこの方式は普通一回の時間を二～三時間、毎週一回がもっとも適当である。場合によっては隔週一回もやむをえないけれども、事前の準備を要しない輪読（声読）のテンポからして、どうにか都合して毎週集まりたいものである。

② レポーター方式　これは輪読方式より一歩進んだ方式で、全員があらかじめ一定のところまで読んでくるこ

とを前提にしたうえで、レポーター（報告者）を定める。レポーターは定められた部分の内容を自分なりに整理し、問題点を指摘する。それを中心にみんなで討論し、話題の尽きたところで次に進む。

読書会の方式としては、大学生などを対象にした場合、この方式が最も一般的でやりやすいのであるが、対象が主婦や勤労青年である公民館活動の場合は必ずしもそうはいかない。しかも、この場合は必ずチューター（助言者）が必要である。チューターには公民館主事がなることが好ましいが、それが困難な場合は、それにふさわしい人を必ず公民館活動の協力者として得ていることが必要である。

この方式は月二回が最適だが、都合で月一回でもかまわない。

③ 討論方式　この方式はテキストに小説を選んだ場合、あるいは一つのテーマを選んだ場合の方式である。一つの小説を選んだ場合はレポーター方式でもできるが、一つのテーマについて各人が別々の本あるいは資料を読んできて、討論する方式がこれである。この場合は司会さえ決めれば会は進行できるが、長続きさせることはなかなか難しいし、各人がよほど積極的に勉強しないと、面白さが出てこない。ただ、チューターに人を得た場合はその限りではないが、一般的にやりやすい方式とはいえない。

実施上の留意点

最後に、実際に読書会をはじめる場合の留意点をいくつかあげておこう。

（1）単なる読書普及運動ではいけない

何でも読みさえすればよいというものでは駄目で、必ず自分を変え、生活を変えるための判断力を強め、思考力を練るという発想から始めるべきである。いろいろな講座や団体活動が読書会へのきっかけとなりうるのも、その意味からである。

（2）抵抗のある本を選ぶこと

一人では一生出会うことのないような、いわば苦手の本をテキストに選ぶべきである。「難しい」という抵抗を恐れてはいけない。

（3）公民館主事はチューターとしての専門性を高めるための努力を積極的に急ぐべきである

グループの性格や学習の段階を適確に把握して読書会のあり方やテキストの内容を決めるために主事の果たす役割は大きい。単なる啓蒙家に終わらないためにも、まず主事自身が読書について、貪欲になって欲しい。とくに主婦や勤労青年の読書会にふさわしい本に乏しい日本の出版事情の中では、とりわけテキスト選び、テキスト作りに積極的な努力がそそがれなければならない。

6 文学を中心にした読書活動

原題――文学・読書
掲載誌――『社会教育事典』第一法規、一九七一年十月

1 学習内容

読書によって、人は未知の知識を獲得し、科学的法則を学び、それによって判断力や批判力を強め、また知的教養をものにしていく。

また読書によって、読者は著者が問題とした人間存在や人間関係あるいは人間の生き方などに対する根源的な追求に接することを通して、逆に自分自身の生き方や考え方を問いつめ、豊かな感性、鋭い批判力、たくましい想像力などを自分のものにしていく。それが読書ということの意味であろう。

読書は本来一人で自由に選択し、思うままになすべきである。特に、自発性を基本とする社会教育においてはなおさらであり、人によって興味や関心は実にさまざまであるのだから、自分が読みたいと欲したときに、自分の欲求に見合った本を選んで、自由に読めばいいのである。

しかし、とはいっても、一方ではテレビ時代・レジャーブームの影響で、どちらかといえば時間つぶしにしかならないような週刊誌のたぐいやテレビで視聴率の高い原作を読み返すといった「読書のインスタント化現象」が支配的な状況にあり、他方では、読書意欲はあっても、時間や雑用に追われて、何を読んだらよいか選択でき

ずに、ただ時を過ごしてしまっている人たちが非常に多いのも実状であるから、それらの人たちにとっては何がしかの指導、あるいは読書をすすめる場合の目安が必要とされる。

読書指導は、したがって、対象者の生活や意識や関心の状態をよく見きわめた上で、適切になされなければならない。その意味で、具体的なプログラム作成の意義は大きいが、いうまでもなく、そのプログラムの質はプログラム編成者の読書経験や専門的力量によって決定づけられるのであるから、編成者はその責任を特に自覚し、人一倍の努力を怠ってはならない。

読書の内容は、単なる時間つぶしのようなものを除いて、大別すると、①人間性や生き方を追求する「文学」、②思考力や判断力を高めるための「社会科学」、③未知の知識や事物の法則を知るための「自然科学およびルポルタージュ」というようにきわめて大ざっぱに分けることもできるが、それらの範囲に属する書物はそれこそ無数にある。

また、文学と一口にいっても、その内容は実にさまざまである。日本十進分類法を例にあげるまでもなく、それには小説、詩、評論、文学理論などが含まれ、さらにそれらは古今東西にわたって出版されているのだから、それらをいかに読むかはまったく各人しだいとしか言いようがない。

これまで、多くの人たちが一〇〇選とか五〇選とかいう形で必読的文献目録を発表してきているけれども、それらはあくまで一つの目安であって、絶対といえるものではないのである。ことに人間存在や人間の生き方を追求する文学作品においては、古いから時代遅れであり、新しいから進んでいるとは絶対にいえないのであるから、何を読むべきかという基準を作ることはほとんど不可能に近いというべきで、まったく各人の自由にゆだねられるべきものである。

私は読書指導の一つの考え方として「青年には社会科学書をはじめ、できるだけたくさんの小説の古典を、主婦には小説よりはむしろ社会科学書を勧めたい。その理由は、感受性の強い、不安定な青年時代にはとりわけ人間性を豊かにし、人生における美しさとみにくさを直観できるための文学教育が重要であり、一方人生経験を積んできた主婦にとっては、自分の体験を整理し、物事を論理的に考えることが必要だから」としてきたのだが、これも一概にそう割り切れるものではなく、あくまでも一つの目安である。

いままでの社会教育実践の中でややはっきりしてきたことは、いわゆる社会科学書だけを切り離して単独に勧めるような読書指導では、一生懸命やるわりには意外に身についたものにならず、魅力性にも欠けていたようである。むしろ、小説を中心にして、そこでの問題点を客観的に明らかにしたり、歴史的に論理づけるために社会科学の書物を併読するといった方法が大変有効であるように思われる。

ここでは、国立市公民館において実施された実践例の中から評価の高かった二～三の事例を紹介する。

表23　文学書を中心にした読書プログラム「戦後二十年と婦人の歩み」

	学習のテーマ	テキスト	学習の要点	併用参考書
1	近代日本と女性	井上清 『現代日本女性史』	○近代国家日本の本質と女性の隷属的地位との関連および良妻賢母主義の背景を明らかにする。 ○戦後日本の民主的諸改革の理念と現実を明らかにする。	憲法 教育基本法 三井礼子『現代婦人運動史年表』
2	忍従の女性と人間としての女性	有吉佐和子 『紀の川』 壺井栄 『二十四の瞳』	○家族制度への忍従と反発、そこでの幸福感を考える。 ○「お国のため」と「戦争はいやだ」との矛盾、そこをどう生きたかを確かめる。	木下順二『母の歴史』 草の実会『戦争と私』
3	戦後日本婦人の自己形成	宮本百合子 『播州平野』 室俊司 『戦後日本婦人の自己形成』	○古き日本の崩壊の中で新しい生き方の期待を考える。 ○朝鮮戦争を転機とする政治の動向と婦人運動の動きを明らかにする。 ○昭和30（1955）年ごろの婦人の社会活動の広がりを理解する。 ○家庭婦人と労働婦人が手をむすぶ婦人運動、そして「母親の立場」の意味を考える。	草の実会『人間のあゆみ』第三集 婦団連『麦はふまれても』 清水慶子『主婦の時代ははじまった』 鶴見和子『エンピツをにぎる主婦』 池田憲介他『伊那谷につづる』 草の実会『十年の記録』
4	今日の家庭婦人の社会意義	石川達三 『人間の壁』 中教審 『期待される人間像』	○婦人が職業をもつこと、社会活動をすることの意味を家庭生活の関係において考える。 ○「根を下ろすべき」家庭が意味するものを明らかにする。	ベーベル『婦人論』 クロード＝モルガン『人間のしるし』 上坂冬子『毎日新聞記事』 室俊司『都市社会教育の両編成』

5	現代日本と婦人の力	田中寿美子『新しい家庭の創造』	○子どもを生み、育てることと婦人の働く権利と能力がどう結びつくかを考える。 ○国民の1人として、日本の歴史をどうつくっていくのかを考えながら自分のこれからの生き方を確かめる。	ボーボワール『女性の知的創造』 宮本百合子『若い女性のために』 上原専禄『現代の問題性』

2 読書活動の事例

（例1）これは国立市公民館の市民大学セミナーの一つとして、昭和四二（一九六七）年度に、立教大学助教授室俊司氏の企画・指導で実施された学習プログラムである（表23）。「戦後二十年と婦人のあゆみ」といった、いわば歴史学習の具体的中味（テキスト）に文学作品を選び、それらを参加者が分担して、そこに展開された人物の動きや歴史の流れを報告する。さらに、それらの作品から受けた感動や実感を歴史的に論理づける講義があり、同時に若干の社会科学の理論書が併読される。そのようにして、隔週に一度、約半年間のセミナーが終了した後、セミナーの実際の流れに沿って記録が自主的につくられ、参加者各人の変わりざまが点検されていく。

このような読書の進め方をすれば、それは単なる「戦後史」の理論学習とは違って、実感や感性に訴えながら、そこに論理を通していくといったものだから、人変魅力的、意欲的に学習が進み、盛り上がりを見せてくるものである。講師の適切な指導はむろん欠かせないが、読書というものを目的意識的に、そして立体的に積み上げていく一つの例として推賞できるのではないかと考える。

（例2）これは文学作品の一つの読み方の例である。日本の近代文学史の一つの流れを知るために、明治以後の作品の中から、以下のような主人公群をアレンジしてみる（これも国立市民大学セミナー「転形期の文学」の中で、講師の熊谷孝氏（国立音楽大学教授）が試みられたものである）。

それは、いわば一人の作家が通して書いたものと仮定して、主人公の変貌、変わりざまを跡づけようとしたものである。作品を順に読みながら、作家の生きた時代背景や社会状況を概括すれば、興味もいっそうわいてこようというものである。

むろん、アレンジのしかた、作品の選び方は選ぶ人の主観や関心によって違ってくるのであるが、このような試みは大変興味を呼ぶ内容ではなかろうか。

（1）内海文三（二葉亭四迷『浮雲』明治二〇～二二年）

非行動型で、観念的インテリゲンチャの青年である。動けない条件におかれた。動くすべを知らぬまま、作者は筆を絶っている。

（2）間貫一（尾崎紅葉『金色夜叉』明治三〇（一八九七）年）

文三がなまじっか動き出した姿。

（3）瀬川丑松（島崎藤村『破戒』明治三九（一九〇六）年）

もう一つの動き―告白という形での行動の姿。

（4）小山清（永井荷風『冷笑』明治四二年～四三年）

行動したって意味ないんだという自覚から沈黙へ―インテリ二代目。

（5）小山要吉・真鍋朋子（森田草平『煤煙』明治四三（一九一〇）年）

森田草平・平塚らいてう情死未遂事件と関連。結婚は女性にとって人間を見失う道である。結婚はしないが愛情は燃える自己への呪い（朋子）。自意識を失わない狂人になる他ない（要吉）。

（6）山椒魚（井伏鱒二『山椒魚』大正七（一九二八）年）孤独のつぶやき「寒い程のひとりぼっち・……」。

（7）大導寺信輔（芥川龍之介『大導寺信輔の半生』大正一四（一九二五）年）

落漠とした孤独。明治の文三は大正の信輔になってもやっぱり動けない。しかし、信輔の選びえた道は二つある。一つは自殺で、もう一つは小林多喜二の『1928・3・15』の竜吉の生き方。

（例3）文学に表われた日本の「近代」の問題を「母」と「子」との、あるいは母性の崩壊の問題としてとらえようとする視点から、江藤淳氏は『成熟と喪失』（河出書房、昭和四二（一九六七）年）なる評論をものしているが、これを手引きにしながら、安岡章太郎『海辺の光景』、小島信夫『抱擁家族』、遠藤周作『沈黙』、吉行淳之介『星と月は天の穴』、庄野潤三『夕べの雲』など、第三の新人といわれた作家たちの作品をまとめて読んでみるのも興味深いものがある。江藤氏はこれらの作品を分析しながら、日本の母と子の密着ぶりと米国の母子の疎隔ぶりの間には、ある本質的な文化の相違がうかがわれるはずだ、ということを論証しようとしているのである。

（例4）島崎藤村の大著『夜明け前』は、まさに日本の夜明け前ともいうべき明治維新前後に生きた一知識人の苦悩の姿を、木曾路という舞台を背景に描き出した名作である。

こういうものをじっくり読むと、歴史というものがただ坦々とつくられてきたのではなく、そこに生きた人間の思いや悩みなどを実にさまざまにつつみ込みながら展開していくものであることが実感されよう。その感動は歴史の書物を読んだだけでは決して得られないものであるが、さらに、この小説の舞台となった木曾路――今なお昔ながらの面影を残している――を実際に自分の足で歩いてみるといった計画が実行されるならば、勉強が一層実感の伴った、深みのあるものになるに違いない。

以上、ここにあげた例はごく限られたものであるけれども、このように読書のプログラムは作成者の視点、目のつけどころがはっきりしているならば、変化に富んだ、面白いものがいろいろと具体化されてくるのであるし、その材料はほとんど無限にあって、事欠かない。要は、プログラム作成者の努力しだいということになろう。

3 取扱い上の留意点

文学・読書のプログラムを編成し、それを実施に移す上で留意すべき大切な点をいくつかあげておく。

（1）編成者の努力　編成者は、実際には、社会教育の専門職が主になるであろうが、あらゆる人たちに対して、その対象に見合ったようなプログラムを立体的、目的意識的に編成し、設定することが望まれる。そのためには人一倍貪欲な読書が必要になってくるし、斬新な企画やユニークなアイディアを呼び起こすための不断の勉強を怠ってはならない。

（2）次には、学習者に対する適切な機会の提供が大切である。読書したいと意欲した（あるいは意欲を潜在的にもっている）青年や婦人に対して、それらの人たちが真に意欲を燃やし、積極的に参加できるような具体的な講座や事業の企画・実施が、公民館や教育委員会の大切な仕事として位置づけられ、多面的に持続的になされることが重要である。専門職員や行政担当者はそのための予算や場の確保に一層の努力を払いたいものである。

（3）実際に学習を進める際に、最も重要な役割を果たすのは講師（チューター）である。講師に人を得ることによって、学習者の意欲は倍増し、学習そのものが積極的なものに発展していくのであるから、専門的力量と人間的魅力をもち、かつ情熱的な講師をいかに見つけ出すかは大変重要な仕事といわなければならない。

また、メンバーは一〇名前後が適当であるが、多くとも二〇名までに固定し、ゼミナール方式を用いて各人に積極的に報告させ、活発な討論を呼び起こす工夫が大切である。

7 学級・講座の企画と展開

原題――第Ⅲ章　公民館事業の企画と展開
掲載誌――『公民館の事業』国立社会教育研修所、一九七二年三月

第一節　学級・講座等の事業

1　学級・講座の意味

学級・講座と呼ばれる事業は、何が学級であり、何が講座であるか、はっきりした定義はまだなされていないけれども、公民館事業の中でもっとも普遍的なものであり、かつ中核的なものであるということができよう。いってみれば、ある公民館の事業を評価する場合、どんな名称の、どのような内容の学級や講座を企画・実施しているかをみれば、その公民館が目ざしているものや職員の意欲、そして住民との相互関係などを端的に伺い知ることができるほどのものである。

学級・講座の特質は、その学習形態が極めてフォーマル（定形的）なものであり、かつその学習が目標・期間・対象・内容などの設定において、もっとも意図的・計画的であり、継続的になされるところにある。ここでは無論、限定された意味での「学級」と「講座」という名称のものばかりではなく、たとえば「教室」「学校」「大学」といったものをも含めた、広範囲なものとして考えたい。

ところで、学級・講座とひとくちにいっても、学級と講座には実際にみて、かなりのちがいを指摘することができる。すなわち「学級」にあっては参加者の組織的な活動が意図され、学級内において参加者の自主的な運営や活動に力点がおかれるのに対して、「講座」はテーマや内容の組み立て、学習効果の深さにより多くの期待がかけられているということができよう。また慣習的に、参加者の自発的活動が期待される「学級」に対し、「講座」はどちらかといえば主催者の意図、はたらきが先行するものと一応区分することもできる。しかし、これらの区分は、それにあてはまらないものや例外も少なくないのであるから、あくまで一つの傾向、あるいは一応の目安として確認しておくにとどめたい。

さて、現実に実施されている学級・講座には実にさまざまなものがあって、枚挙にいとまはないが、それらは一応次の三つの類型に大別することができる。

① 対象別……婦人学級、若妻学級、ミセスの教室、青年学級、成人学級、老人大学
② 内容別……文学講座、書道講座、カメラ講座、生活学級、同和教育講座
③ 時期別……土曜講座、夏期市民大学講座

学級、講座に用いられる呼称は前例踏襲的なものが多く、比較的気軽に、無意識的につけられているものが多いが、なかには「婦人文学講座」「青年経済学教室」のように、対象と内容が象徴されているようなものもある。「名は体を現わす」のたとえ通り、これからは学級名や講座名の中に対象や内容がはっきり象徴されるようなものが好ましいし、意識的な工夫が必要とされる。

しかし、この区分の中で、量的にも領域的にも最も数の多いのが内容別の学級や講座であり、また学級や講座の生命は学習内容にあるのだから、その学習内容の領域をどのように整理しておくかが大変重要なことになってくる。しからば、学習内容の領域をいかに設定できるか。それはすべての住民があらゆる状況の中で、よりよく生きるた

めの生活上、生存上の諸要求を含むものであるといわなければならないのだから、いうまでもなく簡単に限定することはできない。それは、いってみれば、住民の生活の中で生じる切実な問題はいうに及ばず、大きくは自由、平和、独立といった問題、あるいは現代人をとらえている漠然とした不安、不満、孤独といった問題なども、すべて学習内容としてとりあげられなければならないから、その領域はむしろ無限であるとさえいえよう。そこで、どのように領域を設定できるか、実際にはさまざまな考え方、まとめ方があって、なかなか決定的なものを示すことはできない。あくまで、目安として、一応の手がかりとして示しうるのみである。たとえば、非常に包括的な規定として「市民的教養」と「生活・職業技術」あるいは「趣味」「実用」「教養」といった分野に分けて、それぞれを細分していく考え方もあるが、それではあまりにも大ざっぱすぎるので、ここでは比較的現代的な考え方でまとめられたと思われる三つの例を参考までに列記しておく。

〔例1〕

①職業的知識、技術修得のための学習—技術の不断の進歩への適応、労働場面における地位向上、あるいは就職、転職のためにそなえての技能修得活動。
②生活的知識、技能修得のための学習—衣食住をはじめ家庭生活をいとなむために必要な知識、技能の修得。
③補修教育的学習—学校時代修得したものの欠落が、日常生活のなかで自覚され、その欠落を埋めるために行われる学習。
④「教養」を身につけるための学習—内部志向的には心を豊かにするものとして、外部志向的には、社会的是認あるいは賞讃をうけるために必要なものと思われる知識、技能、さらに人生観の確立の基礎の修得。
⑤市民としての政治的知識、感覚を身につけるための学習—民主主義、基本的人権の本質、ありかたについて

の学習。

⑥体育、レクリエーション活動―活動としては受動的な活動と能動的な活動とがあるが、学習活動としては後者が主となる。

（碓井正久『社会教育の内容と方法』―小川利夫・倉田史郎編『社会教育講義』（明治図書）一〇八頁参照）

〔例2〕

①人間の主体性を確立し、集団性をもって自主的に行動する知識、態度を形成する学習内容。

②個人および社会の生活内容を精神的、物質的に豊かにする学習内容。

③社会生活をよりいっそう充実するために改革をすすめる学習。

（堀恒一郎『学習内容編成の構造』―平沢薫編『現代社会教育の実践』（進々堂）一〇八頁参照）

〔例3〕

①市民としての権利を実現し、責任を果たすための学習。

（ア）権利と責任について学習する。

（イ）住民の自治について学習する。

（ウ）都市問題について学習する。

（エ）国際問題について学習する。

②個人の能力を高めるための学習

（オ）職業についての知識と技術を高める。

（カ）生産・流通・消費について学習する。

（キ）科学的思考力、実践力を高める。
（ク）家庭の健全化をはかる。
③健康な生活をするための課題
（ケ）スポーツ・レクリエーション活動を行なう。
（コ）健康と安全について学習する。
④芸術・文化にしたしむための課題
（サ）創作活動の機会をもつ。
（シ）高い芸術・文化を鑑賞する。
（ス）伝統文化を理解する。
（東京都社会教育委員会会議『社会教育行政の体系化』についての意見書）昭和四五年一月

ことわるまでもなく、これらの参考例はよくみると、まだまだ不足したものや、区分や整理の仕方にも問題点があり、さらに綿密な検討が必要とされる。これらのものを一応の手がかりにしながら、学習内容を具体的に考えていくわけであるが、それにしても、それぞれの領域のものを、どのような視点で具体的に内容化できるかがまさにきめ手であるといわなければならない。

2 いままでの学級・講座

いままでの成人対象の事業をみると、何といっても「婦人」（あるいは「家庭教育」）と「学級」という名称が圧倒的に多かったことがあげられる。ちなみに東京都三多摩地区の二六市町村の四三年度のものを例にとると、『婦人』

という名称が用いられているもの二七、「家庭教育」が一〇、「学級」は三二といった具合で、どこの市町村でもほとんどが「婦人学級」や「家庭教育学級」を実施していることがわかる。これをみて感じることは、その名称の用いられ方、事業の実施のされ方において、なぜに「婦人」でなければならず、「家庭教育」でなければならないのか、はっきりした理由や根拠がなく、ただ何となく、無意識的にといったものが実に多いのである。他の市町村でもやっているとか、都や文部省の見本があるからといった程度の、いわば前例踏襲的、あるいは施策順応的な理由づけが多く、極めて非主体的であることがわかる。それに対して、「講座」と名づけられたものは、あまり統一がなく、バラバラである。例えば、市民大学講座、成人講座、団地講座、日本歴史講座、教育講座、市民教養講座、月例自治講座など、あえていえば「市民」という言葉がやや目立つ程度である。これはいってみれば、事業の企画がまだまだ大変思いつき的であり、実験的であるゆえと考えられるが、よくいえば、そこにやや意欲的なものも感じられなくはない。

さて、いままでの社会教育における学級、講座は、以上の例からも伺い知ることができるように、たとえば青年については青年学級、婦人については婦人学級や家庭教育学級というように、対象としていわば「青年一般」、「婦人一般」を漠然と想定し、その内容もごく平均的なものというのが通例であった。つまり、ひとくちに青年といっても住込店員あり、大企業のサラリーマンあり、大学生ありといった生活の実態が考えられることもなく、また意識の状況や問題関心などにもたいした配慮がはらわれなかった。それは婦人についても同様で、家庭婦人であれば二〇代でも五〇代でも同じであるという大ざっぱなとらえ方で、それで果して教育実践ができるのかどうか、さしたる疑問も生じなかったようだ。いや二〇代の乳幼児もちの主婦は社会教育の範囲外で、もっぱら三〇代や四〇代以上の比較的時間のユトリがあって、身軽な年代が主たる対象にされてきたといえよう。

また、そもそも社会教育というものは、あまり高度なことをやっては人がついてこないとか、集ってこないからといった企画者(職員)側の独断や研究不足によって、学習内容はごく平均的、常識的なものであり、そして趣味・実用的なものが支配的であったことも否定できないのである。

生涯教育の具体的実践をめざす現代の社会教育にとって、これからはそのような大ざっぱで単純な内容では、とても多様化し、専門化している人びとの学習要求に応えていくことはできない。そのことはまさに受身で聴く、通り一ぺんの講義や単なる話し合いではもはやあきたらないという思いが、婦人や青年の気持の中に大きくなっていることと対応しているのであろう。

そもそも学級、講座を中心とする従来の社会教育の学習内容は、対象となる婦人や青年というものを一段低いレベルの存在とみて、何とか引きあげてやろう、楽しませてやろうとする、いわば低度啓蒙主義の発想に裏付けられていたのではなかろうか。たとえば、「消極的または無関心な生活状態に一つの区切りをつけたい」とか「埋没し切ってしまった家庭の中で自分をとりもどしたい」といった主婦の思いに対して、適切にこたえうるようなものを考え、企画するのではなくして、単に子どものしつけや心理、家庭の生活設計、あるいは身近かな問題のハウツウ知識といったようなものを内容として提供し、それでことたりるとしてきたにすぎなかったのではなかろうか。今日のような激動の時代にあっては、社会的にも精神的にも漠然とした不安や淋しさあるいは憤りといったものが、全般的に婦人や青年の胸の中に蓄積されているのであるから、いわば日常的な家事、育児や現象的な問題の解説をこえ、根源的な問題にメスを入れて、自己存在や生きがいについて真剣に問いつめていけるような学習内容が用意されなければ、真に青年や婦人の学習要求にこたえていくことにはならないのではなかろうか。

「通り一ぺんのものはつまらないし、間に合わない」「もっとつきつめて考えたいし、きびしく自分を鍛えたい」とする学習への意欲が青年や婦人など学習者の気持の中に基本的に潜在しており、それが今日次第に強く、大きくなっていると考えなければならない。だから、どんな人でもその機会やキッカケをタイミングよくつかめば、高度な講義や真剣な学習を受けてみたいという気持を持っていると考えるべきなのである。問題はそのような気持や意欲をどのようにうまく触発し、引き出して、具体的な学習にむかわせうるか、つまりそのような魅力的な学習をどう具現化しうるかであろう。

3　これからの学級・講座

これからの社会教育の学習事業は、一定の段階をマスターすれば次の段階にすすみ、さらに高度な段階にもすすみうるような学習の形態と組織が、あらゆる対象に対してきめこまかく用意されなければならない。いわば、一人の人間がいつまでも、どこまでも継続して学習をつみ重ね、深めつづけるものでなければならない。したがって、質的には極めて高度な、いわば既成大学の水準をぬくほどのものさえ必要とされてくるのである。しかし、そのことは高度な学習が唐突に必要とされるのではなく、だれでも努力次第では、さしたる抵抗もなく参加でき、漸次上昇していけるような構造的な設定が必要とされてくる。その意味で、これからの社会教育の学習実践においては少なくとも次の四つの内容構造（方法）の学習形態が、考えられなければならないだろう。

①　話し合いを中心にした学習

自分たちの当面としている問題や関心をよせる事がらについて、自由に意見や感想を交し合いながら、次第に一つの結論を導き出していく過程の中で、自分たちの認識を確かめたり、変えたり、発展させていく学習である。

この学習は相互教育を基本理念とする社会教育の基本の型であるから、程度が低いとか高いとかいうことはできないが、だれにでもできる容易さがあり、学習自体に抵抗感が少ないという意味で、第一段階の学習形態といってよかろう。しかし、抵抗が少ない反面、同じ成員同志では話し合いが堂々めぐりになったり、マンネリズムに陥る欠点がある。

② 問題を触発させる学習

学習者が漠然と感じている問題や潜在的にもっている問題などをはっきりさせ、あるいはひき出して、これから何をどのように学んでいったらよいかを明らかにする学習である。普通は講師を招いて行なわれるが、映画や録音教材などもその触媒になりうる。この学習で特に必要なのは、何をやっても触発になるといった安易な考え方ではなく、何をいかに触発させるのか、学習対象者の関心の所在や意識の状態をよく見きわめた上で、時代の要請や人間の本質的在り方に迫る問いつめでなければならない。その意味で、テーマの設定と講師の選択がまさに決め手なのである。

③ 主題（課題）追求の学習

これは一つの主題（課題）をどこまでも追求し、掘り下げていく学習である。たとえば、教育、文学、経済といった種類の問題、あるいは公害問題や地域民主主義の問題、そして婦人の生き方や生き甲斐といった問題などその追求すべき課題は限りなくあるといえよう。これは実際には専門の講師を中心にした連続の講座形態がとられることになろう。主題の設定については、当然のことながら、学習者が充分に興味をもち、意欲的に参加できるものでなければならないが、これからはこのような学習がどんどんなされていくことが望まれているのである。

④ 論文作成（ゼミナール）の学習

③の学習をさらにすすめた学習で、対象人員を二〇名以内に限定し、専門講師の指導、助言をえながら、各人が調べ、報告し、さらには討論したものをふまえて、論文にまとめあげるというのが、その内容である。最低でも一二～三回の指導と協同討議が必要とされるが、論文作成にはさらに数ヶ月の努力が必要になる。学習を自分の

ものにしていくためには、どうしてもこの形態の学習にまで到達することが必要である。ノルマとしての報告、そして論文作成という作業は非常にきつくて、きびしいものであるけれども、それはつまるところ自分自身の成長にとって不可欠のことであることを確認できるならば、きびしいながらも、魅力ある学習になりうるのである。そしてこの過程を精一杯努力したときにこそ、はじめて充実感あふれる学習の喜びがえられ、さらに積極的な意欲が学習者の中に育ってくるのではなかろうか。

さて、以上の四つの学習の形態は、いわば原型、原理を示したものにすぎないから、実際にはその変形や複合形態がいろいろ考えられるわけである。

いままでの社会教育の学習実践をふりかえってみると、①および②の学習が圧倒的に多く、そしてそれでこと足れりとする傾向が強かったのではなかろうか。これからの社会教育は、無論それではやっていけないのであるから、④までの構造をもった学習が全体的に用意されなければならないし、その意味で、大胆な実践的試みが大いになされる必要があるのである。

学級・講座はそれぞれに開設の期限があるのだから、一定の期限がくれば、それで完結し、終了であるとするのではなく、まさに終了した時点から始まるような、次の学習への意欲が触発されて、新たな学習へと発展していくことのできる継続的な学習のプランが必要なのである。だから学級・講座の真の意義は、それに参加することによって、参加者自身がひとりで、あるいは仲間を得ながら、自主的に、さらに深い学習へ積極的に立ちむかっていくための一つのキッカケを触発するところにあるのだと考えたい。いってみれば、学級・講座は一人の人間がいつまでも、どこまでも学習をつみ重ね、つづけていくための一つの起爆剤の役を果たすものと考えられなければならないし、したがって、学級・講座が企画される時点において、あとにつづく学習が構造的に想定されていなければならないのである。

4　企画・編成上の留意点

学級・講座のプログラムの企画・立案にあたっては、およそ次の六つのことを実際に具体化していかなければならない。

一、事業名（どんな名称の事業を）
二、期間（どれだけの期間、あるいは回数で）
三、対象（いかなる人に）
四、目標（どのような目的で）
五、内容（どのようなテーマや講師で）
六、方法（どのような方法で）

これらのことを決めていくために、特に留意したい点について考えてみたい。

①事業名について

事業名はできるだけ、対象と目標が象徴的に示されるようなものをつけるべきであるし、さらに現代的センスにマッチしたものを工夫したいものである。また、事業名だけではものたりない場合は、適切なキャッチフレーズを考え出したいものである。つまり「名は体を現わす」たとえの通り、事業名の中に事業のイメージが躍動し、斬新な魅力の感じられるようなものが好ましいのである。たとえば、「市民性の高揚」を目標にした事業の場合、「成人講座―市民性の高揚」といったのではあまりにもストレートで、固すぎ、工夫がたりないのである。せめて「市民大学講座―人間らしく生きる原点を求めて」というようにソフトな感じがあって、しかもややハイセンスなイメージが浮かぶようなものを考え出したいのである。また若い主婦を対象にした場合、「若妻学級」では何となく時代おくれでものたりないと感じられるなら、「若いミセスの教室」というように大胆に名称を変え、イメージチェンジをはかるべきなのである。いままでは、こういうところにほとんど意欲的な努力がみられず、前例踏襲の、伝統的な名称が無造作に使われてきたのであり、それが一般市民の感覚とはかなりのズレがでてきていることにも無頓着であったのではなかろうか。意欲的な事業には、その意欲がほとばしり出たようなネイミングが考え出されなければならないのである。

② 期間について

どれだけの期間あるいは回数で、学級や講座のプログラムを企画するか、それは対象者の生活や意識の状況、そして学習すべきテーマの内容によって決められなければならない。いままでの例をみると、一般的に、欲ばりすぎていて、内容の分量が多く、盛りだくさんすぎた傾向がみられたのではなかろうか。特に、従来の青年学級や婦人学級にはその傾向が強かったようである。そのために、開設時の人数が終了時にはだいたい三分の一程度に減ってしまうのも常識のようになってしまっている。したがって、これからはできるだけ焦点をしぼって、集中的に内容を編成し、飽きがきたり、だらけないうちに一応のしめくくりができるような配慮が必要とされる。そのかわり、それにつながる事業を企画して、学習への意欲をひきつぎ、発展させていく努力が大切になってくるのである。開設の時期や時間についても充分な配慮が必要なのはいうまでもない。

③ 対象について

学級・講座の編成にさいして「だれを対象にするか」は大変重要な問題であるのだが、いままでのプログラムには、その対象が極めてはっきりしないものが多かったのではなかろうか。前述したように、ただ漠然と「婦人一般」「青年一般」といった対象のとらえ方では、教育実践はなりたたないし、プログラムの内容だって、しっかり組めるはずがないのである。家庭婦人であれば、二〇代と四〇代では生活内容や問題関心が決定的にちがうのだということとは、いわばプログラム編成上の大前提でなければならない。これは青年も同じことで、たとえば住み込み店員と大学生をむやみにいっしょに集めてみたところで、何もならないのである。

しかし、そういう大前提を充分に認識した上で、あえていろいろな層の人たちやさまざまな年代の人たちをいっしょに参加させる場合もありうる。それは目的と内容にかかわったことで、たとえば「公害問題」とか「中国問題」とか、あるいは「青年としての生き方」といったようなものは、むしろいろいろな人たちが混在していた方が面白いのであって、そこが学校教育とはちがう社会教育の特色でもある。

いずれにしても、要は、意識的に対象をはっきり想定することが、プログラム編成上、必須のことといわなければならない。

④ **学習要求について**

学習要求をどのようなものとしておさえ、どのような内容（テーマと講師）に具体化するかはプログラム編成上もっとも重要なことである。

社会教育の学習主体はいうまでもなく学習者（住民）であるから、学習内容は当然のことながら学習者の学習要求を基礎にして編成されなければならない。問題は実際の内容編成において、どのようにして学習要求を把握することができるかにある。第一には学習者全員の意見を直接にきいてみることが考えられる。また運営委員会のような組織をつくり、代表者の意見によって学習要求を集約させていく方法、あるいはアンケート調査によって希望する内容をチェックさせ、要求をまとめていく方法も考えられよう。

しかし、それらは実際の学習過程の中で、たえず行なわれなければならないことではあるけれども、それらの方法だけでは、学習要求は決してつかみきれるものではない。学習要求というものは実際には極めて多様であり、ばらばらなものであるうえに、学習者自身自分の要求が一体なにかはっきりつかめていないことが多い。学習者は多くの場合、何かに触発されてはじめて自分の要求を自覚していくのであるから、その意味ではまず何がしかのプログラムが学習者の前に示される必要があろう。その「何がしか」は企画・編成者（職員）が社会的ニーズに基づく教育課題として想定したものであるが、厳密にいえば、それとても編成者が独断的に代表しうるものでは決してない。

そこで、編成のための基準として、発達段階に応じた成人や青年の学習要求のとらえ方がいろいろ研究されてくることになる。心理学者ハヴィガースト（R. J. Havigharst）のものはその代表的なものである。

しかし、結局のところ、学習要求を把握すること、そしてそれを学習プログラムに具体化することにおいて、一番の決め手になるものは企画者、編成者としての専門職員の専門性の中味であろう。すなわち専門職員の識見、教養、問題関心への積極的姿勢などの総体が最後にものをいうことになる。

だから専門職員は編成者としての自己の役割を自覚し、できるかぎり客観的に、科学的に、学習者の潜在要求を先取りし、あるいはひき出す努力を怠ってはならない。さらに、実際の学習過程の中でも、学習者の反応を直接間接に確かめ、内容をよりよく変えていく謙虚な姿勢をたえず持ちつづけることが大切である。特に、ある使命感や指導性の過剰によって、特定の価値観や判断を注入するような結果になることは厳にいましめなければならない。

⑤ 講師とその配列によって

学習内容を具体化し、実際に教育効果をあげていくうえで、最も重要な要素はつまるところ『講師』である。学級・講座を成功させうるか否かは、講師に人をうることによって、その大半は決定されるといっても過言ではない。したがって、講師の選択にこそ、編成者は最大の努力をはらわなければならない。すぐれた専門の業績、あるいは専門的な能力をもちながら、かつ民衆の中で自らも学んでいこうとする積極的な姿勢と情熱をもった研究者や専門家をいかに発見し、実際に講師として招くことができるかが、まさに企画・編成者としての腕のふるいどころである。しかし、そのためには編成者自身が常日頃、旺盛な研究心を働かせて、あらゆる問題について新鮮な刺激を求めつづけることが何よりも必要とされるのである。

さらにいえば、そのような講師といえども参加者の気持や意識、あるいは地域の状況などを適確に把握しているわけではないのであるから、それらのことについては事前に充分な打ち合せをし、講師に適切な講義や指導をしてもらうための役割を果たすことが、職員にとっての非常に大切な仕事であるといわなければならない。専門家としての講師の力量を、いろいろと注文をつけながら、参加者の意識や意欲の状況にいかにマッチさせていかすことができるかどうか、いわばプロデューサーとしての役割が職員にとって欠くことのできない大切な仕事なのである。だから、講師のよさを生かすも殺すも、ある意味では、職員次第といわなければならない。

またプログラム編成において、いかなるテーマと講師をどんな順序でならべていくかも非常に大切な問題である。いわゆる、このシーケンス（Sequence）論については学校教育におけるような確たるものは何もないが、しかし「何をどんな順序で学習するか」は学習者にとっては極めて重要なことがらであることを留意し、常に頭をひねらなければならない。一般的には「易」から「難」、「一般」から「特殊」、「単純」から「複雑」へということになるが、実際にはそのように簡単にいくものではない。

学習を内容的にどのように発展させるか、まだどこにヤマ（焦点）をおいてすすめ、場合によっては若干の息抜きやレクリエーションなどを加えながら、どのような形でしめくくるか、まさにそのためにどのようにアレンジするかは学習を成功するために極めて大切な問題であることを充分に認識しておきたいのである。

⑥ 学習の方法について

学級・講座を成功させるためには、その学習方法についても充分な配慮が必要である。学習方法には、一般に、聴く（講義）、話す（討議）、見る（観察）、読む（読書）、書く（記録）などの方法があり、なかでも「講義」と「話し合い」が実際に最も多く用いられている。

先に、講師に人を得ることが学級・講座にとって決定的なことであると述べたが、その講義内容をより確実に、より深く学習者のものにするためには、どうしても事前、事後における「学習資料の整備」が必要である。すなわち事前に、講義に必要な資料を講師と打ち合せて、できるかぎり準備し、あらかじめ学習者に提供しておくべきであるし、事後には講義の録音をはじめ、講義や話し合いの内容をできるだけ正確に記録しておくことがのぞましい。くわしくは、「学習資料の整備と提供」の項でのべるが、とにかく、学級・講座の運営にあたっては、できるかぎり積極的で、細心な配慮がほしいのである。

さらにいえば、講師に思うような人が得られないような場合には、とりわけ、学習資料を積極的に役立たせる意欲と工夫が必要とされる。また、「話し合い」もただ漫然とするのではなく、その経過をできるだけ詳細に記録し、文章化することができれば、次の話し合い学習を発展させるために非常に役立つことを、特に強調しておきたい。自分たちの話し合ったことを客観化し、それをふまえてさらに話し合いを前進させるということが、本物の学習をつみあげていく上でいかに重要であるか、改めて再確認しておきたいし、またそのための労を惜しんではならない。もし、このことが充分に実施されうるならば、それだけでも、その学級・講座は活気にみち、学習に深みがでてくることは間違いない。それは、しかし、実際には非常に大変な作業であるから、なかなか簡単にはいかないことではあるけれども、努力次第では、どのような地域であっても、またどのような悪い条件の中でもできることであるので、これからはできるかぎり実践に移すことを強く期待したいのである。

8 自主的なグループ活動に金だけ出して口は出さない公民館

原題――自主的なグループ活動に金だけだして口はださない公民館
掲載誌――『母と子』母と子社、一九七四年一月号

国立市公民館では昨年八月「グループや団体が決めた講師に無条件で講師料を負担します」という趣旨で、館の利用団体やＰＴＡや自治会など、分かるかぎりの一三四団体に呼びかけたところ三九団体から申込みがありました。総額七万七千円しかない予算でしたので、団体の代表たちと相談の末、抽せんで十四団体を選び、一律五千五百円ずつ活用していただくことにしました。

「自主的なグループ活動に金だけ出して、口は出さない」という試みは、私どもの予想以上に評判を呼んだわけですが、どういう経緯で、こういうことをするようになったのかという編集部からの問いにこたえて、私どもの考え方を述べてみたいと思います。

1　住民が要求し運動してつくらせた公民館

そもそも、国立では、住民が運動をおこし、要求して、公民館をつくらせてきたという歴史があります。昭和二十五年の朝鮮戦争のため、町が他の周辺地域とともに、立川基地の慰安所と化した時に、主婦や青年や文化人などが一丸となって浄化運動をおこし、ねばり強い闘いの末、二十七年の初めに、町の中心部分を文教地区に指定させることに成功しました。

この結果、つれこみ宿やキャバレーなど、いわゆる風俗営業の建物ができないことになり、町は静かな環境を取りもどしたのですが、この運動に参加した青年や婦人たちは、その後は自主的な文化活動やサークル活動を活発に展開する中で、そのために必要な場、すなわち自由で気楽に利用できる公的な施設が何としても欲しいということで団結し、二年余の運動の末、三十年十一月、旧自治体警察署の庁舎を公民館に転用して使えるようにさせたのです。

そのようにして生み出された公民館は、留置場をこわして集会室に変えることが職員たちの最初の仕事であったことに象徴されるように、建物はボロで不便はたくさんあっても、何よりも自分たちの力で獲得したのだという自信と親愛感に支えられて、類を見ないほどの熱気が公民館にかもし出されたのでした。

また、その後も、幾度か館の利用団体が中心になって要求をおこし、施設の増・改築をさせてきたのですが、そのような経過の中で、公民館はとにもかくにも自分たちの努力で育て、つくりあげてきたもので、自分たちみんなのものであるという連帯感と共通認識が、しだいに強く、不動のものとされてきたのです。

つまり国立（当時は町でした）では、公民館がいままでの日本の大多数の公民館のように、上から施しあたえるものとしてできたものではなく、住民がまさに望んだものを町当局に要求し、つくらせてきたという歴史があるのです。

ですから、職員としては何よりもまず、住民の自主的な諸活動のために必要な諸条件を整備し、提供することが、第一義のもっとも大切な仕事でした。このような歴史と基盤の上で、現在、公民館が国立市という地域社会の中で果たすべき役割は次のように認識されています。

（1）公民館は住民の自由なたまり場である。

（2）公民館は住民の集団活動の拠点である。

（3）公民館は住民にとっての「私の大学」である。

（4）公民館は住民による文化創造のひろばである。

さらにいえば、これらの公民館活動が総体としてめざす人間像を、憲法と教育基本法の精神をふまえた「民主主義的人間像」としておさえ、それを次のように具体化して考えているのです。

（1）なにが美しいか、みにくいかを感じとれる直観力をもった人間（人間的感受性）

（2）自分の頭で考えることのできる人間（主体的判断）

（3）他人の生活や意見を尊重できる人間（人間尊重の精神）

（4）主権者意識に徹した人間、社会の民主化に役立つ人間（主権者意識）

（5）歴史の動く方向の中で、日本人として人類の平和と進歩に役立つ人間（歴史的認識）

つまり、自分自身のプライベートな自由や豊かな感性をもちながらも、小さな日常問題にとどまることなく、人間存在の根源的問題や社会的・政治的問題にも鋭く反応し、積極的に立ちむかえるような感覚をもった人間――そのような人間にだれもが育ち、成長していくことができるように、公民館はその役割を自覚し、日常の館運営や年間の事業計画に意を用いなければならない、と考えているのです。

2　住民のどんな団体やグループでも差別しない

以上のような基本的役割をふまえながら、実際の運営においては次の二点に力点が置かれてきたといえましょう。

第一は、住民のどんな団体やグループでも差別なしに、自由に、無料で公民館を利用できるということ。

ですから、国立公民館では、いままで一度も団体を登録させたり、認定するという制度をとったことはありません。どんな団体やグループでも、それぞれの目的や思いをもつ住民によってつくられている以上、それぞれの自由を尊重し、保障することが民主主義の基本であり、いやしくも団体の内容や性格によって差別を強いることがあってはならないのだと考え、それを教育行政の基本的な方針としてきたのです。

したがって、施設は依然として貧弱そのものですが、だれもが気がねなく、自由に使えるという点では、他のどの公民館にも負けない特色を発揮してきたといってよいでしょう。

さらには若い母親たちが自由に集会したり、学習に参加できるために、乳幼児を安心して託児できるための保育室がほしいという要求に対して、他市町に先がけて、いち早く保育室を設置できたのも、また夜おそくしか集まれぬ青年たちのために、夜間十一時まで使用できる青年専用室を設けることができたのも、すべての人に差別なく、集会や学習の自由を保障しなければならないという考え方が、利用する住民側と、条件整備が役割である職員（行政）側とに共通してあったからだといえましょう。

第二は、これらの自主的な団体やグループの活動ではなかなか実施しにくい学習要求を、公民館の主催事業として企画し、実施するということ。

自主的なグループや団体では、専門家を講師に招いて、継続的に学習を深めたいと願っても、財政力がなかったり、時間がなかったりで、なかなか具体化がむずかしいわけですので、そこを補い、代行し、さらに問題を触発していくという意味で、たとえば、市民大学講座や若いミセス教室といった公民館の主催事業を企画し、実施していくことが、公民館の大切な仕事であると考えられてきたのです。

この主催事業が職員側の独断専行にならないためには、職員は、たえず住民側に立って事業を推進できるための専門性と身分の保障がなければなりませんし、同時に、住民はたえず職員に注文をつけながらも、職員をバックアップしていくという関係がなければなりません。

これらの点も、国立では、公民館職員は独自の役割を果たす職員として、行政の中で、その専門性が保障されていますし、また公民館運営審議会委員には、日ごろ活発に活動している団体やサークルの代表が多数（現在十五人中十二人）選ばれ、毎月一回の定例会に自分たちの意見を自由に述べることができるようになっていることをはじめ、総体的にみて住民と職員の信頼関係は、かなり緊密に保たれてきたといってもよいでしょう。

3　講師料の無条件援助にふみきった理由

さて、グループ活動への援助については、以上の経過からも察せられるように、国立公民館は一貫してその役割を果たしてきたといえますし、また今までにも、公民館の主催事業から派生したグループや全市的な組織であるＰＴＡなどに実際に講師料を無条件で援助してきたこともあるのです。

しかし、今回のように、全市的に、あらゆる団体に対して公平に呼びかけて、講師料の援助をすることになったのは、およそ次の理由によるものです。

第一に、グループや団体の自主的な活動がより活発に、充実したものになることが民主的な社会教育の発展の基本であるという考え方から、どんな団体でも、希望があるかぎり、公平に講師料の援助をすべきであると考えたからです。

いわゆる補助金ではなく、あくまでも講師料の援助をするというのがミソで、このことによって、いままではしたことのなかったグループや団体が講師を招いて学習会をひらいてみようとする意欲を触発できれば、なお結構だという願いもこめられたのです。

そのため「青年、婦人、老人の団体やグループ、PTA、地区自治会、各種文化団体、各種研究サークルなど、現在公民館を利用しているグループや団体の事業、および各地域で活動しているグループや団体の事業」はすべて援助の対象にすることにし、対象にならないものとしては、（1）もっぱら営利を目的とする事業、（2）政党が行なう事業、（3）宗教団体が行なう事業、（4）住民以外のもので構成されている団体の事業、に限ったのです。

この結果は、予想以上に多種多様の団体からの申込みがあり、まさに住民のあふれるばかりの学習要求を実感させられたわけです。

今回は予算のつごうで、抽せんで十四団体に援助を限らざるをえなかったのですが、その多様さを理解していただくために、以下具体的に団体名を紹介します。
①草の実読書会　②くにたち団地自治会　③柳交会　④二小PTA　⑤七小父母会　⑥若草会　⑦くにたち教育問題連絡協議会　⑧くにたち民主教育を守る会　⑨新日本婦人の会国立支部　⑩藤村読書会　⑪国立の町づくりを考える会　⑫井戸端会議くにたち　⑬自衛隊をなくす市民の集い　⑭高校問題研究会
第二の理由は、公民館活動のあり方について考えていくための材料にしたいということです。

公民館としては精いっぱい努力して、市民のために事業内容を考え、実施しているつもりでいても、限られた職員数、予算、力量をもってしては、けっして市民のみなさんの要求に十分に応えているということはできないし、さらには知らず知らずのうちにマンネリズムに陥っているのかもしれない。また公民館から離れた地域や、新しくできた学校や団地の地域からも、私どもの気がつかない要求がでてくるかもしれない。

そんな反省やら思いやらをこめて、この事業を考えてみたのです。きわめて僅かな予算で、あらかじめ不足が予想され、これで全市的に呼びかけるのは大変あつかましく、無責任ではないかという考えもあったのですが、それよりもむしろ、これからの努力を期しての第一歩として、まずは広く呼びかけてみることのほうが本当の市民サービス、住民サービスにつながるのだという結論に達したのです。

実際に援助を受ける団体を決めるための会には三十六団体が参加し、決定までにいろいろな意見や希望が出されたのですが、最後は、会員数や活動内容などいっさい問わずに、無差別に抽せんするという結論に達したことは、当然のことかもしれませんが、大変意味のあることだと思います。

4　これからの課題

さて、これからの公民館の課題、あるいは役割として、つぎのことが考えられます。

第一は、自主的なグループ活動に「金だけ出して口は出さない」という試みは画期的なものであるという評価に真に応えていくためには、当然のことながら、もっともっと予算を獲得しながら、この事業を続けていくこと。かりに三十九団体に一万円ずつの講師料を年二回援助したところで八十万円たらず。市の予算がいくら貧弱でも、この程度の金が出せないはずはないと思います。公民館運営審議会でも、これからはもっともっと多くの団体が希望してくるであろうことを前提にしながら、それに十分応えられるような予算の獲得にできるかぎりの努力をしなければならないことを確認した次第です。

第二に、十四団体のうちで、実際に講師料の援助を受けられるようになったけれども、どういう内容で、どんな講師を選んだらよいかという具体的な相談に来館した団体がありましたが、公民館職員としては、こういう相談に喜んで応じていくことが大切な役割だと考えます。

しかし、そのためには、その団体の実状や会員の意向などを確かめながら、学習会を具体化していくためのポイントや適切な参考意見を出せるように、職員としての専門的な力量をたくわえておかなければなりません。こういうことを通して、そういう団体が、これから自主的にどんどん学習活動をつづけていけるようになれば、それこそ大変すばらしいことだと、あらためて職員としての役割を自覚する次第です。

第三には、これらの援助を希望する団体が実際に行ないたいと考えている内容を相互に交流し、知り合うことによってときには共同で事業を実施するという可能性も考えられるわけです。ですから、これからはできるだけそういう方向の中で、公民館はそのまとめ役としての役割を果たしていくことが必要になってくるのだと思います。

第四には、希望団体の全市的な分布や学習内容をみて、不活発な地域や、要求はないけれども重要な課題だと考えられる内容については、それらを補う意味で、公民館の主催事業を企画し、実施していくことが大切な仕事として考えられなければなりません。

このように考えてくると、グループ活動のために講師料を無条件で援助するという事業は、たんに一つの団体やグループへの援助にとどまらず、努力次第では、無限に広がっていく可能性をもっているということになります。第一歩をふみ出した以上、ますます意欲をもやして、この仕事を発展させていきたいと心する次第です。

（東京都国立市社会教育課長）

9 市民大学セミナーの実践と成果

主体的判断を育てる生涯学習

原題——第四章　生涯教育と成人教育
掲載誌——持田栄一編『生涯教育論』明治図書、一九七一年三月

（1）

現代は激動の時代である。特に、わが国においては高度成長経済の発展を基盤として都市化が進行し、その中で、社会教育もまたその在り方の問いつめを余儀なくされている。

変動極まりない、不安定な状況の中で、人間としてこれからをどう考え、どう生きていくかをきめていくためには、どうしても主体的判断力や情報選択力や歴史的・社会的思考力を確かなものにしていく努力が不可欠であり、またそれらの力を養成するためには、正確な知識と系統的な文化遺産の獲得が基礎になければならない。

成人の教育というものは元来自主的・相互的なものだから、各人が各様に自由に学習をつづけていけばよいとする考え方もあるけれども、ここでは時代の要請にこたえうるための力を自分のものにしていきたいと意欲したときに、それにこたえうるための学習が開放的に準備されている、その具体化を成人教育としておさえたい。だから、それは実際には国民の正当な権利としての学習の機会を求める学習者とそれを保障し、準備する社会教育

行政とがあって成り立つものである。したがって、そこには用意される具体的な学習内容や方法をめぐって学習者と企画編成者（行政）との間に本質的な緊張関係が内包されていることは否定できない。しかし、そのことを十分認識した上で、できるかぎり学習者の自由を保障し、要求にこたえていくことが専門職員の責務である。

以上のことを前提にした上で、現代の社会教育（成人教育）に期待されている学習内容とその方法について考えてみたい。

すべての人があらゆる機会に、いつでも学習できるためには、そのような学習の機会が具体的に用意されていなければならないし、また各人の意識状態に見合った具体的な学習が提供されなければならないから、当然のことながら、学習は複線的に、そして構造的に考えられなければならない。いままでの社会教育における学習は、たとえば青年については青年学級、婦人については婦人学級や家庭教育学級というように、いわば青年一般や婦人一般を対象に漫然と想定し、その内容もごく平均的なもの、低度啓蒙的なものというのが通例であった。ひとくちに青年といっても、住込店員あり、大企業のサラリーマンあり、大学生ありといった生活の実態が考えられることもなく、また意識の状態や問題関心などにも配慮をはらうことがあまりなかった。そのことは婦人についても同様で家庭婦人であれば二十代でも五十代でも同じであるといった大雑把なとらえ方にさしたる疑問も生じなかったようだ。いや、二十代の乳幼児もちの主婦は社会教育の範囲外で、もっぱら三十代や四十代以上の比較的時間のユトリがあり、身軽な年代が主たる対象にされてきたといえよう。

社会教育というものは、そもそも、あまり高度なことをやっては人がついてこないとか、集まらないからといった企画者側の独断や研究不足によって、学習内容はごく平均的、常識的であり、趣味・実益的なものが支配的であったことも否定できない。

生涯教育の具体的実践をめざす現代の社会教育にとって、これからはそのような大雑把で単純な内容では、とても多様化し、専門化している人びとの学習要求にこたえていくことはできない。そのことは受身で聴く通りいっぺんの講義や単なる話し合いではもはやあきたらないという思いをもった人たちが、住民の中に次第に多くなってきていることからも伺い知ることができる。

これからの成人教育は、一定の段階をマスターすれば、つぎの段階にすすみ、さらに高度な段階へもすすみうるような学習の形態と組織があらゆる対象に対してきめこまかく用意されていなければならず、一人の人間がいつまでも、どこまでも継続して学習をつみ重ね、つづけうるものでなければならない。真理の追求と主体的判断力の練磨、そして豊かな人間性(教養)の習得の場を大学と呼ぶならば、これからの成人教育はまさに市民のための大学をめざし、それにふさわしい学習の質が具体的に用意されなければならない。

ここで取りあげる国立市公民館の『市民大学セミナー』は学習者の自主的なエネルギーをひきだそうとして実施された、ひとつの試みである。

(2)

市民大学セミナーは受身で聴く学習ではなく、参加者自身が講師の指導をえながら、積極的に調べ報告するという原則で行なわれてきたものである。定員は一応二十名に限定し、毎週或いは隔週に開講。十~十五回の学習を積み重ねて、ひとまず終了ののち、可能なかぎり、参加者自身の手で記録を作成する。記録作成は、いままでの学習の経過と実際の内容をできるだけ刻明に追体験しつつ、記録に残す作業の中で、他ならぬ自分自身に対して認識力や主体的判断力を血肉化していくという意味をもつ。

四十一年度から四十四年度の四年間に実施されたもの及び参加者の内容は別表の通りである。

表1　市民大学セミナー実施一覧表

	科目	主題	講師	開設期間
1	**歴史**	婦人の戦後史―戦後20年の自分をふりかえる	立教大学助教授　室俊司	41・6・17〜10・21
2	**文学**	日本文学における伝統の受けつぎと変革（転形期の作家と作品1）	国立音楽大学教授　熊谷孝	41・7・15〜10・28
3	**経済**	資本主義は変ったか―現代資本主義の再検討	一橋大学講師　高須賀義博	41・10・25〜42・3・7
4	**教育**	子どもの教育は守られているか―教育基本法の学習	東京大学助教授　持田栄一	42・1・28〜4・1
5	**経済**	物価を考える	一橋大学助教授　高須賀義博	42・6・23〜10・20
6	**文学**	喜劇精神の文学―転形期の作家と作品2	国立音楽大学教授　熊谷孝	42・6・23〜10・27
7	**歴史**	戦後20年と婦人の歩み	立教大学助教授　室俊司	42・7・26〜43・2・7
8	**歴史**	日本の近代史―明治維新から大正デモクラシーまで	一橋大学講師　中村政則	42・7・25〜11・28
9	**政治**	市の政治と住民活動	都政調査会常務理事　小森武	42・10・25〜43・2・21
10	**歴史**	歴史と民衆	一橋大学講師　中村政則	42・11・6〜44・3・19
11	**哲学**	哲学的思索と人生	学習院大学教授　小松茂夫	43・10・24〜44・4・17

12	**文学**	大正デモクラシーと文学	国立音楽大学教授　熊谷 孝	43・10・25～44・1・31
13	**文化**	現代日本文化論	思想の科学研究会員　安田 武	44・7・23～10・15
14	**歴史**	日本資本主義発展史の諸問題	歴史学者　山辺 健太郎	44・10・23～12・18
15	**哲学**	日本と今日を哲学的に考える	哲学者　古在 由重	44・11・7～45・2・24
16	**文学**	封建革命期の文学―その虚像と実像	国立音楽大学教授　熊谷 孝	44・11・14～45・2・20

表2　市民大学セミナー参加者男女年齢別分類表

実施コース	参加者数	男	女	十代	二十代	三十代	四十代	五十代	六十代以上
一六	三三八	八四（二五％）	二五四（七五％）	五（一・五％）	七〇（二一％）	一二九（三八％）	八一（二四％）	四一（一二％）	二（二・五％）

これをみると、三十代、四十代の主婦が圧倒的に多く、二十代がそれにつづいているが、夜間に開設された七コースの参加者一四九名のうち、男子が六八名（四十五・五％）を占めていることは、従来から都市における男子成人の参加率が悪いといわれた通説も、やり方次第ではくつがえし、変えていくことができる、その可能性を

物語るものとして留意しておきたい。

さて、このような学習実践を企画し、実施するに至った理由はおよそ次の通りである。

第一は、いままでの社会教育実践ではあきたりないという思いが学習を欲する住民の気持の中に徐々に強まってきたこと。いままでの社会教育とは例えば、話し合いを中心としたグループ活動とか或いは学級とか講座とか呼ばれる、いずれも講師中心の、受身で聴く通りいっぺんのものを指すのだが、そういうものではもはや間に合わないし、ものたりないとする思いを持った人たちが実際に少なからず出てきたのである。したがって、そのことは、もっとつきつめて考えたいし、きびしく自分をきたえたいという意欲が強まってきたことを意味する。社会的にも精神的にも漠然とした不安や淋しさ或いは憤りが感じられるような都市化・大衆社会状況の中で、或いは地域の小さな問題の中に全世界の問題が投影されているような現代の状況の中で、自分をかけるに価する何かをつかみたい。社会問題であれ、男女や家庭の問題であるにせよ、根源的な問題にメスを入れて、自己存在や生き甲斐について真剣に問いつめてみたいとする意欲が強まってきたのである。

そこで、低度な啓蒙主義・教養主義の域を脱し切っていない従来の学習を乗りこえ、つき破っていく学習実践をなんとか創り出してみたいということになったのである。

第二の理由として「豊かな教養へのあこがれ」をあげることができよう。

三十代後半から四十代の主婦たちには、戦争で自分の青春を犠牲にさせられ、不本意に生きることを余儀なくされたという痛恨の思いがあり、なお現在は、子供も大きくなって手がかからず、生活的にも多少のユトリができてきたので、自分の内面を豊かにしたいという気持がいちだんと強まってきているのだ、と思われる。さまざまな機関や場で実施される学習事業に「大学」とか「大学講座」とかいう名称が盛んに使われているのも、その一つの反映とみることができるし、事実、大学開放的講座がほとんど例外なく盛況である事実が、そのことを端的に物語っているといえよう。それは軍国主義の犠牲にされた学校教育の失地回復の願いであり、或いは求めてもかなえられなかった高等教育へのあこがれということもできよう。だからここでいう教養とは、ただ知識を覚えたり、物知りになることではなく、「自分の内面を豊かに開拓して、訓練をしなければ無関心のますぎてしまう状況や刺戟に、ゆたかに反応する可能性を育てあげる」（勝田守一）というほどのものを意味する。

第三の理由としては、いささか大げさかもしれないが、既成の大学への挑戦である。

日本における大学の存在をどう評価するか、それは簡単に論じられない問題ではあるけれども、しかし、一方には成人（特に主婦）の旺盛な学習意欲が高まっているにも拘らず、ほとんどの大学は勤労者や主婦など一般市民のためには門戸を開放しておらず、或いは大学と市民（国民）との関係の中で、積極的な、具体的な役割を果たすという意識や発想がみられない。さらにいえば、真理探究のための学問の場と簡単にいうわけにはいかなくなっている既成大学の中では、それを頼りにするのではなく、市民自らが自分たちに必要な「私の大学」をつくりだしていくことが重要なのである。またそのような実践の積み重ねによって、ゆくゆくは大学の在り方の変革を促しもしていきたいのである。

およそ以上のような理由から『市民大学セミナー』の試みが、くにたち公民館の十年にわたる学習実践を通して具体化されたのである。

（3）

さて、そのようにして始められた「市民大学セミナー」の成果はどうであったか。実際の学習の過程の中で、参加者たちはどのように変わっていったのだろうか。

結論から先にいえば、いままでの社会教育とはちがって、きびしい学習であったにもかかわらず、落伍者が殆どなかったことが目立った点である。また参加者の態度が非常に真剣であり、積極的であって、物事を深く、本質的に考えるようになってきたし、さらには、新しい市民運動の担い手にもなるような主体的実践力がはぐくまれてきた、などをその成果としてあげることができる。

一、二の例をあげてみよう。

「戦後二十年と婦人の歩み」に学んだTさんは、セミナー終了後の座談会で次のように述べている。

「私はこのゼミで大いに変革されたように思うんです。何よりも、歴史的にものを見るという態度を身につけたような気がします。自分が何故ここにいるのか。自分の歴史を世の中の歴史との関連において考えられるようになったのは大きな変化だと思います。」

このTさんは以前は小学校教師で、勤評闘争、安保闘争を経験し、どこへ出ても足をすくわれ、所詮どうにもならないのだという諦めがしのび寄り、結婚と同時に教職を辞めて五年になる。そして、たまたま国立の団地に越してきたので、なんとなく、気分転換に市民大学セミナーに参加したのだという。その彼女がゼミの学習の中で

「私の実感でいうと、第一線へ出るのが嫌で、亭主のうしろにかくれていたかったのにひょいと亭主の前に出てしまった感じ。でも、自分の後にツナがついていて、動くのはツナの範囲だぞ、といわれているような気がします。」

となり、そのツナを切りたいような、切りたくないような……と自問自答しつつ、

「私は自分なりのツナの生かし方の方法として、来年は東京都の教師採用試験を受けてみようかな、という気

になってきたのです。」

というように変わっていったのである。現在、Tさんは国立市の最も条件の悪い小学校に自ら選んで勤務し、「ドナったり、ヒステリーを起こしたり、やたら喜んだり、生きた人間同士のぶつかり合いに、やたら興奮しながら」二年目をむかえ、すべてに積極的な、すばらしい教師として活躍しているのである。

また、六九年五月には「戦後二十年と婦人の歩み」ゼミと「日本近代史」ゼミに参加した主婦を中心に「大学問題を考える主婦の会」がつくられ、この会が全く自主的にうごき、一橋大学のベ平連の学生たちと共に、いままで市民には開放したことのない兼松講堂を借りえて、羽仁五郎氏の講演会を開いたのである。三百人も集まるかどうかと危ぶまれたこの集会には予想外の千四百名もの入場者が押しよせた。羽仁五郎氏の都合で二時間も待たされた集会であったが、最後まで帰る人は一人もおらず、静かな熱気がただよっていた見事な集会であった。この動きに対しては、すぐさま市の職員組合が非協力を呼びかけるキャンペーンをおこし、また羽仁五郎を憎む組織の人たちは陰に陽に妨害工作をしたのだったが、たった六、七人の主婦たちのモタモタした動きがそれ程の共感と反響を呼んだことは一つの驚きであった。しかし、この主婦たちの行動は、ゼミの或る日、一人の主婦のもってきた「アサヒグラフ」で機動隊が安田砦で使ったガス銃による火傷の写真を見て、こんなひどいことがあるか、こんな非人間的な国家権力の暴力を許しておいてよいものかと話し合い、こういう気持をもっと多くの人と共有したいということで、一つだけでいいから自分たちで何かをやってみようというわけで始まったものだから、自分たちの目的が達せられれば、会は直ちに解散するという極めて気軽なものであった。（一度つくられた組織を後生大事にする傾向の強いわが国の革新運動の中で、この人たちの考え方は、だから、新しい市民運動の一つの見本のようなものであったといえよう。）羽仁五郎氏を呼んだこと、或いは大学問題については評価が分れるにしても、このように、既成の革新運動の枠や考え方にしばられることなく、率直に、気軽に、しかも主体的に行動を起こせる人たちが、市民大学セミナーの学習実践の中から育ってきたのである。市民大学セミナーで学んだから、ただちにそうなったのだと結びつけることは早計であるにしても、その学習過程の中で、主体的行動へむかわせるエネルギー或いはバネのようなものが各人の中に蓄積されたことは事実として認められるのである。

（4）

市民大学セミナーの学習実践の成果について、実際には、十六コースの中でも、非常にうまくいったものもあるし、比較的低調に終わったものもないわけではない。

しかし、これらの学習実践をふりかえっていえることは、参加者（成人）の学習意欲はまことにすばらしいということである。その問題意識においては、まだ必ずしも論理化されていないにしても、非常に鋭く、キラリと光るものがあって、それはいわゆる学者や専門家を超えるものがときには感じられるほどのものである。講師として「女性の戦後史」を指導された室俊司氏は、そのことを次のように述懐している。

「私は、このグループが公民館の市民大学セミナーとしてはじまったときに、テューターとして多少の協力をしただけであった。今日このグループをみると、私にはもはやテューターの役割すらできないことがわかる。自分たちの生活をぐんぐん切り拓き、新しい課題を求めて先に進んでいってしまったからである。その進み方はいわゆる『学習マニヤ』のそれではない。生活の現実の中に根を張った姿勢。新しい社会のうごきのなかから基本的問題をつかみだす鋭い目と新鮮な感覚。確認を実行にふみきる誠実さと勇気。これらが一つの塊りになっていくような進み方なのである。だからこそ、私にはもはや、テューターはできないのであり、今ではこのグループのメンバーとの話し合いから教えられることのみ多くなっている。」

また、近代史ゼミで学んだ一主婦は、大学問題と主体的に取組む中で、ゼミの講師とは対立したが、そのことについて次のように自分の気持を率直にのべている。

「今までも、先生を市民を馬鹿にしないいい先生だと思っていた。けれど、教えられる者としてへり下ってしまう卑屈さが、どうしても自分の中にあった。今度の大学問題では先生とはちがった立場を自分の考えで選んだ。今、初めて対等の人間として先生とむきあえるような気がする。」

このような講師と参加者との緊張関係の中で、きびしい学習が行なわれるならば、やがていままでの学問の在り方や方法をのりこえうる新たな創造が可能ではないかと思われるほどである。問題はそのような、すばらしい可能性やエネルギーを秘めた住民大衆が抱いているであろう思いや実感を確かな歴史意識にまで自覚させ、主体的実践力にまで成長させるために、具体的にどのような学習の内容と方法が用意されうるかであり、そのために専門職員がどれほどに役立ちうるかということである。

住民のもつ切実な要求をどのような具体的内容に編成し、どのような長期的見通しの中で、学習実践をなしうるか。この問いに対して、女性史ゼミと近代史ゼミの両方に参加した山崎愛子さんは、およそ次のように問題を提起する。

一、「住民のもつ切実な要求」とは、いますぐ権力機関にかけあいに行けるようなものもあるし、永い歴史の中で解決しなければならないものもあると考える。どちらがより重要であるというふうに計ることのできない、一人の人間の中にからみ合って存在しているものだと思う。だから、だれでもが抱いている、そういう根源的な問いに応えてくれる公民館（社会教育行政）であってほしい。

二、「自分たちが変わったのは歴史を知ったせいだ」から、一番中心になるカリキュラムは歴史教育であってほしい。

三、学習の期間は最低二年ぐらい企画してもらいたい。

四、こういう継続的学習が自主サークルまかせではなく、長期的な展望に立って、公民館のカリキュラムとして組めるようになれば、そのとき公民館は民衆のための「私の大学」として機能するのではないか。

このような問題提起にどのように、具体的に応えていくことができるかが、行政や職員にとっての決定的な分れ道であるし、それはとりもなおさず、成人自らの生涯教育にとっての最大の課題といわなければならない。さらにいえば、既存の大学の水準を超えるような新しい質の認識と学問の在り方の可能性は、学者や研究者たちが、自分の生ま身の問題をふまえつつ、国民の中へどのように真剣にコミットしうるかに、かかっているということができよう。

10 市民大学セミナーの構想と実際

原題――市民大学セミナーの構想と実際
掲載誌――『月刊社会教育』国土社、一九六七年十二月号

A　国立市公民館における「市民大学セミナー」について説明してくれないか。

B　「市民大学セミナー」は講師中心の講義ではなく、大学におけるいわゆるゼミナールと同じように一つのテーマのもとに集まった参加者たちが、講師の指導と助言を得ながら積極的に調べ討論することによって、自分たちの考え方を深めていくことをねらいとして企画されたものです。昨年から今年にかけて実施されてきたテーマと講師は別表の通りです。一つのテーマについての参加者は二十名に限定し、隔週に一回、十～十三回ぐらい続け、約半年で終了するといった内容のものです。いままでの社会教育における講義というのは教育問題にせよ、政治や物価の問題にせよ、一回きりのどちらかというと啓蒙的な内容のものが多かったのではないかと思います。それに対して、このセミナーでは、とにかく自分が調べ、報告し、一貫したテーマを追求することによって、自分の考え方を深め、判断力を強めることをねらったのです。

A　随分高度なものに思えるけれど、ついてくる人がいるのかね。どうしてそんなものをやる気になったのか。

B　高度なものというけれど、実際にやってみるとごく普通の主婦やサラリーマンがどの講座にも参加してきて

いるのだから、特殊だとか高度だとかいう感じは改めなければいけないのだと思います。

ただ誰もがこういう学習に参加するわけではありませんから、別に講義中心の婦人教室や自主的なグループ活動の機会をいろいろ設けています。その場合、私どもは、いろいろな種類の学習をただ並列的に設定するのではなく、学習の構造化ということを考えているのです。その意味では、市民大学セミナーは話し合い学習、共同学習といった学習方法に比べて高度なものであり、構造化の上段にあるものといえます。

私どもがこの試みを企画した理由は、大体三つほどあります。

その第一は、主婦であれサラリーマンであれ、学習を欲する住民大衆が、いままでの社会教育実践ではあきたらなくなってきたということです。例えば、話し合いを中心としたグループ活動、一冊の本をテキストにした読書会、一定のカリキュラムのもとで行なわれる講座や学級等を通じ、或いは社会的・政治的実践活動の中でも、もっと自分の考え方を深め、現在をどう生きるかについての判断力を確かなものにしたいという思いをもつ人たちが少なからず出てきたのです。私どもは、婦人学級や青年学級や読書会といった学習のしかたを否定したり、過小評価をしたりするつもりはないのですが、受身で聴く講義やありきたりの話し合いではもはや間に合わないという思いをもった人たちに対して、どうしても新しい形式の学習のしかたを具体化する必要をいろんな場面で実際に感じさせられたのです。

第二の理由は、都市化状況ともいわれ、大衆社会状況ともいわれ、或いは象徴的にいって、地域の小さな問題の中に全世界の問題が包含されているような現代の状況の中では、どうしても主題をつきつめた学習の内容と方法がつくりだされる必要がある、と考えるのです。「現在」の問題意識を出発点にし、それを手がかりとして、「過去」を形象化していき、形象化されたその「過去」を媒介として、あらためて「現在」を認識していく、そういう操作の反復を『生活現実の歴史化的認識』＊1と上原専禄先生が呼んでいるのですが、私どもはそういった認識の形成に役立つ学習の在り方を「市民大学セミナー」という形で具体化してみたいと考えたのです。上原先生は同時に、日本の大衆における「学習」が啓蒙主義、教養主義の域を脱し切っていないと論じられているのですが、従来の社会教育実践をふりかえってみても、たしかにこの指摘は適確だと思います。そのことはここ数年来、社会科学学習の必要性ということで論じられ、学習内容編成の問題として考えられてきたのですが、とにかくその具体的な試みをどんどん実践してみようというわけなのです。

第三の理由は、一寸大げさですが、日本の既成の大学への挑戦です。日本における大学の存在をどう評価するか、それは簡単には論じられない問題ですが、少なくとも勤労者や主婦など一般市民のためには殆ど門戸を開放しておらず、かつ真理探究のための学問の場というわけにはいかなくなっている現状の中では、市民自らが自分のための大学をつくりだしていくことが必要であるし、また、そのような実践の積み重ねによって、ゆくゆくは大学の在り方の変革をめざすべきであるとも考えるのです。

以上の三つの理由から「市民大学セミナー」を具体化したというわけです。

国立市公民館・市民大学セミナー　一覧表

科目	テーマ	講師	内容
文学	**転形期の作家と作品②**	熊谷孝（国立音大教授）	井原西鶴や上田秋成などの文学を中心に、封建制下の民衆文学の苦悶と抵抗の姿勢に現代の角度から照明をあててみる。
歴史	**戦後20年と婦人の歩み**	室俊司（立教大学助教授）	戦後の20年の歴史の動きに対する婦人たちの考え方や社会的活動の意味を検討すること。そして、歴史に生きる日本婦人の自己形成における基本的な問題を確認すること。
歴史	**日本近代史**	中村政則（一橋大学講師）	主として日本近代史上の重要な事件あるいは論争の多い問題をとりあげて、歴史にたいする理解を深めるとともに、歴史的にものを考えるとは一体どういうことなのか、ということについて考える。
経済	**物価を考える**	高須賀義博（一橋大学助教授）	都留重人著「物価を考える」（岩波書店）を中心に、ほか立場のちがう著書2～3冊をテキストに、物価問題について学習を深める。
教育	**子供の教育は守られているか**	持田栄一（東京大学助教授）	子供や青年の教育についての、親や学校や地方自治体や国の責任を、教育基本法の精神を究明しながら、身近かで具体的な問題を通して考え合い、これからの教育のあり方を追求。
政治	**市の政治と住民運動**	小森武（都政調査会理事）	国立市の例を具体的に分析しながら地域社会の政治の在り方について住民の立場から根本的に考え、住民自治のビジョンをみんなで構想する。

A　「市民大学セミナー」の構想についての概略はわかったが、実際に文学や歴史について、テーマや講師をどうして決めているのか聞かせてくれ。

B　主体的判断力や歴史的認識力、或いは主権者意識といったものを深め、強めていくのがねらいですから、テーマ設定はいくらでもできる筈です。ただその場合、学習の内容が住民（学習者）の切実な要求を汲み取り、従って積極的な学習意欲を呼びおこすものになっているかどうかが問題です。それはまさに住民の切実な要求を充分につかむことができ、さらにそれを学習内容にまで編成しうる力があるかどうかにかかっています。

念のためにいっておきたいのですが、その際の「切実さ」のつかみ方が問題です。私は、それを大衆が直面している生活の問題だとか、地域でおこっている生々しい問題というように狭く限定してはならないと考えます。何かというと「一体それは労働者や農民の生活とどう関係があるのか」という問いかけが直ぐに飛び出してくるのですが、そう狭く、せっかちにならずに、「生活の問題はまさに文化の問題である」という視点をもつことが重要です。自由の問題にせよ、独立の問題にせよ、それはいずれも住民大衆にとって切実であるべき問題なのです。そこに主事の専門的力量の問題があります。テーマ設定がいくらでもできるとはいっても近代史や憲法の学習なら何とかできるが、文学はわからないという認識しか持っていないとすれば、結局その主事には文学を素材にした学習内容編成はできないということになります。その意味で、編成者としての主事の役割は誠に大きいわけですから、主事はあらゆる触覚を働かせて、貪欲に研究努力する社会的責任があるといえましょう。

さて、これでやれるというテーマ設定ができたら、次は講師を誰にするかが問題です。講師に人を得なければ学習がうまくゆく筈がありません。講師の専門的力量と人間性が学習の成否を殆んど決定づけてしまうといっても過言ではないでしょう。それだけに講師の選択は重大です。しかし、講師と主事のチームワークによって、或る程度のカバーはできると思います。学習者の状況を一番適確につかんでいる主事が、講師に絶えず注文をつけ、講師との交流を深めることによって、講師もまた一層適確な指導性をもちうるからです。

A　しかし、結局これは東京のような都市ならできるが、大学もないような地域ではできないということになるね。

B　簡単にいえばそうかもしれないが、本当に必要なら、農村でも大学のないような地域でもそう困難でなく、できる可能性はあると考えます。日程とか講師の招き方に多少の工夫をすればよいのです。また講師の発掘ということも主事の大事な仕事でしょう。

どうしても講師を呼ぶことが困難な場合は、主事が講師の役を兼ねることも考えるべきです。隣の町の主事を講師として招くということもあっていいと思います。

A　そういうことなら、いままでだってやっていたことだし、何ら変りがないではないか。

B　形は似ていても、問題は何といっても学習の質です。生活現実の歴史化的認識を促しうるかどうか。指導助言者としての主事が不勉強なら、学習の質が高まる筈はありません。主事は多忙な毎日であるからこそ、孤独な学習の時間をもたなければいけないのだと思います。

A　しかし、どうも疑問だなあ。こういう「市民大学セミナー」といった学習で、果して世の中を変えていくような力がでてくるものだろうか。正直なところ、何か、近代的で、教養主義的で、頼りない感じなんだ。もっと実践というものをふまえた主体の変革に迫る学習というものが考えられないのだろうか。

B　その疑問もわからないではないけど、そんなら逆に、実践をふまえた主体の変革に迫る学習というものを具体的に示してもらいたいものです。社会科学学習の重要性が叫ばれ、勇ましい掛声だけはかかるのだけれども、それが具体的には高橋庄治著「ものの見方」や井上清著「日本女性史」を読む程度のことであったという事実はどう評価されるのでしょうか。私はそれこそ安易な啓蒙主義であり、政治的教養主義とでも呼ぶべき学習に過ぎなかったのではないかと思うのです。また、何がしかの学習のプランが提案されると、それを学習論の立場で内在的に批判するのではなくて、実践性の欠如だとか近代主義だとかいうように、極めて安易に批判しきっていた傾向が強かったようにも思います。それは自らの学習論の弱さを暴露したものに他ならないのではないでしょうか。さらにいえば、学習内容の編成よりも思想性、イデオロギー性を強めることこそ急務であり、それさえ確かなら何をしようと問題ないと割切った主事たちが意外に多いように思われます。この人たちに見られる傾向は、ですから、形式はごく近代的な講座であっても、講師が筋金入りでありさえすれば、それはつまり実践的とも現代的とでも評価されるのだと信じていることです。しかし、それはいうまでもなく独善にすぎません。ここのところを打破しないかぎり、学習論は発展しないのではないでしょうか。

それから、教養主義というものをただ一面的に、否定的、侮蔑的に使うことは間違っています。教養というものは元来、肯定的、積極的な意味をもったものです。「教養というのは、人間の内面をゆたかに開拓して、訓練をしなければ無関心のままにすぎてしまう状況や刺戟に、ゆたかに反応する可能性を育てあげること」であり、「ゆたかに反応するということは、いっそう多くの人々の要求や生活と自分のそれと共通のつながりを感じとりながら、自分の行動の方向づけをすることだ。現在の自分の生活の一つの問題も人々と遠く深いかかわりをもっている。このかかわりのなかで、人々の喜びや悲しみをともに背負わなければ、現在の人間は、ほんとうに自分を生かしていくことはできない」*2

このように教養というものを考えるなら、教養こそまさに主体の変革に迫る学習の中味であるとさえいえるのではないでしょうか。

たんなるレッテル張りの形容詞の使用は何の役にも立たないことを確認したいものです。

とにかく、私どもの一つの試みである「市民大学セミナー」についての批判や評価を具体的にはっきりとお聞きしたいと思います。そのためにも一度実際を見た上で、ゆっくりご検討いただければ幸せです。

（国立市公民館主事）

注

***1** 上原専禄「現代認識の問題性」、岩波講座『現代』第一巻

***2** 勝田守一・松田道雄編「家庭の教育」（岩波書店）第四巻「青年期」二一二頁〜二一四頁

「市民大学セミナー」については、社会教育学会や社全協全国大会でも、賛否両論があり熱心に論議された。「月刊社会教育」誌上でも特集が組まれたので、ここでは参考までに二つの文章を紹介しておきたい。

国立市民大学セミナーについて

浦和市社会教育研究会

原題――国立市民大学セミナーについて
掲載誌――『月刊社会教育』国土社、一九六六年六月号

はじめに

「月刊社会教育」の編集部から突然「国立の社会教育について書いてくれ」という依頼がありました。昨年の社全協全国集会で「生活現実と学習内容」の分散討議で国立の市民大学セミナーについて各地から意見が出され、私達の研究会もそれ以来何回かの話し合いで国立のことが問題になりました。しかし、今回問題を整理するという意味で、改めて国立の市民大学セミナーについて考えてみることにしました。

ご承知のように国立公民館の活動は関東においては勿論、全国的にみても先進的役割を果し、私達の日常の公民館活動にさまざまな示唆を与えてくれています。特に最近、教育に対する「統制」のきざしが全国的に現れ、「期待される人間像」をはじめ、建国記念の日の制定、神話など非科学的発想の教育理念がまかり通る中で、国立の公民館活動は働く国民のための社会教育実践を求める私達の羅針盤的役割すら果しています。しかし、そのことは国立の社会教育実践が、関西における芦原同和教育講座、富田林での社教主事復帰と社会教育体制整備などとともに、私達社会教育職員がこれらの実践をどう受けとめ、それぞれの地域でどうその教訓を生かすかという問題提起でもあると思います。私達の研究会で話し合ったことを率直に述べ、全国の仲間の皆さんのご意見をお願いしたいと思います。

研究会の話し合いでは沢山の問題点がでてきましたが、私自身の研究不足、実践不足のため、上手に整理することは困難です。でも羅列的ですが、出された問題の主たるものは次のような点でした。

①講座での形式或はセミナー形式の学習と実践との結合についての問題。

②社会教育の目標は将来に対する常備軍を作ることで果してよいのか。問題は将来起るのではなく、現在まさに起っているのではないだろうか。

③主たる対象が「新中間層」であるといっているが、その他の層についてどう考えているのか、例えば男子成人や子どもなど。

④公民館の役割はあくまでも学習内容の編成者、学習活動の組織者である。といっているが、学習内容の編成者は学習主体である住民ではないのか。

⑤公民館での学習と市民運動または大衆運動とが明確に区別されているが、現実の主体の変革は区別できないものではないだろうか。
⑥教養こそ主体の変革に迫る学習であり、その教養は将来に対する常備軍であるとしているが、教養が主体の変革に迫る学習だろうか。

他に細かな点はいくつかありますが省略させていただきます。これらの問題はすべて関連性をもっているものと思われますので、切りはなして論ずることは非常に危険でもあると思います。しかし、紙面の都合と時間的制約のためすべてについて、述べることはできませんので、或る程度討論された点について述べさせていただきます。

教養主義ということについて

市民大学セミナーのねらいは「主体的判断力や歴史的認識力、或いは主権者意識といったもの」を深め（月刊社会教育一九六七・一二）ることであり、このような力や意識が「教養」の中味であるようによみとれました。そして、この教養こそが「人間の内面を豊かに開拓して、訓練されなければ無関心のままますぎてしまう状況や刺激に、ゆたかに反応する可能性を育てることであり」「ゆたかに反応することは、いっそう多くの人々の要求や生活と自分のそれとの共通のつながりを感じとりながら、自分の方向づけをすること」であると言っています。さらに「この教養こそまさに主体の変革に迫る学習の中味であるとさえ言えるのではないでしょうか」と言っています。確かに徳永氏の言う教養は、人間の内面をゆたかにし、自分と他人との共通のつながりを感じとり、行動の方向づけをすると思います。しかし、このことが即ち主体の変革に迫る学習の中味であるということになるでしょうか。

徳永氏は同じ論文の中で「生活の問題はまさに文化の問題である」といっています。そして、その文化の問題は住民にとって切実な要求である、とも言っています。ところが一方では「社会教育は将来のための常備軍、つまり何が事が起った時、自分なりの力量でもって問題に立ち向える人間を作ることで……」とも言っています。これらを総合して考えると、住民にとって大切である文化の問題を学習することにより主体的判断力等を養い、これら主体的判断力が教養の中味である。この教養こそが主体の変革に迫る学習内容であるということでしょう。しかし徳永氏も言っているように、この結果求められるものは将来に対する常備軍としての知識です。ところが文化の問題も含めて、最初に出発したものは住民の切実な要求でした。この切実な要求とは将来に対する常備軍を得ることではないはずです。一般的、常識的にみて切実な要求とは、現在問題になっていることであり、住民自身がすぐにでも解決したいと思っている生活の中の問題ではないでしょうか。ところが学習の結果得られるものが将来事が起ったときに役立つものであるということは、現在は大して役に立たないということになります。このことは現在の問題が学習の結果将来の問題にすり変えられてしまう危険性を含んでいると言えないでしょうか。

社会教育における学習とは、現実の生活をどう変革するかという点から出発すべきものであり、その学習は常に生活現実の中で、或いは社会的現実の中で点検(実践)されるものだと思います。このように考えた場合、北九州市での母親の公害問題に対する学習と実践が、常に生活現実の中で点検され学習が深められていったという経験は、多くの教訓を含んでいますし、芦原の同和教育問題も、学習主体である未開放部落の人たち自身の問題をほりさげ、差別という現実との闘いが学習になっている点で、貴重な教訓を私達に示していると思われます。

公民館活動の対象と依拠する部分について

徳永氏は論文「公民館活動の可能性と限界」の中で「……つまり主婦や零細企業に働く青年が公民館活動の主たる対象であって一向に差支えない……公民館活動の主たる対象はあえて『新中間層』にあると割切って考えた方がよさそうである」といっています。確かに現在全国的に見ても公民館の主たる対象は青年と婦人です。いやむしろ婦人のみと言った方がいいくらいの状況だと思います。しかしこれは結果的に婦人になってしまったということであり、成人男子には公民館は用はないということではないはずです。徳永氏は「青年や男子成人が公民館活動に参加し得なくなった社会的必然性がある以上……地域に残っている層を確実につかむことの方が大切であると考えたい。」といっています。結局、公民館が組織労働者の学習と直接関係し合った事実もないし、また、地域社会は生産の現場とはちがった意味をもつものであるから、さらに、青年や男子成人が公民館に来られなくなった社会的必然性があるのだから、残った者をつかめばよい、ということになります。これは若干消極的ではないかと思います。成年男子や青年が公民館に来なくなったことは事実ですし、それには諸々の原因があると思いますが、その原因の一端を作ったのもまた公民館の側にあったのではないでしょうか。行政の行う社会教育が青年の自主性と要求を取りあげず、青年を或る一つの型にはめこもうとしたために、自らの要求と生き方を求める青年はいまは公民館の外で学習し、運動しています。それは労働組合の学習会や種々の青年団体の学習会などに見られると思います。また成人男性が集まらないのも生産の現場と地域がちがうからということだけではなく、男子成人が公民館に来るような内容―彼らの要求するものが公民館では実現されないという観念があるし、その観念を長い間の公民館活動はつくりあげてきたからではないでしょうか。例えば新しい道路が建設されたり、区画整理などで立退きなどが問題になる場合、これらは主婦だけの問題ではなく、当然そこに住む男子成人の問題であります。このような問題は生活そのものが問題になっているものだと思います。男子成人は生産の現場で組合活動や学習活動をやればよいということではなく、地域―家庭―に帰ってもそこには生活の問題があるのが現実だと思います。実際の問題としても地域でも学習と運動に参加している男子成人がいると思います。課題は彼らが公民館を活用していないこと―公民館が彼らに門戸を開放していないことであり、また地域の運動や学習に参加していない男子成人が公民館の学級や講座にも参加していないということです。実現させるためには方法の問題としてさまざまな困難な問題があることは考えられますが（浦和市の場合殆ど公民館の活動に参加していないし、地域で運動や学習に参加している人には公民館が開放されていない）基本的な考え方の問題として男子成人も当然主たる公民館活動の対象であると思います。また子どもの問題についても公民館として再度考えてみる必要があると思います。

　徳永氏の論文では対象を「新中間層」に求めるといっていますが（この「新中間層」の概念があまり明確には述べられておりませんが、文脈から判断すれば主婦や零細企業に働く青年ということでしょう）地域において主婦や零細企業に働く青年は最も矛盾をかかえた存在といえましょう。その意見ではこの「新中間層」ということは理解できます。しかし、男子成人も子どもたちも地域において大きな矛盾をかかえた存在であることも見のがすことはできないと思います。

また芦原同和教育講座の経験から「生活現実の最底辺は部落である。この部落に依拠して公民館活動を進めたとき、はじめて日本の現実をどうするかということを考えなければならなかった」という教訓が出されています。この公民館活動が依拠する部分ということは、社会教育を考える上で非常に大切なことだと思います。地域住民のどの部分の要求をどのように実現していくかという公民館主事自身の立場と姿勢に関わる問題だからです。国立市の市民大学セミナーの場合、この生活現実の最底辺に依拠するということについてどう考えているのか教えていただきたいと思います。

カリキュラム編成権について

「市民大学の構想と実際」に於いて徳永氏は、公民館主事をカリキュラム編成者として位置づけています。現実に全国殆どの公民館では主事あるいは教育委員会事務局員職員がカリキュラムを編成しています。ここで徳永氏の言わんとする所は、その主事の質―すなわち主事が住民の切実な要求を充分につかむことができ、それを学習内容にまで編成しうる力量（専門的力量）があるかどうかが問題なのでしょう。しかし、公民館の主事が全面的にカリキュラムを編成するとすれば、それは結局住民の学習要求の大切な部分に主事が解答を出すことになるでしょう。カリキュラムを編成することが住民自身の学習の一部分であり、学習要求の中味の一部分であると考える事が必要だと思います。私達が求める働く国民のための社会教育とはあくまでも働く国民の自己教育運動としての教育であり、ここでは住民の学習要求に対する解答は住民自身が出すものだと思います。従って地域住民が自らの学習要求をどこまで公民館という施設を利用して実現するかということだと思います。住民が自らの学習要求を掘り起し、学習内容を編成し、学習活動を実施すること、この過程で公民館主事は施設を開放し、学習活動に側面から援助することではないかと思います。その側面から援助するときに確かに主事の専門的力量やカリキュラムについての意見が有効に行われる必要があります。徳永氏の言うように「近代史や憲法の学習なら何とかできるが文学はわからない」という主事ではなく「あらゆる触覚を働かせて、貪欲に研究努力する社会的責任」はあります。しかし、その社会的責任とは、主事が住民の学習要求の答えを出す（カリキュラムを主事自身が作る）という責任ではなく、住民の学習要求が住民自身の手によって実現されるための側面からの援助としての社会的責任であると思います。地域住民にカリキュラム編成権がゆだねられるということは、社会教育が地域住民の生活を自らの力で変革するという視点に立てば当然のことであり、公民館が住民の生活を変えてやるのではないということだと思います。

おわりに

徳永氏は「公民館の可能性と限界」の中で「こういう考え（市民大学セミナーの構想）とは別に、むしろ地域開発がもたらしている深刻な問題とか、地方自治体におけるさまざまな問題に直接ぶつかり、それらの問題を解決しようとする学習と運動の中でこそ、新しい人間像が期待できるのだという有力な考え方がある。しかし私はそれらを二律背反的ではなく、相互補完的なものと考えた上で、公教育としての公民館の仕事としては、なお講座の方を主とみたい。いいかえれば、それらの実践的な課題を組み入れた講座内容の編成と実施こそ公民館の主体的事業であると考えたいのである」といっています。

この文章から判断すれば氏は、現実の課題を解決しようとする実践と学習の中で主体の変革が行なわれる、ということを完全に否定しているのではないと思います。むしろ実践的な課題を組み入れた講座内容の編成と実施こそが公民館の主体事業であると言っています。

同じ論文の中で氏は、「公民館の役割はあくまでも学習内容の編成者、学習活動の組織者としての立場を堅持すべきであって、それ以上のことは公民館活動をこえた市民自身の問題として区別すべきである」とも言っています。大衆運動と公民館講座が相互補完的的関係であることを認め、その上でなお実践は市民のもの、学習は公民館のものと区別するのはなぜでしょうか。氏は自ら公民館の活動に限界をつくっているのではないでしょうか。

実際の問題として、主体の変革は運動と学習の中で行われるということを否定してはいないのですから、公民館を中心に主体の変革にせまる活動は、実践的側面も当然入ってくるものだと思います。氏の言う「目ざす人間像」は実践と学習の中でしか達成されないのではないでしょうか。むしろその両側面を広義の意味で「学習」と呼んだ方が良いように思われますし、公民館の仕事はこの広義の意味の学習の実践ではないでしょうか。

ともかく、私達の討論の中での疑問点を率直に述べてみました。充分に表現できないところや、解釈の仕方に誤りなどもあると思います。読者の皆さんの率直なご意見やご批判をお聞かせください。

最後に国立公民館の皆さんへ一言。

市民大学セミナーの受講生と市民文化会議との関係や受講生がどのように変っていっているかという点について（勿論簡単に結論が出される問題ではないと思いますが）報告のようなものを月刊社会教育誌上に出していただけないでしょうか。

私のくにたち公民館

公民館活動と私たちの変革

山崎愛子

原題――私のくにたち公民館―公民館活動と私たちの変革―
掲載誌――『月刊社会教育』国十社、一九六九年九月

はじめに

私は、国立公民館主催の市民大学セミナーに参加した受講生の一人です。「月刊社会教育」三月号（No. 136）に、浦和市社会教育研究会の方が『国立市民大学セミナーについて』の中で『受講生がどのように変って行っているのかと云う点についての報告』を求めていられるのを拝見し、私たちのグループのささやかなあゆみを、ありのままに書いてみよう

と思い立ちました。

いささかのご参考になれば幸せですし、また、これを書くことによって、現在私たちが考えていることを整理し、研究会の方の提起された「市民大学セミナー」についての問題点についても考えてみたいと思います。

なお、これはどこまでも受講生の中の一グループの視点であり、国立公民館としての意見ではないことをお断りしておきます。

公民館との出あい

二年前の夏、私は国立に引越して来たばかりでした。テラスに積み上げられた引っ越し荷物の上に、何時の間にか配られた「公民館だより」を見つけ「文教地区に引越してきたんだなあ」という新鮮な感動を覚えました。

そのちょっとはずんだ気持が、いつになく私を行動的にして、「公民館だより」に「おさそい」が載って居た「市民大学セミナー」に参加させることになったのだと思います。

当時の私は、全く、ふっきれない、憂うつな気持で暮らしておりました。

戦後十年程、積極的に活動して居た時期もありましたが、その後の十年は病気で家に引きこもり、健康を取り戻した現在、埋没し切ってしまった家庭の中で、どう自分を取り戻していいか方向が定まらぬ時期でした。

地域活動には何の興味もなく、むしろ自分の時間をおびやかすものとして、敬遠して居りました。

ですから「市民大学セミナー」に申し込んだのも知的興味以外の何ものでもなく、たいした期待もせず「日本近代史」と「婦人の戦後史」の講義に出席しましたが、これが第一回から意外に面白く、隔週の学習の日が待たれる様になりました。

「女性史ゼミ」のこと

はじめに「婦人の戦後史」のグループのあゆみを、たどってみたいと思います。私達は、その方が呼びいいので「女性史ゼミ」と云う名で呼んで居りますが、このゼミの学習内容については「月刊社会教育」一九六七年一二月号に、講師の室俊司氏がくわしく紹介して居られます。

簡単に申しますと、明治以来の近代日本のあゆみを女性史の側面から理論的に学ぶのと同時に、それぞれの時代の女性の生き方を内面から実感してとらえる為、それに適当な文学作品を読んで行きます。戦後に重点が置かれておりますので、それは私達が現実に生きた時代と重なります。セミナーの積み重ねの中で、自然に自分の内面を掘り起こして行き、自分は歴史にどうかかわって生きてきたか、これから、どう生きるべきかを考える—ということだと思います。

この試みは大変成功したようでした。それは、グループの構成員の、年令や経験、人生観などに、バラエティーがあったのも原因の一つです。

年齢的には三十才～四十才六人、五十才一人というグループです。

三十才前半の四人は全員団地住い。内、二人は子無し。他の二人は幼稚園から小学校高学年までの子供が二人づつ。夫達は揃って大企業の仕事熱心な中堅社員です。

結婚前小学校教師をしていた一人だけが安保の頃の組合活動の経験者、他の三人は組合活動とも市民運動とも無縁です。

五十一才のYは、紡績工、農家の嫁、夫の戦死後一児を連れて、現在の工場労働者の夫と再婚、中学生から独立して結婚した息子迄四人の子持ち。何事にも一家言の持主です。

四十才に近いRは、自分の主義として子供を持たず、夫と離婚を前提として別居中、これからの自分の仕事を確立しようと模索中。

私は、大学生の娘と、フリーの技術者という不安定な職業の夫を持ち、何時も火の車の家計をまわし続ける主婦。

ゼミは第一回から、波瀾ぎみでした。

「女も職業を！」というRに対してYは「女は子供を生み育てるだけで充分。その上外に出るなんて、とんでもない。国家は母親の価値を認めるべきだ」と主張し「まあ働きたい人は結婚しないのが一番ですね」といい放ちます。私も「現在の日本の社会は、当分変りそうもないから、現状では、女が何かを知ることは不幸につながる。みんなは不幸になる為に、ここにやって来て居るのだ」等とキザなことを云って居りました。

青年らしい理想主義的な家庭像を持つ講師は、ともすれば脱線しそうな分子を含むグループに最初は少し戸惑われたようでした。

しかし、この多少の緊張感は、かえって活気を生み、講師の全力投球の講座が回を重ねるに従って、それなりのアンサンブルが生まれて来ました。

自分の生活実態から発言出来る講座内容でしたので討論はいつも活発でした。

初めは、ていさいをつくろって居た人が、だんだん率直に自己を語るようになって来るとみなに共通の特徴があることがはっきりして来ました。

それは、家庭の主婦の座におさまり切れない焦燥感の持主だということです。

六カ月のゼミが終って、しめくくりの座談会のときには、誰もが、現在の自分のテーマとして「女性の自立と家庭の幸福」を出して来ました。

このことは始めから自覚して居た人ばかりではありませんから、セミナーの持って行きようによっては、ちがう結論が出たかもしれません。しかし、このセミナーの掘りあてたものが、私達の中にある最も本質的なものであることは確かです。

Sは「知らなければよかったような気もする。だが、もう後へは戻れない」と表現して居ります。

全員のもう一つのテーマは「歴史の中に主体的に生きるには、どうしたら良いか」と云うこと。

もちろん、簡単に答が出るものではありません。しかし大きな方向がわかっただけに、実践のメドがつかめず混迷の中に居るというのが、この時期の実感だったと思います。

彼女たちの変化とともに家庭の中にも微妙な変化が起って来ました。

もと小学校教員のTは「第一線に出るのが厭で、亭主の後にかくれて居たかったのにチョイと亭主の前に出てしまった感じ。でも自分の後にツナがついて居て『動くのはツナの範囲内だぞ』と云われているような気がします。そのツナを切りたいような、切りたくないような……」

Sは「国防教育反対の署名運動をはじめたが主人には云ってないんです」

Sのご主人は、公民館へ行くようになって赤くなったと云い、そのことで度々トラブルが起こって居るようすでした。

A「うちでは政治の話は、ある程度タブーなんです。いい人なんだけれど……」

戦後派の三十台前半の主婦たちも、結婚の動機は、云い合わせたように「頼れる人だったから」というのは興味あることです。

精神的にも、大もとの所ではご主人に頼って生きてきた彼女達にとって、急に支えがはずれてしまった状態は耐えがたいものだったようです。思想的な面でも自分をリードするようになって欲しいという、依頼心の変形であるヤッカチな心情がよけいトラブルに拍車をかけた面もあります。

私は「ほらね、だから私、不幸になるってはじめにいったでしょう」と傍観者のような顔をして冷やかしました。そういう私自身、皆ほどめざましくはないけれど変ってきました。

学ぶことの楽しさが日常生活に影響して、防禦的な姿勢が、積極的に変ってきたようです。

つまり、何となく元気が出て来たということろです。

年表づくりのこと

こんな風にして所定の講座を終り、後はセミナーの記録を作るために自主的な集りを持つことになりました。始めの予定では三~四ヵ月で編集を終るはずでしたのに、それが一年半も延々と続けられることになってしまいました。

こんなことになったもとは、記録の終りに年表をつけたいと思いついたからです。

テキストの小説の主人公達の年表を作り、それを現実の歴史の年表の中に位置づけてみたいという軽い気持で作業を始めましたが、作って居る中に、だんだん欲が出て、現在は第三稿が進行中です。

今になってふり返ってみますと、この一年半の持続的な作業が、セミナーで得た問題意識を多少でも現実の中に定着させる為に、どうしても必要な時間だったと思います。

年表作りそのものは、如何に私達が歴史を知らないかを確認するための作業のようでした。

そして、作業の合間に、私達は相かわらず、よくしゃべりました。

社会情勢も、この一年半の間に急激に動き始めましたし、みんなの家庭もゆれ動いて居るから、しゃべる種は、いくらでもあるわけです。しかし年表が目の前にある為、井戸端会議的に拡散することなく、最後には本質的な所に戻ることができたのは幸でした。

それは玉ねぎの皮をむくように、一皮ずつ自分たちの古い表皮をはぎ落してゆく過程でした。次第に私たちの物を見る基準が「どちらがより自由か」という言葉に集約されるようになって来ました。

夏には五日市に子どもづれの合宿、暮には忘年会を兼ねた座談会と集中的におしゃべりをする機会も設けました。

これには、室講師も、徳永主事も、会費ワリカンで参加されました。

自主的にやって居るとはいえ、やはり公民館の有形無形のバックアップのもとに成り立って居た集りです。記録の発行を一年半もおくらせて、結果だけをいえば、たいしたものになりそうに無い年表を作って居られたのも、徳永主事の私達に対する理解が無ければ不可能なことでした。

やがて、目に見える変化も現われ始めました。

ツナ論のTは、奥さんが働くことに反対のご主人を説得して、東京都の小学校教員の資格を取り、今年の四月から就職しました。

民主的な有名校からの誘いを断り、農村地帯の学校を志望して行きました。

みなの家庭も、それぞれの努力が実って、ちがった形の落ちつきを見せてきました。

公民館を敵視して居たSのご主人は「日本近代史セミナー」のグループが作った経済史の勉強会に参加することになりました。

ジャーナリストであるOのご主人は、相かわらず口では奥さんをこきおろしながらも、今まで全く無関心だった組合活動に興味を持つようになり、組合の役員を引受けました。

そのほか、子どもの居る人はPTAの積極的な働き手になり、団地のサークルの中心になって行きました。

こう並べてみますと、如何にも調子よく「めでたしめでたし」という風にきこえるかもしれませんが、これは完了ではなく一つの過程であって、矛盾が解消したわけでは、もちろんありません。

就職したTにしても、就職祝の席で「心配で心配でたまらない。新卒の時のような、はり切った気持には、どうしてもなれない」と青い顔をしていました。でも、そんなTだからこそ、今度は挫折する事なく、ねばり強い良い先生になるだろうという気がします。

Rは、ご主人とはっきり離婚する決意をしてから、ものを書く仕事を確立して行きつつあります。

彼女の場合はセミナーの奥さん達の常識性、おていさいを論破する役割を果して来ましたが、それは同時に、彼女自身への自戒の言葉であり、彼女を行動にかりたてる掛け声でもあるという相関関係を持って居ます。

彼女がある日、年表作りの席上に「アサヒ・グラフ」を持って現われ、目をそむけたくなるひどい火傷の写真をみせました。

東大事件の時、機動隊の使ったガス銃による火傷です。

この写真が、私達に次の行動を起こさせるきっかけとなりました。

その頃「日本近代史」セミナーの中の数人は、大学問題に関心を持ち、本を読んだり講演をききに行ったりする一方、自分の目で確かめたいと、東大構内に行って、立て看板を片はしから読んで歩いて、彼らの主張を知ろうと努めました。

この二つのグループが一しょになってガス銃について、もっとくわしく知る為の勉強会をひらきました。

東大の研究室で催涙ガスの毒性についての動物実験を続けて居る女性の科学者が淡々と語る内容を聞いて、私達は催涙ガスと呼ばれて居る「毒ガス」の恐ろしい性質を知りました。そして、こういう非人間的な国家権力の暴力を、もっと多くの人に知ってもらいたいと思うようになりました。

「近代史」ゼミのこと

「日本近代史」のセミナーは「女性史」とはちがった成長の過程をたどりました。

夜のセミナーの為、男性も多く、職業も年令も多岐にわたる二十名のグループで発足しました。ゼミの性質上、人生体験だけではどうにもならず、発言する為には、どうしてもある程度の知識が必要ですので、最初の中は、あまり話し合いはかみ合いませんでした。

しかし、市民だからといって手心を加えない講師の切れ味の良い講義にひかれて、とにかく追いついて行こうと、みなせいーぱいの努力をしたのが最初の段階です。戦前の教育を受けた人はもとより、大学に在学中の若者も、断片的な知識としての歴史は知って居ても、一貫した歴史の流れについての無知は驚くばかりです。

各々が講師から与えられた課題、例えば自由民権運動なら「その担い手は誰か」「民権と国権との関係」等を曲りなりにも自分でまとめ、報告する中に、歴史というものを徐々に自分のものにして行きました。

第一次、第二次と二回の公民館主催のセミナーを経て、現在は自主サークル「経済史ゼミ」が同じ講師のもとに進行中です。自主ゼミにまで生き残ったメンバーは一人の男性を除いて全部主婦です。

歴史への興味が深まるにつれて「何をなすべきか？」が切実な問題となって来ました。

まず動き出してみた

考えて居てもキリがない。ガス銃のスライドをみんなに見せたいのなら、それ一つだけでいいからやってみようということになり、羽仁五郎氏の講演とガス銃による火傷のスライドをみる集会を開くことになりました。（何故、羽仁五郎氏を講師に選んだかは理由があるのですが、長くなるので省略します）

公民館の他の講座に出席して居た数名の主婦も参加して、誰が指導者でもないグループが出来上りました。

名前が無いと不便なので「大学問題を考える主婦の会」としましたが、組織として後に残すつもりはありませんでした。

会場には一橋大学の兼松講堂を借りたいということから一橋大学のべ平連の人達と共催することになりました。名目的な共催ではなく、何から何まで相談して一しょに行動しましたが、世代による断絶感を感じることもなく、楽しく仕事を進めることが出来ました。

そんな悠長なことをやって居たら三百人も集まらないぞとハッパをかけられたり、逆に私達を戦闘集団と勘違いしたらしい市の職員組合が非協力を呼びかけるキャンペーンをおこしたりという一幕もありましたが、どこまでも私達のペースで既成の組織にたよらず、手工業的な動員活動の結果、五月中旬の講演会の当日には千四百名の入場者があり、私達の目標は一応達せられました。

そして現在

この集会の聴衆の中から、数人の主婦が今後の働き手として加わって来ました。

その新しい仲間もまじえて、大学問題についてその後二度の研究会を持ちました。

私たちが、あたかも免罪符のように押し出して居る「市民」とは何だろうというつっこんだ疑問も出て、今は次の行動への手がかりを模索中です。

そんなわけで、残すつもりのなかった「大学問題を考える主婦の会」は実体として残りました。

学生との連帯も続いて居ります。一橋大学は今全学ストライキ中ですが、正直すぎて少し頼りない位だった私達の仲間の人達が、中心的な働き手になっているようです。

六・一五のデモの日には、彼等の呼びかけに応じて、主婦も、学生の列の中に加わりました。研究会等も出来るだけ交流し合うようにして居ります。

この大学問題の集会を開く頃から、私達は公民館から離れて一人歩きを始めたわけです。

「近代史ゼミ」の講師は一橋大学の先生ですが、大学問題についての考え方は、私達とはちがいます。しかし、それはかまわないと私達は思って居ります。ゼミの若い主婦は「今までも先生を、市民を馬鹿にしない良い先生と思って居た。だが教えられるものとして無意識にへり下ってしまうものが自分の中にあった。だが、今度の大学問題について先生とはちがう立場を自分の考えでえらんだ。今はじめて対等の人間として先生とむき合えるような気がする」といって居ります。

逆説的にきこえるかもしれませんが、公民館の手を離れて動いてみて、はじめて国立公民館が「私の国立公民館」になりました。

公民館の講座に対する希望もチラホラ出はじめ、これからは自立しながら、公民館と有機的につながって行けるのではないかと思います。

結論ふうにまとめてみると

以上のような経過の中で、現在の私達の得た結論のようなものを、浦和市の研究会の方が提起された問題に即してまとめてみたいと思います。

=公民館活動の実践的な側面について=

私たちは国立公民館の現在のあり方に満足して居ります。公民館は実践できるような人間の下地を作るのが仕事で、実践の面では側面的な援助にとどめ、市民の自主性にまかせてほしいというのが私達の希望です。

その理由は公民館は地方自治体の予算でまかなわれている公的機関であるからです。

そこに自から公民館の限界がありますし、また仮にその点では問題点が無いとしても、公民館職員が指導することによって市民の自主性が損なわれることを恐れます。

公民館職員が市民運動に加わる場合は、一市民として、平等の仲間として参加して欲しいと思います。それならおおいに歓迎したいと思います。

＝教養が主体の変革に迫る学習であろうか＝

＝社会教育は将来に対する常備軍を作ることで果してよいのか＝

『一般的・常識的にみて、切実な要求とは、現在問題となっていることであり、住民自身がすぐにでも解決したいと思って居る生活の中の問題ではないでしょうか……』現実の生活をどう変革するかという点から出発した例として北九州市の公害問題に対する学習をあげて居られます。

私達は「住民の持つ切実な要求」の中には、今すぐ権力機関にかけあいに行けるようなものもあるし、永い歴史の中で解決しなければならないものもあると考えます。

どちらがより重要であるという風に計ることのできない、一人の人間の中にからみ合って存在しているものだと思います。ですから、学習はどういう所から出発してもいいのではないでしょうか。

現代に生きる人間にとっては、具体的な形を持った欲求より、もっと漠然とした、言葉になりにくい気分のようなものの中に、より本質的な問題が含まれて居る場合が多いと思います。無理に言葉にしてみれば「失われた人間性の回復」というようなことになると思います。

これは、ひまをもてあまして居る人間が抱く感情ではなく、私自身がそうでしたし、非行少年たとえば連続ピストル事件の永山少年等も持って居たと思います。誰でも抱いているそういう根源的な問いに応えてくれる公民館であって欲しいと思います。

=将来の常備軍=の「将来」についても無数の巾のある時間を考えることが出来ます。

徳永氏も「何か事が起ったら」という表現を使っていますが、その「何か」は時間的には「今、現在」から「遠い将来」まで内容的には「ゴミの手数料」のことから「安保」「大学問題」「革命」までを含んだ、あらゆる事象を指して居ると思います。

そういう変化に対して、自分の考えで行動できる人間をつくるという事だと思います。

=主たる対象について=

現代の社会の中で、一番孤独な存在は、主婦と零細企業に働く青年です。対象をしぼるとしたら、この二つにしぼるのは妥当なところではないでしょうか。それから主婦を変革することは家庭を変革することにつながり、夫や子供達にも大きな影響を与えます。

また国立のようなベッド・タウンでは市政や市民運動の担い手としての主婦をつくり出すという意味も見落とせないと思います。

=カリキュラムの編成権について=

私達は、やっと自分たちのカリキュラムについて自分で考える事を始めたばかりです。ですからこの問題は「これからの事」でまだよくわかりません。ただ、公民館側の編成権を全く否定するのではなく、ともに自主性を保ちながら、よりよい方法をみつけて行きたいと思います。時には火花が散ることがあっても、それを止揚して行けるような関係でありたいと思いますが、すでに実践して居られる地域のお話が伺えたら幸いです。

＝カリキュラムについての私達の希望＝

公民館の学習は、どういう面から入ってもいいわけですから、そのカリキュラムが多彩なほど、いろいろな欲求を持つ人々をあつめられるわけです。しかし、一番中心になるカリキュラムは歴史教育であってほしいというのが私達の希望です。

「自分自身が変わったのは歴史を知ったせい」とグループの全員が申します。

そういえば日本に正しい歴史教育が存在したことは一度も無かったわけです。

啓蒙的入門書を読むという程度を越えた質の高い歴史教育を、全国の公民館で行なえたら、大変素晴らしいと思います。

なお、私たちのささやかな歩みにしても、偶然、持続的な学習を二年間持てたということが土台になって居りますので、学習の期間は最低二年ぐらい継続できるよう企画してもらいたい、と思います。

自主グループの「経済史」ゼミは八月で一応の予定を終り、次は「民衆思想史」を予定しております。

こういう継続的な学習が自主サークルまかせでなく、長期的な展望に立って公民館のカリキュラムとして組めるようになれば、そのとき公民館は民衆の為の「私の大学」として機能しはじめるのではないでしょうか。

11　市民大学セミナー「女性の戦後史」あとがき

原題――あとがき
掲載誌――「市民大学セミナーの記録」国立市公民館、一九六七年七月〜一九七〇年二月

この記録は四二年度（一九六七）に行われた市民大学セミナー「戦後二十年と婦人の歩み」（四十二・七・二六―四三・二・七）の実際の学習の経過と、その後約二年間にわたる参加者たちの歩みと変化の姿を合せてできあがったものです。

市民大学セミナーは、もともと、受身で聴く講義ではなく、参加者一人一人が講師の適切な指導をえながら、積極的に調べ、討論していくことによって、他ならぬ自分自身の考えを深め、主体的判断力を確かなものにしていくことをねらいとして企画され、すでに四十一年度から、文学、歴史、経済、教育、政治、哲学、文化など、多くの分野で実施されてきたものです。

それらの記録も既にいくつかできていますが、この「戦後二十年と婦人の歩み」は、それこそ、市民大学セミナーの趣旨が見事に実を結んだ例といえるでしょう。

まったく非常に面白い、考えさせるところの多い記録ができあがり、嬉しい限りです。

その理由については、いくつものことが考えられます。

第一に、学習計画が大変内容豊かで、学習者の意欲をそそるものであったこと。

第二に、適切な講師の指導があったこと。

第三には、参加者の人数が手頃で、しかもそこに集ったメンバーがそれぞれに個性的で面白いチームワークができたこと。

学習計画は何といっても一番の基本であり、これによって参加者があつまり、具体的に学習が進行し、展開していくわけですから、その内容が魅力的であるかどうか、学習者の意欲を呼びおこし、認識力や判断力を深め、変えていけるようなものであるかどうかが、ゼミナールを成功させるための決め手であるわけです。

その点、五つの大きな学習テーマに即して、文学作品が選ばれ、その文学作品から受けた感動や実感を歴史的に論理づける講義内容があり、さらにそれを補う意味で参考資料が示されている、というように編成された学習内容は、参加した婦人たちにとって極めて適切であり、容易にとけこむことのできたものといえます。まさに、室講師の会心の作といえましょう。

従って、ゼミナールのねらいとした
一、戦後二十年の自分をふりかえって考える。
二、これからの生き方や活動をつきつめて考える。
三、講師中心のものでなく、参加者自身が積極的に作業をする。
という三つの基本要素が、形式的にではなく実質的に、また大した抵抗も負担もなく、一人一人のものになっていったのだと思います。

さらにいえば、別に行われていた文学ゼミや歴史ゼミなどに大部分の人が参加していたことも、いろいろの意味で、このゼミの進行を円滑にし、内容をもりあげていくのに役立ったにちがいないと思います。

しかし、このグループの面白さ或いは真価は、むしろ、このようにして約七ヶ月の学習過程をおえた後の独自の歩みにあると思います。

それは、具体的には二年間にわたる「年表づくり」の作業であったわけですが、その時期が丁度大学紛争の最中というタイミングもあって、メンバーの大部分が主体的に大学問題を自分の問題として受けとめ、実際の活動にも参加していったことに伺い知ることができます。

普通の主婦なら、或いはこのゼミに参加していなかったなら、自分には直接関係のない出来事として見過ごしてしまったであろう大学問題を、まさに現代に生きる自分の問題として受けとめざるをえないとした彼女たちの歴史意識、それはもともと彼女たちの中に潜在していたのかもしれないけれど、はっきりした自覚として、態度としてあらわれてきたことは、私からみても、まさに目をみはるべき変化だったのです。しかも、彼女たちの追求は、それを単にひとつの社会的問題としてとらえるのではなく、自分の内面の問題とも深くかかわっているものとしてとらえ、まさしく自分の生き方の問題として考え合い、追求しているところに、すばらしさがあります。

何故そのようになったのか、その歩みや理由については、記録の中にくわしく述べられている通りです。

このセミナーに世話役として関係した私のいまの実感は、正直なところ、このセミナーに参加したメンバーは全体として、私や私たち職員の期待或いは守備範囲をはるかにこえた所へ歩み出してしまったのではないかということです。そのことは、大変すばらしいことである反面、職員の怠慢、意識の低さなど鋭く指摘されていることでもあるのだ、と思います。また、そのようなことは、このグループに限ったことではなく、住民大衆のエネルギーはそれほどにすばらしいものであり、可能性を秘めたものであることを信じ、認めなければならない、そのような前提に立たねばならない、と私には強く感じられるのです。

それにつけても、家庭の主婦だからとか、住込み店員だからというように、一段低い所で学習編成を発想する傾きの強い社会教育職員の姿勢や、さらにいえば、大衆をいつも啓蒙の対象か政治的次元でしかみることのできない既成革新政党の意識の低劣さを、ここでもまた思い知らされます。

問題は、そのようにすばらしい可能性やエネルギーを秘めた住民大衆（学習主体）が抱いているであろう思いや実感を確かな歴史意識にまで自覚させ、主体的実践力にまで成長させるために、他ならぬ私たち職員がどれほどに役立ちうるかということです。

その意味で、この記録は、私に対し、私たち社会教育を職務とする人間に対し、きびしい問題提起の内容をもっています。

住民のもつ切実な要求をどのような具体的学習内容に編成し、どのような長期的見通しの中で、学習実践をなしうるか。

この問いに対して、山崎愛子さんはおよそ次のように問題を提起しています。

一、「住民のもつ切実な要求」とは、いますぐ権力機関にかけあいに行けるようなものもあるし、永い歴史の中で解決しなければならないものもあると考える。どちらがより重要であるというふうに計ることのできない、一人の人間の中にからみあって存在しているものだと思う。だから、だれでもが抱いている、そういう根源的な問いに応えてくれる公民館であって欲しい。

二、「自分たちが変ったのは歴史を知ったせいだ」から、一番中心になるカリキュラムは歴史教育であって欲しい。
三、学習の期間は最低二年ぐらい継続して企画してもらいたい。
四、こういう継続的学習が自主サークルまかせではなく、長期的な展望に立って、公民館のカリキュラムとして組めるようになれば、そのとき公民館は民衆のための「私の大学」として機能するのではないか。

この問題提起は、私の知るかぎり、日本の社会教育実践の中で、或いは社会教育理論の中で、最も重要で、急所をついたものだと思います。ですから、この問題提起に的確に応えていくことが私どもにとっての最大の課題になるわけです。

しかし、残念なことに、職員も学者も立ち遅れています。

そして、現在の日本の社会教育行政の中ではしめつけが厳しく、その条件もないというのが支配的状況です。けれども、それは住民にとってだって同じことですから、そんなことを言訳けしていてもはじまらないのだと思います。

いま置かれた状況の中で、まず自分こそ、自分から頑張らなければいけない、そう強く感じます。自分を棚にあげた、一見進歩的、啓蒙的学習や活動、そういうものとは一切手を切るべきだと考えます。

この記録は、参加者の静かなたたかいの記録であり、明日への歩み出しの貴重な踏み台ともいえるものでしょうが、私どもにとってはいますぐにも答えねばならぬきびしい挑戦状でもあるのです。

私どもは、まず自分が一歩前進することを努力しつつ、国民大衆の真の、切なるねがいに、大いに、いや少しでも役に立つ仕事をめざさなければなりません。

この記録の出現に心からの拍手を送る次第です。

（市民大学セミナー「戦後二十年と婦人の歩み」の学習プログラムについては、第2章6　二一〇頁を参照。）

12 「富士見台婦人教室」の成果と反省

原題――1年間の成果と反省
掲載誌――『あしあと―富士見台婦人教室の記録』国立市公民館、一九六七年四月

時間のたつのは早いものです。しかし、何もしない一年間は全く空虚なものですが、何か一生懸命につづけた一年間は、それなりの嬉しい充実感があるのではないでしょうか。

富士見台婦人教室の一年間を終えたいま、いろいろ不充分なことへの反省はあるにしても、一年前と現在とでは大変な発展があったと、担当者の私は少なからず満足しております。

三九名の参加者が最後には一二、三名に減ってしまいましたけれど、既に二つのグループ（文学作品を読む会・生活記録のグループ）が自主的に生まれておりますし、公民館の他の講座や催しの中へも積極的に参加する人たちが幾人も出てきていることは、それだけでも婦人教室の当初のねらいが実をむすんだものと嬉しく思います。

私はこの教室の担当者、世話役として一年間おつき合いさせていただいたわけですが、国立の社会教育には長いとはいえ、新しい団地の人たちとは全く初めての接触でありましたので、正直なところ、いつにない胸のときめきと、どうなることやらといった不安も感じておりました。

その意味で、広くなった社会教育の未知な面に接し、私もいろいろ勉強させてもらったことは、大変有難かっ

たと思います。以下、感じたことのいくつか、その成果と反省点を、私なりに整理しておきたいと考えます。

（1）富士見台団地の出現は国立町にとって、まさに画期的なものでした。それは、具体的には緑の田園が近代的な高層建築に変わり、市制施行への直接の原因にもなったのですが、問題はそこに居住する人たちがどんな思いや考えで、地域社会の中へ参加し、新しい住民としてどんな役割を発揮するようになるのかということです。

特に文教・学園の町として発展してきた伝統をいかに早く理解してもらい、発展させていくことができるかという意味で、初めてむかえた大団地への関心は、いろいろな意味で大きかったのです。

そんなわけで、公民館としては、社会教育の面で、新しい人たちのために、何とか学習と交流の機会を用意したいと考え、公民館運営審議会や第五小学校の先生たちにも相談して、「婦人教室」という試みを企画・実施することになったのです。公民館の限られた職員や予算では一つの婦人教室をもつことが精一杯のことで、その意味でも「富士見台婦人教室」は、単なる「婦人教室」以上の思いがかけられていたといえます。

（2）富士見台婦人教室が単なる婦人教室ではなかった証拠として、特筆しておかなければならないことは、第五小学校との協力関係です。小学校を開設の場所として使う婦人教室は他にもありますが、第五小学校の場合は、ただ教室や集会室を貸してもらっただけでなく、実質的にいろいろの協力が得られたのです。

まず、教室の学習内容について、その企画段階で、校長先生をはじめ全校の先生たちの率直な意見や注文をいただいたことをはじめ、開講後はこれも校長先生をはじめ、多くの先生たちが一緒に聴講され、話し合いに加わってくれたこと。

それは単なる公民館活動への協力ではなく、自分たちの学校づくりにとっても基礎的な仕事であるという意識が、充分とはいえないまでも、かなり学校側にあったという意味で、大変素晴らしいことだと考えます。いってみれば、当り前のようなことですが、実際にはこういう例はほとんどないのです。

第五小学校の新しい学校づくりの息吹きがこんなところにも及んでいたといえるのですが、私はむしろ、社会教育を本当に理解し、それに積極的に協力できる学校教育でない限り、本物の学校教育はありえないというべきだ、とさえ考えるのです。

四二年度はいろいろの都合で、第五小学校での教室は開かれないのですが、こういう関係はさらにさらに発展させていかなければいけないと考える次第です。

（3）さて、婦人教室の申込者は全員で三九名。これは正直いって、私の予想より少ない数だったのですが、他の教室（北部や南部）とほぼ同数であったことからすると、団地だからといって特別視することは間違いだという一つの証拠といえるでしょう。
ただ申込みだけして一度も顔を見せなかった人が四名もいたことの中に、多少流れ者の無責任さを感じないわけではありませんが、逆に一日も休まなかった人が三名もいたのですから、これはまあ、アイコという程度に考えておいてよいでしょう。

（4）参加者がやや少なかったことの反省として、学習内容の組み方の問題があります。企画者側としては、「戦後の日本と私たちの生活」「教育をめぐる諸問題と親の在り方」「地域社会と私たちの役割」といった大きな三つのテーマで、一年間の学習計画を立て、これが最もよいという判断で募集にふみ切ったわけですが、受け手の方の意識としては、「どうもピンとこない」「むずかしすぎる」「近寄りがたい」といった受けとめ方があったのではないかと思われます。
たとえ、希望者が多数あったとしても、定員五〇名で打切るわけですから、あまり気にする必要はないという判断もできますが、しかしもう少し組み方をかえたら、あるいはもっと沢山集まったかもしれないという反省は残るわけです。

それでは、どんな組み方があったかということになりますが、企画者としては、いまのところ別にこれだ！という考えも浮かばず、さりとて料理とか児童心理とかといった問題に焦点をあてる気にはなりませんので、結局大体あれでよかったのではないかと思い直しているのですが、学習の質を下げずにもう少しとっつき易い内容の組み方、或いはちがった形の講座の企画など、今後さらに研究を重ねたい問題です。

（5）学習の日程については、最初の話し合いで、他の婦人教室では見られないような活発な意見が出され、三学期にやる予定の第三のテーマ「地域社会と私たちの役割」を最初に勉強しようということになったのですが、実際には出席率が大変よくなく、第二のテーマ「教育をめぐる諸問題と親の在り方」になって、出席者が多くなったのは、大変考えさせられることでした。

これは、何だかんだといっても、やっぱり子供の教育の問題には一番関心があるのだ（逆にいえば、「子供より親（自分）が大事」という意識が少ないことになる）ということになるし、地域や町の問題には、いざとなるとどうでもいいという気持の人が、多いのではないかと云えるのでしょう。

むろん、これは一般的にいえばそうなることであって、地域の問題などは、自分の住んでいるところに愛着を感じている人ならば、きっと関心が深くなるはずだと思います。

その意味では、学習日程は変更しないで、計画通りに進行させた方がよかったと反省しています。しかし、これは結局、自主性の尊重と指導性との関係という問題で、簡単には割り切れない重要な課題です。ですから、こういう反省ができたことは、結果の如何にかかわらず、貴重な経験だったと考えます。

(6) 次には、教室に参加された人たちの質の問題があります。これは最初から不参加の人たちや、途中から参加されなくなった人たちのことはよくわかりませんので、最後まで残った一二〜一三名の人たちを見ての感想になるわけですが、私は率直にいって、大変自分というものをはっきりもった人たち、自分の意見をはっきり云える人たちではないかと思います。これは他の地域に比べて、かなり目立った点です。(もっとも多少はこの教室の中で変わってきたとも考えたいのですが—。)

それは、ご主人がいわゆるホワイトカラーに属する人が大部分であるというところに一つの理由があり、また団地というあまり人のことを気にしないですむような環境がかなり作用しているのかもしれません。

いずれにしても、ひとりひとり大変立派な、個性的な人たちだと感じたわけですが、いってみればこんなところにも都市化への典型というべき、団地生活の一側面を指摘できるのかもしれません。

しかし、一口に団地といっても、そこには種々雑多な人たちがいわば勝手気侭に住んでいるわけですから、問題はそういう多勢の人たちと今後どのようにして仲間をつくり、広い連帯をつくりだしていくかということになります。

それはなかなか容易なことではありませんので、ともすると、知らず知らずのうちに自分だけが満足し、前進してしまうというおそれがないとはいえません。むろん、自分の意見もない人たちで、すぐれた集団のできるわけもありませんが、ここのところが、最後まで残った人たちにとっての大切な課題ではないかと私は考えるのです。

(7) この婦人教室の一年をふりかえって、書き落とせないものに「婦人教室だより」があります。

「婦人教室だより」は、はじめは担当者の私が皆さんとの連絡を密にし、学習をよりよくすすめるために、取り急いで作成していたものですが、途中からは原稿を教室生の皆さんに分担して書いてもらうことにしました。これは一つには、私の都合が大へん忙しくなったこともありますが、一つには、みなさんにまとめを書いてもらうことによって、学習の深まりをはかる狙いもありました。

多少の抵抗はあったようですが、結果的には、ご覧のように大変立派な「だより」ができました。また、原稿をまとめることによって、他ならぬみなさん自身が、大変よい勉強をされ、多少の自信もついてきたのではないかと思われます。

自分の考えを整理し、深めるために書くということは、大変重要な作業です。そのことの意味を少しでも味わっていただけたことは、私にとっては、まさに一石二鳥の成果であり、毎回たのしい思いでガリ切りをさせていただきました。

（8）最後に、云わずもがなのことかもしれませんが、この教室の一年間は、私たち自身のこれからの学習のほんのキッカケであり、出発点であることを確認しておきたいと思います。

幸い、二つの自主的なグループもでき、他の学習の場に参加する人たちもあって、好ましい形の発展が見られたわけですが、企画者としてはこれからにこそ期待をかけたいと願うのです。

たとえば、上坂冬子さんの意見に対して、堂々たる反論を書き、かつ彼女の認識を改めさせうるような実践をいかにして可能ならしめるか、それはやっぱり、今後の課題であるというべきでしょう。

私もみなさんと共に、一生懸命がんばりたいと思っております。どうかじっくりと一歩一歩、地をふみしめて前に進もうではありませんか。

（一九六六・四・二八（統一選挙投票日に））

※なお、この記録集の名前を「あしあと」としたのは、自分たちの一年間のあゆみのあとをふりかえることによって、これからのあしどりをはっきりさせたい・確かなあしあとを残しながら前進していきたいという思いからです。
これは「何でも書き合うグループ」の名前をきめるときに、みなさんが持ちよった候補の中にあったものですが、この記録集に大変ふさわしいものと判断し、二、三人の人たちとも相談して命名いたしました。

〈付記〉

かつて、くにたちは南部農村地帯と北部文教地区との間に広大な畑地帯があり、そこに団地群が誘致され、富士見台地区として人口が急増し、一九六七年に町から市になった。「富士見台婦人教室」は新たな住民を対象に第五小学校を学習の場として開催され、館長の徳永が担当者として実践した。

昭和41（1966）年度　富士見台婦人教室　学習計画表

学習日	単元	学習テーマ	講師及び助言者
5月25日	開講式		公民館長、五小校長ほか
6月8日	話し合い	これからの学習のために	公民館職員（徳永、辻）
22日		民主的に生きるとはどういうことか	久野収（学習院大学講師）
7月13日	戦後の日本と	戦後の婦人の生活とあゆみ	室俊司（立教大学助教授）

27日	私たちの生活	国民生活と社会保障	吉田秀夫（法政大学講師）
8月10日		世界における日本の在り方と課題	大江志乃夫（東京教育大学助教授）
24日		話し合い	公民館職員（徳永、辻）
9月7日		変動する社会と教育	伊藤昇（津田塾大学教授）
21日		話し合い	公民館職員（徳永、辻）
10月5日	教育をめぐる諸問題と親の在り方	こどもの教育と親や教師の在り方	小川利夫（日本社会事業大学助教授）
19日		進学問題をどう考えるべきか	篠崎五六（教育評論家）
11月2日		教科書問題の意味するもの	山住正己（教育科学研究会員）
16日		ＰＴＡの正しい在り方	吉田昇（お茶の水女子大学教授）
12月7日		婦人の集団活動について	田辺信一（新生活事業センター部長）
21日		話し合い	公民館職員（徳永、辻）
1月11日	地域社会と私たちの役割	国立町の成り立ちと特質	早坂礼吾（国立町教育委員長）
25日		国立町の財政問題	五十嵐力（国立町総務課長補佐）
2月8日		国立町の団体の現状	徳永功（国立町公民館副館長）
22日		地域民主主義と今後の課題	小森武（都政調査会理事長）
3月8日		話し合い	公民館職員（徳永、辻）
22日	閉講式		公民館長、五小校長ほか

第3章

対外活動（全国的活動等）

1 社会教育のとらえなおしへの模索

社全協大会のまとめ

原題――大いなる飛躍へむけて―社会教育のとらえなおしへの模索
掲載誌――『月刊社会教育』国土社、一九七四年十一月号

社会教育のとらえなおしへの模索

一九七四年九月、名古屋でひらかれた第十四回社会教育研究全国集会はいままでにない多数の参加者の下に、内容的にも活気あふれる、素晴らしい集会になった。

以下、集会の三日間をふりかえって、内容を特色づけたものを整理してみよう。

1 参加者の飛躍増大

まず第一に今集会の参加者の総数が八三〇名であった事実をあげなければならない。これは昨年の四〇〇名に比べ倍以上の増加であり、昨年が一昨年の二六〇名にくらべて飛躍的な集会だと評価されたことからすると、まさに大飛躍といわなければならない。

八三〇名の内訳を大別すると、現地五三八名、その他二九二名。また、学生九六名、職員研究者等四四六名、一般二七八名ということになる。

なぜこんなにも多くの人たちが参加したのかの理由については二つのことが考えられる。

その一つは、いうまでもなく、現地実行委員会の長期にわたる、チミツな努力である。現地の参加者が五三八名もあったということは、現地実行委員会がいかに精力的にこの集会にむけて努力したかの直接の証明であるとすることができよう。

第二の理由としては、社全協が全国唯一の連帯の場であり、刺戟と励ましの拠点であるとする思いが次第に強く、全国的に求められてきていることがあげられる。そのことは今回の参加者が北は北海道から南は九州、長崎におよぶ二八都道府県から集まってきたこと、また夜のつどいや速報などでも吐露された参加の感想中にもはっきり伺い知ることができる。

2　現地実行委員会の画期的な努力

この全国集会は、昨年から現地実行委員会が中心となって準備をすすめ、集会の運営を行うというように発展してきたのだが、そして昨年の現地実行委員会は悪条件を克服して、全国集会を飛躍させ、立派な成果をかちえたのだが、今年の現地実行委員会はその経験を受け継ぎ、さらに発展させて、意識的、組織的な努力をつみあげてきたといわなければならない。

それは、現地実行委員会がのべられたように、名古屋で全国集会をひきうけるにあたっては、単なる下請けではなく、現地として独自に、①東海地方の民間活動家、職員、研究者、学生の集結をはかること、②東海地方のすぐれた社会教育実践の検討と掘りおこしをすること、を努力目標としたことに端的に示されている。

その結果、①については月刊社会教育を読む会や社全協愛知支部を生みだし、さらに大学教授、職員、青年運動家、学生、俳優、新体連、学習協などまことに多彩なメンバー六〇余名による現地実行委員会が組織されたのである。②については、月刊社会教育二〇一号の現地特集に収録され、さらに二九篇からなる実践報告集「東海の社会教育実践」がまとめあげられた。ここには十五の分科会のすべてにわたり、さまざまな地域の、さまざまな分野のものが収録されている。このような実践活動の掘りおこしとそのまとめは、今回の集会の飛躍的発展を促した大きな要素ともいうべきものだが、今後の東海の社会教育をさらに発展させていくための原動力としても大きな意味をもちつづけるにちがいない。

3　全国集会らしい規模と内容

参加者の量的飛躍にともなって、その規模、内容がようやく全国集会らしいものになってきたことも今集会の特徴といえる。

いままでの集会ではせいぜい八分科会しかなかったのだが、今年は十五の分科会が設定された。それは実際には現地実行委員会と常任委員会とで検討を重ねて決められたことではあるけれども、そのことはともなおさず国民の学習への要求がそれだけ強くなってきたことの反映であり、それに対して社全協がそれを正当にうけとめるだけの実力をつけてきたことを意味している。ことに、「青年の学習・運動と社会教育」の分科会は名サ連（名古屋サークル連絡協議会）の本拠であって、一三〇名もの参加があったために、三つの分散会が必要になったし、また「団体と社会教育行政」の分科会も「関係団体と補助金」と「ＰＴＡ」の二つの分科会に別れることになり、結局実質的には十八の分科会討議がもたれるにいたった次第である。また、これらの分科会討議が非常に活発に行われ、かつさまざまな新しい課題を提起し、論議の内容がいままでにない前進をみせたことは分科会報告にみられる通りである。

4　研究内容の質的発展

今年の集会をふりかえって、目立った傾向、その内容を大きく特色づけたものとして、次の三つのことがあげられる。

（一）社会教育のとらえなおし

さまざまな方面から社会教育とは一体何なのかとらえなおし、或いはそれと関連して社会教育の領域の拡大が広く住民の側から求められていることが、今回の分科会討議を通じてはっきりした大きな特徴である。その背景にはいうまでもなく、生活を守り、さらに発展させていく諸運動が一つの大きなうねりとしてあり、その中で権利意識の強まり、とりわけ生活権を具体的に、現実に自らのものにしていくための学習活動に対する要求がかってないほど強いものになってきているのではないかと考えられる。

この「社会教育のとらえなおし」について分科会討議で論議されたいくつかの例をあげると—

1　いままでは距離があると感じられ、緊張関係としてとらえられ、いわばすれちがっていた住民運動や民間運動と行政社会教育が今回はじめて出会いを迎え、社会教育イコール敵論だったのが、住民の権利の保障として社会教育をとらえ直していこうとする中で、その協力関係が問題となってきたこと。

2　身体障害者にとってすぐれて教育的な役割をはたしたというモチツキ大会の実践報告を受けて、従来の社会教育ではそんなものは社会教育とはいえないと切り捨てられていく傾向が強かったのだが、今回はそうではなくて、こういう問題をキッカケにして、障害者にとって社会教育とは何かという形で社会教育をもう一度とらえなおしていくことが大切であるという論議が深められたこと。

3 労働者、農民の学習といったときに、いままでは労働者や農民の学習がただ報告されただけだが、今回の分科会討議の中では、労組主催の労働者教育が社会教育行政に一定の要求を出し、また社会教育行政もそれに応えていこうとする姿勢、或いは行政側からも一定の要求をだしていくというように、労働者教育を成人教育の中にはっきりと組みこんでいこうとする方向の論議がほのみえてきたこと。

4 スポーツやレクリエーションはともすると人集めの手段でもあり、前座的役割しかもたないものとして、社会教育の中で取扱われてきたが、そうではなく、スポーツが生まれ出されてきた歴史経過をふまえ、生きるということとスポーツとのかかわりをきちんとしていこう、その意味で社会教育におけるスポーツやレクリエーションのあり方をもう一度とらえなおしていこうとする議論が熱心になされたこと。

5 子どもの成長発達という問題も、学校教育と社会教育を別々に考えるのではなく、地域全体の子どもの成長発達の状況に合わせながら考えていく必要があるのではないか、その方向の中で、社会教育の果す役割は何か、社会教育施設のあるべき姿はどうかが、改めて問い直されてきたこと。

(二) 住民と職員の連帯の模索

社会教育のとらえなおしと深く関係することだが、今回の集会全体を最も大きく特色づけたものは「住民と職員との連帯をどう考えていくか」ということであった。

昨年の大宮集会では、住民の真剣な運動や学習に対して職員は一体何をしているのかとする、いわば「職員総点検」ともいうべき厳しい発言があり、住民と職員の緊張関係が強くクローズアップされたのであった。つまり、いってみれば、住民運動のいきいきした報告をうけた場合、職員の側はいわばそれに圧倒されてしまい、社会教育はまだまだ一歩距離があるのではないかという感じを抱いてきたというのが実状だったし、一方報告をする住民運動の活動家たちも社会教育とは一体何だろうと自分にひきつけて考えるよりも、むしろ離れたところで自分たちの実践の報告を自由にしていたという傾向が強く、したがって、両者の接点が論議になるということはあまりなかったのである。

しかし、今回は名サ連に代表される民間運動の盛んな名古屋の状況も反映して、一般住民の参加が全体の三三・五％と、数の上でも大きな比重をもち、さらに論議の上でも一歩前進して、両者の接点をどう求めていくべきかが全面に出されたほどであった。

たとえば、船橋の母親運動の中では、私にとって社会教育とは一体何かという問いつめがなされ、社会教育は敵視するものではなく、いってみれば人権意識を目ざすといった役割をもっているのだから、そういった意味で、社会教育そのものを母親運動の側から主体的にとらえなおしていこうとする姿勢が出てきたのと同時に、その具体的な保障のためにいろいろ手だてをつくす社会教育専門職員の役割の再評価ということが問題になってきたと発表された。また、同じような例は名古屋からも、練馬からも報告されている。

また、第一全体会でなされた名古屋高速道路反対市民会議の実践報告は非常に迫力があり、格調も高く、まだまだ社会教育なにするものぞという勢いであったけれども、「公害反対運動は学習にはじまり学習におわる」とくりかえされた発言の中に、社会教育の側から逆に接点を求めていかなければならない要請がふくまれていたとみなければならないであろう。

(三) 公的援助の論理の発展

今集会で特に深められたものとして、自主グループに対する公的援助を拡大していくための論理をあげることができる。

最近は、さまざまな団体やグループの活動が高まるにつれて、その活動を援助するために、講師料や印刷費など公費の援助を行っているところがふえてきており、そしてこういうサポート・ノーコントロールの公的援助を拡大していくことこそ社会教育行政本来の在り方ではないかとする認識が職員の間でも次第に高まってきているのだが、今集会では、東京・国分寺市の事例を基にして、公的援助を拡大していくための論理が深められ、整理された。なお自主グループへの公費援助に関する憲法八九条の解釈の問題については、「公の支配に属する形の一形態」としていくべきであるとする判断が下されたことは、それほどに住民の自主的活動が広汎で強いものになってきており、そのうねりの中で、社会教育そのものの質の転換が迫られている証拠であるといわなければならない。

5 結び(今後の課題)

これから第十五回全国集会をめざして、われわれが取り組んでいかなければならない課題は何か。それはいうまでもなく、今集会で確かめられた特色を新たな問題の提起として受けとめ、さらに深く、鋭く追求していくことでなければならない。なぜなら、総括は終わりではなく、新たに行動を強化していくための手がかりであり、出発であり、その意味では、われわれはいま漸く新しい問題の所在を確認しえたにすぎないからである。

住民運動や民間文化活動との積極的なかかわりの中で、社会教育をとらえ直していくこと。そのとき、社会教育の全体像は一体どういうものになるのか。

また、それに対応する社会教育の保障のあり方は具体的にどのようなものになるのだろうか。

特に、そこにおいて社会教育専門職員の果たすべき役割は一体どういうことであるべきなのだろうか。

住民の要求というとき、出てくる要求、出てこない要求をふまえて、それらをどのように的確に、また総体的に把握していくことができるのだろうか。

われわれが第十五回全国集会にむけて取り組まなければならない課題は重い。

しかし、われわれは、集団討議の上で集会に参加した京都支部に学び、各地域で集団討議や研究を活発につみ重ね、すぐれた実践や理論の創造をめざし合いたい。いままでは数少なかった学校教師や公運審委員などの参加も広く呼びかけていきたい。

長野集会への集結に期待をかける次第である。

〈付記〉

社全協（社会教育推進全国協議会）は一九六一年に発足。当初は少人数だったが次第に全国的に発展し、今日では押しも押されぬ全国的組織となった。

小生は発足当初から常任委員そして副委員長として、二〇年間ほど、会発展のため努力した。

2 「学習内容編成の観点」社全協大会分科会のまとめ

原題――「学習内容編成の観点」分科会
掲載誌――『月刊社会教育』国土社、一九六六年十二月号

（1）

「学習内容編成の観点」分科会は、社会教育実践の基本である学習活動の内容編成は一体いかにあるべきか、そのことがいま問題にされる積極的意味は何なのか、具体的な事例を通して深く追求しようとするものであったが、会場をはじめて関西（京都）に移してのこの分科会の参加者は五十名を超え、討論内容も過去六回の中で最も活気にみち、充実したものがあったといえよう。今回は京都府社会教育研究会メンバーの献身的な協力が大会の盛り上がりにかなりの役割を果したことを忘れてはならないが、とにかく、分科会の討論内容において質、量ともに、前進がみられたことは大変心強く、今後に期待されるところ大なるものがあった。以下、討論内容の概略を報告したい。

（2）

二日間にわたる分科会討議の内容は、まず第一日の午後に、提案者による説明と運営委員の討議の方向につい

てのまとめがあった後、参加者と提案者の間で質疑応答があって終了。第二日は午前八時半から午後二時四十五分まで、前日の発言内容をふまえて討論のすすめ方をきめ、活発な討論が展開された。

提案説明には、あらかじめ月刊社会教育の六月号と七月号に基調提案を書いた、浜島常吉氏（名古屋市教育委員会）と藤岡貞彦氏（東京大学）が立ち、それぞれ要約的な趣旨の説明があった。その詳細はここではくりかえさないが、浜島氏は名古屋市の社会教育の中心的存在ともいうべき「成人学校」における学習内容編成の基本的考え方を、いわば既成大学と同様の科目の設定や内容の組み方で、「社会変貌にともなう学習要求」や「地域社会で起こっている今日的課題」に応えうるものとしたのに対し、藤岡氏は信濃生産大学の学習過程を、青年たちの町村段階における現地報告という形の『調査』を基本にした県段階での討論、そしてその討論を全体的視野と基本的原理の側面から補う意味での『講義』という、調査―講義を中心とした研究集会的性格のものとして説明した。

これらに対しては多くの質問が出されたが、その主なるものは
○なぜ講座―講義化が必要とされるのか
○調査し捉えた要求と講座の内容との関連
○同じ調査といいながら、両者にちがいが感じられるのはどういうわけか。
○生産大学では、農業をやっていこうとしている農民の技術学習などは全部捨象されてしまうのか。
○社会科学学習はわかるが、文化や科学の学習についてはどう考えるのか。
○労農大学に参加した青年が地域でどんな運動をしているのか、農民運動との関係はどうなっているのか。
などで、最後に、「なぜいま学習内容編成が問題になるのか、その意味がはっきりしない。」という疑問が出され、

これからのすすめ方をどうするのかが問題となって、第一日が時間となった。

(3)

第二日は、第一日の提案とそれへの質問をふまえて討論が行われた。討論のすすめ方としては、あらかじ在京運営委員から「第一、変化発展しつつある現実課題をまずどのようなものとしてとらえ、それにともなう住民の学習要求をどうとらえるか。第二、そのようにとらえられた現実的課題を学習内容としていかに客観化しうるか。第三、一定の目標をもった学習内容編成のためにどのような方法、学習過程の組み立て方があるか。第四、対象をいかに把握するか。」という問題点の整理がなされていたのだが、そのように順を追ってやるのではなく、まず学習内容編成における『めざす人間像』は何かを問う中で、問題を明らかにし、次に内容編成にとって必要不可欠である『方法と対象』に重点をおきながら討論をすすめ、最後に、『内容』そのものについて問題にする、という方向がとられた。

第一日は信濃生産大学の学習内容をめぐって藤岡氏に質問が集中したが、第二日は反対に名古屋の浜島氏に質問が集中し、浜島氏は一体何のために、市民大学講座や継続科目の学習をすすめているのか、どういう人間像を目ざしているのか、「基礎的」とか、教養というものをどう考えているのか、などが問われた。これに対して、浜島氏は「現在いろいろになされている運動の中をみると、一人一人の個の確立がうすいので、『市民教養科目』を重視して、個の確立をはかるための教養の蓄積をはかりたい。『基礎的』というのは科学的学習の基礎という意味に考えている。個人からスタートした学習がグループ活動、社会化と発展し、よりよい市民の創出をねがっている。」と答えたが、それにしても「文学」や「心理学」の内容編成があまりにも平板で、問題意識や市民の要求が反映しておらず、いわば安易な教養主義ではないか、という鋭い指摘があり、浜島氏もそこはもう一度よく考え直してみなければいけないと同意していた。

名古屋市の成人講座に対して、国立町の実践例を聴きたいという強い発言があって国立町公民館で行われている「青年教養大学」「婦人教室」「市民大学セミナー」の紹介があった。中でも、辻葉子氏が説明した「青年教養大学」の構想は、名古屋や生産大学の場合と比較検討する意味からも大変興味深いものであった。

辻氏は、「今日、一般的な社会科学学習の必要はわかるが、実際にはその中味、方法、順序こそ問題である。ペン習字を習いたいという青年もいるけれど、『どう生きるか』がまさに問題なので、そのような観点から学習内容を編成している。第一期は文学作品や人間の生き方を中心にした『青年の生き方』、第二期は『社会科学入門』、第三期は『地域での役割』ということで、全体として、市民一般というよりも労働者としての自覚をうながすことをねらいとしている。」と述べた。

しかし、参加者の中から「名古屋や国立の話を聴いていても、大変スマートでピンとこない。自分のところでは一つの講座を組むのに二十日間も交渉して、やっとできる状況なのだ。いいとか悪いとかいっても、せめて名古屋大学のようにできるのは大変うらやましいことだ。」といった発言もあり、いわば学習内容編成以前のところでの問題が依然として大きな部分を占めている日本の社会教育の現状を思い知らされた。だがいかに劣悪な条件にあろうとも、学習活動は不可欠なものである以上、その内容編成は必要とされねばならないし、むしろ条件に恵まれたところ以上に急がなければならないのではなかろうか。

大阪、西の宮、福岡、長野、京都、和歌山などからも意見が出されたが、「めざす人間像」をめぐるさまざまな討論の中から確認されたことは『民主的諸権利をしっかりつかむことが最大の課題。したがって、一人一人の民主的人間革命を一体どうして実現させるのかが具体的な課題である。日本社会の場合は、法律制度の力が現実よりすすんでいる特性があるので、民主主義社会でなされるべき必要事項を知ることが重要であり、それが運動を強めることにもなる。』（浪江虔氏）『矛盾を矛盾としてつかみ、その原因をさぐり、それをだれと手をつないで破っていくかという判断をもった人間』（神崎茂氏）ということであったが、「浪江氏や神崎氏のいうことはわかるが、それをまさにどういう内容で学習するかが問題である。国語学習をやるのか、実践活動にふれさせるのか、まずしゃべらせてみるのか、そこが明らかにされなければならない。」（吉田昇氏）ということになった。しかし、それに対しても「住民要求が出てくるような方法の中で内容も出てくるのであり、闘いをおこしていくために、いま何が必要かという内容を考えられねばならない」とか「地方自治体労働者として社会教育になにを期待するか、それなしに内容は出てこない」といった発言があり、学習内容編成ということ自体、さまざまな受けとめ方やアプローチのしかたがあり、それはまた各人のおかれている状況をまさしく反映しているものであった。また、学習の定型化の必然性をふまえた講座—講義の必要性が強調されたが、それについても、いわゆる大学で学んできて果たして地域のエネルギーになるかどうかという疑問が出され、それはつまるところ講座の意味づけや位置づけ、大衆運動とのかかわりが明確でないからだとの指摘もあった。

最後に、社全協の運営委員長であり、この分科会のまとめ役でもあった吉田昇教授から、およそつぎのようなまとめがなされた。

「学習内容の編成ということが問題とされてきたのだが、そのことの積極的意味をまず明確にしなければならない。体制側が家庭教育や青年教育の面で一定の学習内容を準備し、その普及に懸命になっている現状の中では、我々自身が納得できる学習内容の編成が殊更に急がれねばならない。その場合のねらいは無論、正しい認識の発展、意識の改革にあるのだが、そのことのためには何よりも住民自体がおかれている状況を明確にしなければならない。一定の状況におかれている住民の意識をふまえた上で内容編成が考えられねばならないし、さらに講座と実践との関連についてもはっきりした確認がなされねばならない。

具体例としてとりあげられたものの評価について一言すると、名古屋市の場合は、いわば大学のような形態がとられているわけだが、大学のもっている学問研究の自由を確保できるなら、今後に大きな可能性があるのではないか。内容編成については、大学の内容がそのままなのは、今後さらに検討されねばならない。

国立町の場合は、その内容編成はきめが細かく、高く評価されよう。だが、実践活動との関係、グループの組織化に課題がある。

信濃生産大学の場合は、講師陣に受講者代表を加えた『運営委員会』のシステムをとり、その基礎にサークル活動のあることが高く評価されるけれども、篤農青年や意識の低い青年の問題など、前の段階にあるものの問題が残されている。

なお、社会科学学習の内容だけでなく、人間の全面的発達にとって重要な意味をもつ文化・文芸（感性）のとり入れ方についても意識的な考慮がなければならないであろう。」

残暑なお厳しい折の、花園会館大広間での終日の会議は、決してめぐまれたものとはいえなかったけれども、参加者の討論はそんなものを少しも苦にすることはなく、誠に熱気をおびたものであった。この拙い集約ではその状況をつぶさに伝えられないのは残念であるが、今後の社会教育実践のよりよい発展のために、大きな励ましと連帯感とを、参加者一人一人の胸に強く刻みつけ、この分科会討議は成功裡に終了したことを確信する次第である。

3 第一回全国革新都市社会教育担当職員研修会

原題——第一回全国革新都市社会教育担当職員研修会
掲載誌——『月刊社会教育』国土社、一九七六年二月号

一九七五年十一月十二日、十三日の二日間、箱根グリーンハイツにおいて、全国革新市の社会教育担当職員研修会が開かれた。これは、全国革新市長会の事務局である地方自治センターの主催によるもので、「住民主体の社会教育をどうすすめたらよいか」について、各都市担当職員間の連帯を深め、より充実した社会教育推進の一助としたい、という考え方で全国の革新市長に呼びかけられたものである。革新市において、社会教育を主体的にどう位置づけ、意味づけていくかという議論が漸く日程に上がってきたという意味で、注目に価する会議であった。財政悪化の折、参加人数が危ぶまれたが、四十一市から四十七名の参加があり、社会教育課長はじめ行政職員が大多数であったが、第一回としてはまずまず成功であったといえよう。

会議は、全国革新市長会副会長の本多嘉一郎・調布市長のあいさつ、参加者の自己紹介のあと、地方自治センター代表委員の大島太郎・専修大学教授の基調講演があり、ひきつづいて参加各都市の情況報告がなされたあと、

若干の討論を交し、最後に今後の会のもち方について協議して、一日間の日程が終了といったものであった。

大島太郎氏の基調提案

（一）社会教育は自由な、自主的な自己教育運動を保障していくこと、それに対してできるだけ施設などを整備し、保障していくことが基本である。しかし、ノーサポート、ノーコントロールといいながら、現実には社教法第三条、第五条の規定によって、職員と金を使って自主的なところまでやってしまっている。それは単に市だけではなく、国家権力も必然的に介入してこざるをえないものである。このような相矛盾した関係の中で、基本的な社会教育理念のとらえ直しが課題とされなければならない。すなわち主体であるべき住民の活動をいかにとらえていくのか、その方法論をどうしてつくっていくのか、そこをはっきりおさえておきたい。

（二）社会教育のきまった内容はまだないのではないか。そういう認識に基づいて、経験交流を通して、その内容を形成していく必要、またそのための連帯が大切である。

（三）学習の主体をどうつくっていくのか、学習内容の編成をどうしていくのか、市民・職員・学者などの連帯による企画委員会などの模索が必要である。

（四）社会教育施設の具体案、すなわち社会教育の綱領の策定、それにもとづいた計画・設計・運営の具体的な内容をつくっていくことが必要である。

（五）教育問題をめぐっての「ひろば」づくりが必要である。それを基本にすえて考えていかなければならない。PTAほど教育の中味について語られない場はないという現状をみるにつけても、基本的な話し合いが決定的に欠けていることが教育の荒廃を招いているのである。

(六)ともすれば管理体制が強化される傾向が強い状況のなかでは、特に条件整備の必要、社教行政の民主化、体制の整備、住民に直接役に立つ職員(公民館主事、司書)の充実が急がれなければならない。

(七)施設の充実と運営・管理の民主化も重要な課題である。

(八)もう一度、社会教育の枠から自由になって基本的に考えてみる必要があるのではないか。すべての行政は住民に奉仕するという意味ですぐれて社会教育的である。革新自治体の行政の原点は社会教育にあるのではないか。その意味で、京都の実践は注目すべきである。

(九)いわゆるプロパーの領域だけではなく、地域の教育をどうするのかという観点で考えていくことが必要である。特に学校教育との関連で問題を追及していくことが重要である。社教施設を軽視するのではないが、いまある地域の施設の活用が大事である。具体的には「学校開放」で、学校の多角的な活用が全国的な課題である。

(十)最後に、職員の姿勢が問題である。いままでの民間や官制の経験交流の中ではなお不充分であった問題をこの会議で生み出していきたい。目的の統一、質の均一化の中で、それにふさわしい問題の提起を行ない、そのためのアプローチの方法を生み出していきたい。そのための具体的な組織づくりをしてもらいたい。

革新自治体のミニマムを

以上、大島氏の提案は一口にいえば、革新自治体の可能性のなかで、具体的な組織づくりを急ぎ、これをやれば社会教育は前進するのだという革新自治体のミニマムを具体化していこうではないかというものであった。

参加都市の状況報告は日程の都合で各市三分間という制限があったため極めて不充分なものでしかなかったが、革新市政とはいうものの、全国の社会教育の中味がいかに多様で複雑であるかということだけは確認された。

最後に、この会議を今後どのように続けていくかについての討論がなされ、百万人の大都市と三万人の市と一緒にやるのは無理ではないか、行政職と施設の職員は別にした方がよいのではないか、条件整備部会と学習内容部会を設けるべきではないか、派遣社教主事問題など職員の問題をまず取りあげるべきではないかなど、さまざまな意見が出されたが、時間切れでまとまった結論を出すまでにはいたらなかった。

そこで、とりあえず来年開催の第二回については、革新市長会の幹事市を中心に予備会議をひらいて、その内容を準備することになった。

（国立市教育委員会）

〈付記〉

革新都市の「革新性」を強化するためには「社会教育」の重要性の認識の上で、その位置づけを明確にしなければならない。そのような考え方で、毎年継続的に職員研修会を開くべく、地方自治センターに強く要請したが、残念ながら予備会議すら遂に開くことはできなかった。「革新」自治体のもろさを痛感させられた。

4 社会教育主事は必要か

公民館からみた社教主事給与国庫負担問題

原題――公民館からみた社教主事給与国庫負担問題
掲載誌――『月刊社会教育』国土社、一九七三年一二月号

文部省の言い分への疑問

A　文部省が四八年度（一九七三年）から実施しようとしている「社会教育主事の身分を都道府県のものにして、国が給与費の半額を負担する」という施策は、文部省がいつになく社会教育に力を入れてきたという点で評価できる気もするが、一体どうしてこんなことになってきたのか。

B　まず文部省の公式見解を紹介すると、（1）中教審答申で、家庭教育・学校教育・社会教育の体系の総合的な再編成の必要性が説かれ、さらに「家庭教育や社会教育がいっそう重要な役割を果たす必要がある」と指摘されている。（2）社会教育振興のためには、指導者の充実とりわけ社会教育主事の充実が不可欠の要件である。しかし、現実には、社会教育主事は、学校教育における指導主事と比べて、教育公務員特例法で同じ「専門的教育職員」とされているのにもかかわらず、身分取扱いや待遇が劣っているので、それを同じにしたい。（3）社会教育主事職の地位の低いことから、教員から社会教育主事を採ることが困難である。また市町村の社会教育主

事の任用が市町村職員の人事の一環としておこなわれているために、在任期間が非常に短くて専門性が確立しにくいし、たまたま長期に在任する場合はマンネリにおちいりやすい。さらに市町村の財政力の貧困とあいまって社会教育主事の数がいちじるしく不足している。（4）したがって、現状を打破して社会教育の振興を図るためには、市町村の社会教育主事の身分取扱いおよび待遇を義務教育学校の教員を同じくすることが適策である。すなわち、市町村の社会教育主事の任命権を都道府県教育委員会に移し、その給与費は都道府県の負担とする必要がある。国はその給与費の二分の一を補助することにし、五か年間で六〇〇〇人の増員をはかる。（5）なお、市町村立少年自然の家に勤務する専門職員についても社会教育主事を優先的に充当する。

以上が公式見解だが、ズバリいえば、社会教育主事に学校の教員をどんどん採用するために、教員と身分取扱いや待遇を同じくし、その代わり、都道府県に任命権を移すというわけだ。そのためには当然社会教育法の改正が必要になってくる。

A　社会教育主事が学校の教員なみに待遇され、身分も安定するとは結構なことではないか。

B　それはそうだが、しかし、なぜそんなにまでして社会教育主事の指導体勢だけを強化しようとしているのかが問題だし、その反面、公民館主事に関してはきわめて冷淡な態度を示しているところにも大きな問題がある。

A　もう少しくわしく説明してみてくれ。

B　社会教育主事をそのように重視する理由として文部省は次のように答えている。つまり、社会教育主事は、社教審答申で、地域における社会教育計画の立案者および学習の促進者として重要な役割を果たさなければならない職員であり、社会教育行政の基礎を整備する際、人的面で当然焦点をなすとされているほか、法則上もその職務は社会教育を行う者に専門的技術的な助言と指導をあたえることとされている。またその資格についても詳細に法定され、資格付与のための講習がとくに定められるなど、他の職員に比べより一層高度な専門性が要求されており、それ故に、教育公務員特例法上も指導主事とならんで専門的教職員と定められている。したがって、社会教育振興のため、社会教育行政職員について人件費助成をしなければならないとするならば、以上のような実態面、法制面からみて、社会教育主事からまずとりあげるべきだろう。

というわけだが、大変辻褄のあった説明のようだが、これは社会教育の実態面からすると非常に現実離れした、独断的考え方だし、また、なんとしてでもその供給源として「学校教職員からの任用制度の拡充発展」を具体化することが一番のねらいなのだと思う。学校教育と社会教育の広いネットワークのなかで、社会教育指導を強化していこうとする一貫した考え方があって、それはすでに派遣社会教育主事という形で四二、三年頃から十数県においてこころみられているし、四七年度から実施された社会教育指導員（週三日勤務、月給三万六〇〇〇円）は明らかに退職校長の活用をねらったものだ。余剰ぎみの四〇代の中堅教員を社会教育主事に任用し、やがて教頭、校長へと栄進できる望みをもたせつつ、教員をたくみに操作するなかで、あわよくば教員組合の弱体化を内部的に促進させるという狙いすら伺われるのである。

社会教育を真に担うもの

A　それは少々うがちすぎた見方ではないか。学校教員だって、立派な人が多いのだから、交流がおこなわれることは悪いことではないのではないか。

B　文部省は無論そう考えてのことだし、日教組だって別段不審には思っていないだろう。しかし、現に学校教員から社会教育主事に転身してきた人たちをみると、なぜ学校教育を辞めてまできたのか、その理由がはっきりしない、納得できない人が多い。つまり、学校教育に嫌気がさしたのか、子どもが好きでなくなったのか、いずれにしても社会教育に新風を吹きこむような意欲や情熱をもった人に会ったためしがない。どだい、学校教育に情熱を失った人に社会教育への期待をもてるわけがない。一級の教師は学校という現場であくまで頑張っているはずだし、親や子どもの期待だってあるわけだから、簡単に転身できるはずがないのだ。というわけで、学校教員あがりというのは例外は無論あるけれども、一般的には、社会教育で一生懸命がんばっている人間からすると大変評判も悪いし、信用もないのだ。それに比べて、最近は、若い大学生たちのなかに、意欲的に社会教育の現場で働きたいという希望者がふえてきているのだから、中だるみの教員を活用するよりも、こういう若い人たちをどんどん社会教育の現場に迎えることのほうが、どれだけ希望がもてるかしれない。

A　それでは一体なにが問題なのか。

B　一番の問題点は、なんといったって、公民館主事の専門職化と身分保障を無視していることだと思う。戦後の社会教育の歴史をふりかえってみれば、だれにもわかることだが、公民館活動がその中枢的役割を果たしてきたことはまぎれもない事実なのだし、文部省がそれを知らないはずはないのだ。いや知っていながら、なぜか文部省の施設担当職を廃止したりして、不当に公民館を軽視してきたのだ。それが、社教審答申のなかで、突如として施設面では公民館が中心ということになって、いくらか脚光を浴びてきたのだが、それだって、その冷飯時代に営々と公民館をささえてきた人があったればこそではないか。公民館職員は本当につらい思いのなかで、報いられない努力をつづけてきたのだ。法制面からして社会教育主事が一番適切だ、と文部省はいうけれども、それは二四年の法改正で強引にそうしたからであって、実態面では社会教育主事はその本来の役割をほとんど果たしていないのだ。とくに小さな市や町では社会教育主事の存在は無意味といっていいほどだ。実際に社会教育主事が住民に支持される仕事をしている例をみると、公民館に常駐して、実質的には公民館主事としての役割を果たしている場合が大部分なのである。だから、社会教育に従事する教員の身分を保障し、専門職化をはかるというならば、まず第一に公民館の職員をおいてはない筈なのだ。社会教育主事は学校教育における指導主事に相当するものだから、同等の身分保障をするというのだが、それならば、学校の教員に相当する公民館主事はどうなのかということになるし、そもそも教員なしの指導主事が考えられないと同じように、公民館主事なしの社会教育主事だって考えられるわけがないのだ。さらにいえば、この議論はいまに始まったものではなく、すでに三四年の法改正の時点でもあって、あのときも公民館主事の専門職制と身分保障が法的に認められることを全国の公民館職員はこぞって要望し、期待したのだが、法文上はただ「公民館の主事」という言葉だけが入れられただけで、みごとに肩すかしを食ってしまった。「パンを求めて石をあたえられた」という言葉は当時の近畿公民館主事会の反対表明のスローガンだが、それはまさに公民館活動に真面目にとりくみ、努力してきた人たちの切ない気持を代弁したものだ。「公民館主事の必置制については、公民館関係者の強い要望を無視しながら、社会教育行政の縦の系列の末端機構である社会教育主事を市町村の必置制とした点については、社会教育行政の官僚統制化のための組織整備としての不安を拭いえないので、賛成できない」というのだが、この不安は十三年経ったいまこそ一層大きなものだと思う。

全公連はなにをしたのか

A　公民館の全国組織である全公連は一体なにをしているのか。

B　全国公民館連合会という組織はその幹部の大部分が保守党の県会議員とか元首長といった人たちで占められている組織だから、現場の第一線で営々と苦労をかさねている職員の気持ちなど全然理解できず、また理解しようともしないのではないか。それに、文部省に対してはただペコペコと頭を下げているだけだから、期待の持てるはずがない。それどころか、むしろ率先して文部省の施策を支持し、反対意見を握りつぶそうという役割すら果たしている。十三年前のときをふりかえてみると、全公連では昭和三三年一〇月に評議員会をひらき、法改正への具体的要望事項として、①公民館主事の職制の確立、②職員給に対する国庫補助制度等財政措置の確立、③現任職員の再教育の強化、④施設整備の充実促進、⑤公民館設置、設備のための起債の認可、という五項目を決議し、そのなかでも最も緊要なものが「公民館主事の必置制」であるとし、組織をあげてその実現に努力しようということになった。しかし、文部省から「これを法律上の必置の職とすることは、現在の実情から考えるとまことに困難である」とはねつけられ、「さしあたり市町村の社会教育主事を必置とし、その後に公民館主事を必置とする」という口約で了解を求められると、あっさりひき下がって、法改正に賛成というように態度を固めてしまったのである。まったく残悔な態度決定であったのだが、しかし、あのときはとにもかくにも文部省から口約をとるというところまで頑張ったのだから、それからの努力に期待するという一縷の望みもあったわけだ。ゆるせないのは今回、全公連会長のとった態度、言動だ。去る十一月の熊本の全国公民館大会で、この問題については参加者に討論の時間をほとんどあたえず、一方的に「大人の判断をもって、賛成しましょう」ということで、シャンシャンと大会の総意をまとめてしまったのである。住民に最も密着した仕事をしていながら、最も不安定な身分を余儀なくされている公民館職員に向かって大人の判断を強いるとは一体どういう神経なのだろうか。この態度はすでに理事会で承認ずみのものかもしれないが、十三年前の経過を全く無視したものであり、断じてゆるすことができない。しかもだ、全公連がみずから委嘱した第二次専門委員会は、昭和四五年に法改正への具体案をまとめるなかで、はっきりと公民館主事の専門職制の確立をうたい、そのためには教育公務員特例法の適用を規定するとともに、社会教育法第二十七条を改正する必要があるとして、その専門職性の内容や任用のための行政措置についてきわめて具体的で詳細な提案をしているのだ。それはまた全公連の機関でも正式に承認され、いわば全国公民館職員の総意として客観化されたものだ。それをもまた、みずからふみにじってしまうのは一体どういうことなのだろうか。文部省との癒着関係も大変問題だが、それよりなにより、全公連の歴史や承認決定事項を完全に無視し、組織に自決権をもたせないやり方はまさしくファシズムに通ずるものだ。全く寒々とするばかりだ。

A　しかし、君たちも全公連加入の職員ではないか。参加者としてなにもしなかったのか。

B　われわれは九月の関東甲信越静公民館大会で代表者会議をひらき、二日間にわたる徹底的な討論のすえ、「市町村社会教育主事の給与費国庫負担事業の新設に際し、特に制度上における公民館主事の身分保障と待遇改善の方途をすみやかに具体化すること」という決議をし、それを全国大会の議題として提案したのだが、それがまともにとりあげられなかったばかりでなく、発言を封じてしまおうとする意図的な演出すらあったのだ。なにしろ、今村武俊社会教育局長に開会式での異例の発言をゆるし、文部省のやることに水をさすようなことはやめてくれ、と堂々とぶたせたのだからね。そのため、全体討議で発言する時間もほとんどあたえられなかったのだ。その上、文部省の今回の態度は、公民館主事については、そのうち考えるからという言葉すらなく、いまのところまったく考えておりませんと断言してはばからない始末なのだ。

これからどうするのか

A　まったくひどい話だが、これから君たち公民館職員はどうするつもりなのか。

B　いつまでもダラ幹を非難していてもはじまらないし、そういう幹部をゆるしておく公民館職員側にも責任があるといえるので、これからは公民館職員のための真の全国組織をつくりあげていく努力が大切だと思う。自分のできるところで全力をあげて頑張っていくことを通してしか、道はひらけないと考えている。

A　日教組とか革新政党はこの問題に対してどうとりくんでいるのか。

B　それがまたお寒いことでね。日教組も自治労もこの問題については全然気がついていないみたいだ。それから、全日本社会教育連合会と全国社会教育委員会連絡協議会が国会議員に出したアンケート（四七・一〇・二六現在、回答者一五九名）の回答をみると、社会党の九名が反対しているだけで、一五〇名は共産党を含めて全員賛成という次第だ。

A　それはまたどういうことだ。

B　おそらく、社会教育主事が学校の教員並みに扱われることは結構なことではないかと単純に考えているからだろう。現に共産党は選挙用にくばった「東京民報」（七二・十一・十二・号外）で、「社会教育関係職員の給与は学校の教職員と同じように二分の一を国に負担させます」とうたっているほどで、まったく文部省のお先棒をかついでいるみたいだ。結局は、現実認識の欠如と文化政策の貧困に起因していると考えざるをえない。

A　もしそうだとしたら、君たち公民館職員は他人事ではないのだから、もっと熱心に問題の所在を国民の前に訴えていく必要があるのではないか。それに、公民館がほんとに国民に理解され、支持される存在であるかどうかも問題だと思う。

B　いわれるまでもなく、公民館は真に国民に支持される存在であるかどうか、それは大いに問題だと思う。第一、その名称からして新時代のイメージではないからね。だから、現在の職員が本当に国民の支持をうるように真剣に頑張っていかなければならない、それが基本だと思う。しかし、逆にいえば、公民館を真に国民のものにしていくのは他ならぬ国民自身なのだから、いま社会教育がどのように動かされ、また公民館職員がどういう状況におかれているのかの判断はちゃんと持ってもらわなければ困るのだ。

（国立市公民館長）

5 社会教育はどのような到達点にある か「公民館」

原題——いま社会教育は—どのような到達点にあるか
掲載誌——『月刊社会教育』国土社、一九七八年四月号

戦後の荒廃した状況のなかで、文部次官通牒「公民館の設置運営について」（一九四六年七月）によって出発した公民館は、いくつかの変遷をへながら、すでに三十余年の歩みをつづけて今日に至っている。

現在《いま》、国のダイナミックな地域開発政策によってもたらされた都市化状況のなかで、一方では地域連帯の喪失など地域混乱状態を上からの統治の必要から出されてきた「コミュニティ構想」に公民館を積極的に役立たせようとする国の動きがあり、もう一方では、七〇年代に入って特に活発化してきた住民運動や学習権思想の高まりのなかで、住民の要求に裏づけられた公民館の設置運動、建て直し運動、保育室など新しい施設の増設運動、さらには公民館運営への住民参加や学級講座の自主編成など活発な動きが展開され、新しい潮流が次第にはっきりと形成されてきている。住民による公民館づくりの時代といわれるゆえんである。

では、公民館はいまどのようなところまで発展してきているのか、ここでは紙数の許すかぎりで、一応三点に

整理してのべることにする。

新しい公民館像の創出

第一は新しい公民館像の創出である。かつて公民館は上から「施し設けられる」かたちで与えられたものが圧倒的であり、事業の中身も低度啓蒙的なものや施策順応的なものや趣味実用的なものが主流を占め、農村時代の古いイメージからなかなかぬけきれないものが多かったのである。

それが急激な都市化による混乱状態のなかで、さまざまな問題をかかえた住民たちがやむにやまれぬ気持で要求を出し、住民運動に立ち上がるようになると、新たな自覚のもとで「学習をしたい」「集まる場所がほしい」という気運が強まり、改めて公民館の存在理由を見直そうという動きが出てきたのである。

つまり、公民館は国民の権利として集会や学習や文化活動がだれにとっても、自由に、差別されることなく、いつでも行うことができる地域のミニマムな施設であり、しかもその施設の内容や事業のあり方はそれを利用し活用する住民を主体として考えられ、具体化されなければならないといった考え方が次第に定着し、現実に住民による公民館づくりの運動が活発化してきたのである。

たとえば、ここ三、四年の首都圏のうごきをみただけでも東村山市、福生市、昭島市、国立市、町田市、茅ヶ崎市などを数えることができるが、そのどれをみても、つくる運動に参加した住民たちはたんなる物取り的要求ではなく、「あるべき公民館像」のための基本的な学習や研究を熱心に継続させていることがわかる。そしてそのような動きの中から、住民の求める公民館像がきわめて具体的に明らかにされてきていることも注目すべき特徴である。

三多摩の公民館関係者によって作成された「新しい公民館像をめざして」(東京都教育庁資料、一九七四年)において『公民館は地域における住民の自由なたまり場、交流の場をかねそなえた学習と文化の殿堂である』と定義され、そこで示された公民館の「四つの役割」と「七つの原則」は現段階での一つの到達点をしめしているものといえよう。

保育室の設置

公民館活動の到達点として第二にあげられることは、公民館活動における若い母親の参加とそれを可能性にする保育室の設置が至極当然のこととして認められ、定着してきたことである。

このことは従来の日本の社会教育が婦人の場合、子供に手のかからなくなった主婦のみを対象にしてきた歴史の中ではまさに画期的なこととされなければならない。国立市公民館において一九六五年から実施された「若いミセスの教室」が先駆とされるが、この実践の基本にあった考え方は、社会教育の権利がだれにも保障されるというならば、核家族化の中でただ育児のみの閉ざされた状態におかれた若いミセスにこそ具体的に学習と話し合いの場が提供されなければならないというものであった。

七〇年代に入ると、東京・三多摩を中心として、この考え方は急速に共感を呼び、若いミセスたちに自由な集会や学習の機会を保障するための保育室の設置が広く現実化していったのである。そしてこのことは公民館活動における社会教育権の具体的な拡張としてだけではなく、公民館活動の質をまさに若々しく、フレッシュなものに変えていった意味でも注目すべきことといわなければならない。

住民参加による学級・講座づくり

七〇年以降の公民館活動のなかで次第に定着してきた第三の特色は、住民参加による学級講座づくりの運動である。それは、行政側から一方的に開設された学級・講座などの主催事業に住民はただ受動的に参加するといった従来のあり方に対して、学習内容の編成や事業のあり方に直接住民が参加していくというものである。

それはただ公民館の事業編成上の便宜というよりは、むしろ七〇年代における住民運動のひろがりや教育権思想の高まりや革新自治体の増大といった背景なしには考えられないだけに、その意味は大変重いものといわなければならない。実際には学級・講座の準備会（国分寺市など）、企画実行委員会（小金井市）、運営委員会（練馬区など）、申請（調布市など）、委託（相模原市など）、自主講座（世田谷区）などさまざまな形がみられ、それはすでにおし戻すことができない時代の流れといえるほどのものである。だがしかし、現実には「住民参加は所詮形式にすぎない」とか「住民参加できめると学習内容の質は低下してしまう」とか「住民参加といっても、結果は職員が決めてしまう」といった批判が出され、それが的をえている場合もないではない。しかし、そもそも「公民館活動における住民参加とは、学習権を国民のものにする取組みである」と考えなければならない以上、そのことにかかわって職員がいかに専門的役割を果たしうるかがまさに勝負所なのである。住民参加と職員の役割をいかに統一的に考え、具体的に深めていくことができるかがいま大切な課題として問われているのである。

（国立市教育委員会）

6　三多摩社会教育懇談会の歩み

原題――三多摩社会教育懇談会の歩み―東京都における三多摩の意味と課題
掲載誌――『月刊社会教育』国土社、一九六五年一月号

(1)

ここでは、東京都の郊外ともいうべき三多摩の社会教育の傾向を、三多摩社会教育懇談会の歩みを中心にのべてみたいと思います。

その前に、簡単に東京都における三多摩の問題状況、存在意義を明らかにしておく必要があるでしょう。

東京は、いわずと知れた日本の首都です。首都とは一般に、中央政府のある都市のことで、いわば国の政治の中心である所ですが、東京都の場合は、たんに政治の中核であるばかりでなく、企業の中核でもあり、生産と消費の管理中心でもあり、文明と文化の創造の中核でもあり、つまりすべての機能がそこに集積しているところに特殊性があります。人口も一千万を突破し、首都圏人口は実に二千万を数え、それもあと十年を待たずして三千万、日本全体の三分の一近くになる見通しです。だから、東京は、文字通り日本の運命を支配し、日本変革の鍵を握っているといえます。一般に、大都市は、東京のみならず、工業化にともなって、経済、文化の中心として人口吸収力を増大させているのが、日本の現状です。(さらに、都市化の傾向は、都市が農村の人口を吸収す

るというよりは、農村が自らの人口を都市に向かって押出しているといえそうです。）要するに、工業化過程における離村向都＝人口のプロレタリア化が、日本の都市問題として現れてきているわけで、就中東京はその典型ともいうべき姿で位置づけられているといえましょう。つまり、日本をどうするかはまさに東京をどうするかに集約されるわけで、それ故、日本のミヤコ、東京は極めて特殊な存在である一方、ここでの可能性の動向が全体を嫌応なくリードしていく指導的な影響力を持つものといえます。

(2)

ところで、同じ東京都とはいっても、特別区である二十三区と三多摩の市町村とは質的にかなり異なっており、都内に対して都下とよばれるところにもはっきりと区別がつけられています。三多摩はもともと都心の水源地として神奈川県から合併されたものであることをふりかえっても、都心の問題を解決するための便宜的存在として考えられています。これは、東京府と東京市であった時代（府が合併して、都になったのは昭和十八年）から一貫した市優先の政策としてあらわれているものです。現在の三多摩地区はたんに水源地としてだけでなく、何よりも住宅用地として活用されているわけで、その点では同じ東京都とはいっても近隣衛星都市と殆ど同じ存在価値しか持っていないようです。例えば、区部優先、都下は後廻しという考え方が、どれほどの行政水準の格差をもたらしているかの一例をみると、①区市町村の道路舗装率＝区部平均六一％に対して北多摩平均では九％（以下同じ）②小学校の鉄筋校舎比率＝四〇％に対し四％③水道普及率＝八五％に対し一〇％④ゴミ処理施設＝一〇〇％に対し六二％（昭和三十六年度）ということであり、如何に格差がひどいものであるかがわかります。ですから、三多摩の市町村の共通の問題点は、先ず第一に区部との行政水準の格差をちぢめることであり、自然発生的（下請的）都市化ではなく、計画的な人口、産業の配置計画がほしいことであり、それは、好悪の判断は別にして、一方では二十三区並の特別区制度の適用の是非という形で問題とされ、一方では知事が都政の方針の中に「三多摩振興」のスローガンとして掲げざるをえないものです。

要するに、三多摩の問題はいわば都政のアキレス腱といえるわけで、現代日本のなやみの縮図がそこにあるともいえます。

第一に、もっとも現代的な大都市問題の断面がここにあります。

第二に、三多摩にはかなりの部分が農地として残っているが、そこには高度成長下における転換期農業の姿が鮮明に出ています。

第三に、内陸工業地帯として、近代的機械工業がどんどん進出しています。

第四に、一方では、織物を中心とした日本の伝統的な産業が依然として支配的な地域があります。

第五に、西多摩にはいまもぼう大な山林が大部分を占めています。

第六に、立川、横田など外国駐留軍基地があり、深刻な基地問題をかかえています。

第七に、後進地域（西多摩）と先進地域との鋭い対置があります。

さて、一口に三多摩問題といっても、そこにはさまざまな地域とあらゆる問題があるわけですが、何より重大なことは、東京に従属した衛星都市の現状を打破し、住民自治の精神に基づいた都政改革に迫りうる最大の可能性が三多摩にあるということです。これは、特別区制によって区長公選権をうばわれ、従って区の自治権を実質的に都に掌握されてしまっている、都内二十三区の現状と対比しても明瞭です。

城内の腐敗、膠着を城下から監視、包囲して切り崩し、攻め上げるという方式が考えられるわけで、その意味では、首都圏を形成している千葉、浦和、横浜といった地域との連合作戦を組む必要が出てきます。

以上、東京都における三多摩の存在意義を簡単にみてきたわけですが、さて、では一体社会教育はその中で何を試み、何をなし得るのでしょうか。

いうまでもなく、都民の多くは、地方出身の一代目か二代目であり、下宿人根性をぬけきっておらず、従って、地域的共同生活体としての自治体への積極的な政治参加の姿勢を持ち合わせてはいません。また、貧困なムラ的生活感覚が未だに残っていて、現代の都市生活にふさわしい生活水準についての感覚が生れていないため、どんなに水不足や交通地獄がすさまじくとも、都民は「怒る」ことができない。自己の家庭内に電化器具を買いこむことに狂奔はしても、全体の生活水準を高めるために組織的にエネルギーを集結させる精神には欠けています。

従って、民主的住民組織の形成ないし、既成住民組織の民主化をとおした都民の民主的エネルギーの集結が大切な課題として考えられなければなりません。社会教育の果たす役割は、さまざまな民主化運動、社会運動、政治運動との関わりの中で、地域における民主主義の確立と住民の自治体改革計画の作成のために、自由な集会の場の確保・提供と同時に、その学習的側面を分担することであると考えます。

(3)

三多摩社会教育懇談会は、一九六一年の六月に、社会教育関係職員や青年、婦人の活動家など、地域社会に関心をもつ者の自由な話し合い、情報交換、研修の場として生まれました。最初は各地の情報交換を中心に、月刊社会教育の主要論文などを学習してきたのですが、一九六三年九月からは、毎月一回必ず定例会を開き、会運営も「①実践報告を毎回一つ必ずする。②その報告の中の問題点を検討する。③それらをすすめながら、人間関係を深め、親睦と激励の場とする。」という取りきめを定めてきちんと行っています。研究課題は、「三多摩は一つである」という前提の上で、

1　学習活動をどうすすめていくか—その内容と方法について—

2　行政問題をどうすすめていくか。

○各市町の年度プランの検討

○公民館、青年の家、図書館の有機的関連について—例えば、各地の活動と青年の家を結びつける学習計画とその実践

3　現代社会と社会教育について—われわれはどうして生きるか

という三本の大きな柱を立て、職場や地域での問題、自分の当面している問題を三多摩の拡がりの中で追求することを主眼としています。

会員三十二名の構成は、公民館職員、社教職員、青年の家職員、図書館職員、学者、教師、主婦などで、数の上では職員が多いのですが、いろんな立場の人が自由に集っているのが特徴です。

それではこの一年間（一九六四年）に何をしてきたか、その具体的な歩みをふりかえってみましょう。

一月、「今年の社会教育」—各地の報告に基づいて、今年やりたいこと、やらねばならぬことなどを検討。出席者は二十名。場所、国立町公民館。

二月、テーマは「婦人の学習活動について」—くにたち婦人教室の構想。報告者は佐々木忍（国立町公民館）。

都市における未組織婦人層の学習とその組織化について提案、その方法と学習内容について討論。出席者は十七名、国立町公民館で。

三月、「学習内容とそのすすめ方」。これは先月にひきつづき、具体的研究を深めるもの。報告者は保谷町公民館の久保田篤子と草の実会の伊丹久子の二名。久保田は、保谷公民館における学習活動のすすめ方とそこでの問題点を報告し、伊丹は草の実学習講座の計画と学習のまとめの必要性を強調した。その一つである「啄木の歩んだ道」のまとめは、社会科学学習のすぐれた学習計画と内容の成果であることが評価された。場所は保谷町公民館、出席者は十三名。

四月、「社会科学学習をいかにすすめるか」―「月刊社会教育」四月号の座談会を中心に、八王子青年の家の串田稔光が報告。その必要性、展開方法、内容構成、職員の取りくみ方などが問題とされた。場所は国立町公民館、出席者は十五名。

五月、現代社会学講座(有斐閣)第二巻「地域生活の社会学」の第一章と第二章を中心に、社会事業大学の小川利夫が報告。「社会教育では地域(住民)をどうとらえるかを(一)社会教育の性格と地域(二)、地域(住民の)生活と社会教育の二つの側面から検討した。これは先月の研究の中で、職員の学習の必要性が痛感された結果として行われたもの。場所は国立町公民館で、出席者は九名。

六月、先月にひきつづき、「地域生活の社会学」の第四章「都市化過程と地域生活の構造」を中心に、国立町公民館の徳永功が報告。都市化の本質、東京都の特殊性三多摩の問題状況などについて検討した。出席者は八名。

七月、テーマは「社会教育職員としてどう生きるか」―その悩みと誇りについて―報告者は三鷹市教育委員会の小川正美。この日は会費三百円を集め、ゆったりとした雰囲気の中で、思う存分語り合った。場所は国立町公民館、二次会場はヤキトリ屋。出席者は十一名。

八月、国会議員の長谷川正三氏と都会議員の実川博氏を囲んで、東京都や特に三多摩の社会教育や文化問題について自由に語り合った。出席者は十八名。場所は国立町公民館。両氏共社会党員であるが、予想外に社会教育を知らないことがわかり、逆に社会教育の役割の重要性がこういう人たちにわかるような姿で行政や活動が行われていない点が反省させられた。大変熱っぽい、真剣な討論が行われたことからみて、この種の会がもっともっと数多くもたれることの必要を感じた。

九月、第四回社会教育全国集会の報告（徳永）を中心に研究。出席者は七名、全国集会への出席者が少ないためもあり、活発な討論は行われなかった。

十月、「青年の家における社会教育の考え方」について、青梅青年の家岩浪伊一と八王子青年の家の東寿隆の両名が報告。国立公民館で、出席者は十八名。青年の家の窮屈な規則、勤労青少年の利用をいかにしてふやすか、また自主的なサークル活動をどのように受け入れるかどうかの問題をめぐって、熱烈な討論が行われた。職員としての真面目さが、逆に住民や民衆に対しての不真面目さになりうるという矛盾性が痛く感じられるような会合であった。

十一月、「月刊社会教育」十二月号、那須野隆一氏の論文「青少年における対策と教育」を中心に、国分寺教育委員会の坂本雅光が報告の予定。

以上、三多摩社会教育懇談会の最近一年間の歩みを簡単に述べてみたわけですが、これらの研究成果を「研究集録」として来春一月中に発行させたい計画で、現在準備をすすめています。

三多摩社会教育懇談会は、社会教育に関する一つの自由な研究団体にすぎないようにも考えられますが、集ってくる会員たちの一人一人の心の中には、広い連帯と励ましの中で自分のやっていることを確かめ、さらに意欲的な活動に取り組みたい、そのためのかけがえのない拠り所としたいという願いがあるようです。これからはここを中心に、単に自分のいる町や市だけでなく、広い三多摩の地域のなかで、連合的な活動をすすめていく可能性も考えられます。そのきざしもいくらか出てきました。例えば、三多摩社懇のメンバーが「くにたち婦人教室」に参加して、その具体的な批判と研究の上で、モデル的な「三多摩婦人大学」を計画・実施することなど、実際に幾度か話し合いが行われていますし、十月には「くにたち歌声教室」に国立町と三鷹市と昭島市の青年学級生約五十名が参加し、素晴らしく楽しい交歓をいたしましたが、これを発展させて「三多摩青年大学」（もっと魅力的な名前があるでしょうが、とりあえず—）を構想し、実践する可能性がそこに感じられるわけです。

これらは一つの例にすぎませんが、私たちは私たちなりに、東京で試みうるギリギリの可能性を追求したいと考えているのです。

住民自治の不当な制限の中で、社会教育の不在が問題とされる東京都ですが、三多摩の市町村は、幸いなことに、自分たちのことを自分たちで決めることのできる自由が一応確保されていますし、その中で、自由な社会教育活動を発展させようと意欲する公民館や社教職員が存在しています。

大げさなことは言えませんが、これらの仲間が力と心を合わせて、マンモス東京に挑みうる理論と実践を追求していくことを通して、全国の意欲ある仲間たちとつながり合いたいと考える次第です。

（国立町公民館主事）

7 三多摩社会教育懇談会の成果と役割

原題――三多摩社会教育懇談会の成果と役割
掲載誌――「三多摩社会教育懇談会研究集録第一集」
三多摩社会教育懇談会、一九六五年二月二十日

1 三多摩社懇の成立

一九六五年をむかえ、三多摩社懇も何となく一つのまとまりを見せてきたようである。会としての性格や内容にはまだまだアイマイなところがあるけれども、とに角、ここに集まり、そこから何かを試みたい、試みようと会員めいめいが心魅かれるような、一つの拠り所みたいなものにだんだんなりつつあるようである。

三多摩社懇がこれから真に、三多摩における社会教育問題を掘り下げ、押し進めるための、いわば強固な根拠地になるためにはどうしたらよいか。その在り方や研究討議の内容や進め方にも一層の関心が必要であるが、ここではとりあえず、その手がかりをつかむ意味からも、今までの三多摩社懇の歩みをふりかえってみることが必要である。

三多摩社懇とはもともと「月刊社会教育」の勉強会が発展したものであるが、その最初の集まりは一九六一年六月である。当時は安保闘争後一年を経過したときであり、安保体制に立ち向かうために、月刊社会教育編集部は、誌友グループを都内の各所に、また全国各地方に育て、発展させたいという意向をもっていたようである。

たまたま、当時の斉藤編集長から「月刊社会教育」の勉強会をつくってみないかという誘いのあったのを機会に、とりあえず私の手元の名簿から知り得る人たちに呼びかけて、最初の集まりがもたれたのである。

私は当時も現在と同じく国立町公民館主事として働いておったので、公民館主事会とか北多摩郡社会教育研究協議会とか、いわば役所の横のつながりをいくつか持っていたのであるけれども、もっと自由で広く、思うことをなんでも云い合える仲間がほしい、またそういう仲間グループをつくる必要がある、と私自身も強く求める気持をもっていたので、とにかく始めてみようということになったのである。

二、三の心許せる友だちはあったけれども、どんな人がどこにいるかはっきりつかめない状況だったので、公民館や社会教育課や図書館などで、これはと思われる三十名ほどにまず呼びかけてみたのだった。

その場合「月刊社会教育」を共通の広場にしたのは、誌友グループを集めることよりも、官製の社会教育に対していわば民衆側の自由な活動を旗印にする「月刊社会教育」の精神だけは、まず集まりのための最低必要条件でなければならない、と考えたからであった。そんな次第で、最初の集会に集まった人は十六名、まずまずの出だしであった。

二、三ヶ月は、その月の月刊社会教育の主論文その他を中心に自由に語り合い、編集部からも誰かに必ず出席してもらう、文字通りの「誌友グループ」の内容であった。

しかし、常勤職員中心の誌友グループなら例えば公民館主事会でも大して変わらないので、もっと広い範囲の人たちにも入ってもらいたい。さしあたりは「月刊社会教育」をテキストにするけれども、いろいろ話し合った結果、八月の集会（三回目）のあと、『三多摩社会教育懇談会』が生まれたのである。会の名称はあまりはっきりしたものではないが、三多摩という広い地域のなかで、社会教育に関心をよせる者なら誰でも自由に語り合えるという気持をこめたものである。九月からは次のような呼びかけで会をすすめた。

「社会教育関係者や青年婦人の活動家など、地域社会に関心をもつ者の自由な話し合い、情報交換、研修の場として『社会教育懇談会』が生まれました。まだ小さなグループですが、みなさんの協力でしっかりしたものに育てていきたいと思います。どうぞふるってご参加のほどお願いします。」

会費は年百円、毎月一回定例会（第二土曜日）、世話人として佐藤忠恕（武蔵野市図書館長）、岡内重信（都立八王子図書館副館長）、藤田秀雄（立正大学講師）、徳永功（国立町公民館主事）の四人、事務局は国立公民館に置いた。

佐藤氏は都心に近い三鷹、武蔵野方面を代表、図書館長としての長い経験をもつが、役人ぶらない自由な人柄で、単行本をものするほどの学究でもあった。現在は亜細亜大学講師を勤め、社会党市長の下で武蔵野市教育委員長として活躍している。

岡内氏は現在都教育庁、視聴教育課の係長であるが、当時は都立八王子図書館の副館長として、八王子市を中心に町田市や南多摩郡一円に読書普及を計る仕事に精力的に取り組んでおられた。

藤田氏は立正大学の講師で、月刊社会教育の編集委員。大学卒業後、群馬県の農村で公民館主事の仕事を実際に押しすすめてきた少壮の学者。

私はといえば、先年、安保条約が成立した直後の秋に試みた「これから私たちは、政治、社会、経済、教育などの面で何をどう考えたらよいか」を主題にした市民講座に三百名以上の聴講者が殺到し（革新陣営がその内部でやれ勝利だやれ挫折だと指導権争いに躍起になっている時に）一方では素朴に国の未来に心配を抱き、これからの自分たちの生き方やものの見方を確かめたいと願っている人たちが、予想以上に多いことに驚き、この事実に謙虚に、しかも大胆に応えることから始めなければいけない。できれば、国立に限らず、もっと広汎に押しすすめたいと考えているときであった。
かくして、三多摩社会教育懇談会は誕生し、出発した。
一九六一年の九月以降、一九六二年の七月まで、十回にわたって例会が開かれ、多い時で一七名、少ない時で五名という出席者があった。実際にどんな研究テーマが選ばれたのか、簡単に記録をたどっておこう。

六一年　九月　『月刊』九月号、北川隆吉「工業の進出と青少年非行」、馬場四郎「地域の変貌過程」の二論文を中心にして。

十月　『月刊』十月号「社会教育関係団体とは何か」「長野県の社会教育を語ってもらう」の二つの記事を中心にして。

十一月　第八回日本社会教育学会の話題を中心にして。この時の学会の問題は、「社会教育関係団体と行政の関係」であり、藤田秀雄氏が説明したが、それに関連して、大和町公民館建設促進運動をめぐっての行政と団体との在り方が熱心な議論を呼んだ。

十二月　『月刊』十二月号。吉田昇「日本の変貌に社会教育はどう対処するか」を中心に。

六二年　二月　これからの計画や今年の抱負などについて。

三月　『月刊』三月号、岡内重信「都立八王子図書館とともに歩んだ四年間の記録」を中心に。

四月　「三多摩における公民館の意味」を都公民館連絡協議会による公民館調査の報告を中心に検討。

五月　「政治学習をどうすすめるか」を『月刊』五月号「いま政治教育をどうすすめるか」をきっかけにしての討論。

六月　「社会教育学会」と「都社会教育関係職員合同研修会」で問題とされたことを中心にして。

七月「婦人学級の質的向上のために」『月刊』七月号の特集を中心にして。

以上が簡単な経過であるが、この後は約一年間、会は一度も開かれなかった。その理由としては、事務局である国立公民館が職員の退職などで、内部的にいろいろ多忙になったこと、岡内氏の都庁配転、佐藤氏の講師就任などがあって、世話人たちの連絡がうまくいかなかったこと、土曜日に都合のつかない会員がかなり多かったことなどが考えられるが、最も深い原因としては、三多摩社懇が万障を繰り合わせてもかけ参じたい程の魅力にかけていたことを率直に認めなければならない。このことはまた、具体的にどんな問題をどう取り上げていくかの会運営にもかかわる問題でもあったが、そこがなかなかうまくいかなかったのである。

今にして考えると、テーマの決め方が一見多角的ではあっても、その実はかなり行き当りバッタリであったことが会の盛り上がりを防げていたといえるし、また、実際に話し合いの中から出てきた重要な、具体的な問題をかるく見送ってしまった例もある。

その例の一つとして、「大和町公民館建設促進運動をめぐる問題」があった。大和町では、六十年から六十一年にかけて、町に公民館を設置させようとする青年たちの運動があった。

町に残っている者、都内に勤める者、組合活動に従事する青年たちが十数名、自分たちのすむ大和町にいわば地域の文化センターとして公民館を設置させようと、かなり強力な運動を進め、公民館の存在をPRするパンフレットを発行したりする一方、昭和三十七年度の当初予算に百万円の公民館建設基金を計上させるなどの成果をかちとっていた団体である。

このメンバーの三名と大和町社会教育主事のA君が、六一年十一月の三多摩社懇に姿を見せたのである。この日の話題は、日本社会教育学会で問題となっている「社会教育関係団体と行政の関係」を中心にするものであった。

藤田秀雄氏から「学会では、どんな団体でも学習的な面があればそれを関係団体として認めていくべきだという意見もあるが、自分としては、そういう概念のあること自体おかしいと思う。だから、認めるというなら、全ての団体を関係団体として認めるべきだ。一体、この関係団体が生まれたのは行政機関が自分の弱点をカバーするためである。」という解説的報告があったあとで、補助金支出などが問題になった時、大和町社教主事のA君から次のような発言があった。

「大和町では社会教育委員を置いてない。その理由は、自分が主事としてやりたいと願っていることが、置いた場合にうまくやれなくなる可能性が非常に大きい。置いた場合、委員になるのはあの人とあの人というように大体決まっているようだから、置くとかえってマイナスになる。」

これに対して、公民館建設促進同盟のY君は反論した。

「我々としては、公民館促進運動をすすめる立場から、公に発言する場がないから、社教委員を設置してほしいと考えている。Aさんがつくらないなら、議会に要求してでもつくらせようと思っている。」

両者の討論は続いたが、どちらかにはっきりと結論がでるというものではなかった。しかし、このとき大和町では、こういう具体的問題の一つ一つを通して、社会教育の在り方がまさに問われていたのであった。だから、三多摩社懇はこの両者をかかえて、それをどう解決し、発展させるかについて徹底的に取り組むべきであった。にも拘らず、その日の結論としては「A君の気持もわかるが、しかし、制度がつくられてしまった結果、A君も社教主事として働いているわけだから、その状況の中で一人でも多く協力者をつくっていく必要があるし、だから、社教委員も恐れずにつくって育てていくことが大切ではないか」という集約で終り、あとはA君やY君たちまかせということになってしまった。

その後、A君は胸の病に倒れ、復帰後は自らも求めて町の企画室に配転し、Y君たちの運動も何時とはなしに停滞してしまった、と聞いた。

そのことを思うにつけ、三多摩社懇の頼りない存在が悔やまれてならなかった。この問題は今後の三多摩社懇の在り方を考える上でも、大切な経験例とされなければならないと思う。

2　三多摩社懇の再開

三多摩社懇の再開をむかえたのは、六三年の九月である。これはなんとなく頼りなく、何となく魅力ない格好でとだえてしまった会ではあったが、他にはそういう場がないことから、あちこちで顔を合わせる会員の間から再開を希望する声が起こってきたことと同時に、国立町公民館に長野県から佐々木忍君を迎えたことによって、事務局体制が一層強まった結果でもある。

再開後の三多摩社懇の特徴は、従来の『月刊』の主論文を中心にした内容から発展して、会員自身の問題に即した具体的な問題にとり組むというものになってきたことである。また、社教職員のほか教師や主婦など、意欲ある仲間のふえてきたのも喜ばしい事実である。

再会後の歩みを簡単にふり返ってみよう。

六三年　九月　これからの会のことについて。
　　　　　　情報交換をかねての話し合い。
　　　十月「自治体における社会教育問題の構造」について、小川利夫氏の第七回自治研集会の報告に基づき
　　　　　討論。ほかに、保谷町の山本幸世さん（主婦）から、「学習サークルでの問題」についての報告。

十一月　大西伍一氏（府中市図書館長）から、府中図書館の活動や大西氏の社会教育についての考え方を聴き、それを中心に学習活動のすすめ方や社会教育の在り方について討論。

十二月　青梅青年の家に一泊し、都内の有志グループと交流。研究テーマは、「住民の要求に応えるために、社会教育の立場で自分は何を試みているか」を検討。

六四年

一月　今年の社会教育について、各地の報告に基づき、三多摩社懇として、これからどうしていくかを検討。

二月　「婦人学習活動について」―くにたち婦人教室の構想。提案者は佐々木忍氏（国立公民館）

三月　「学習内容とそのすすめ方」について、久保田篤子さん（保谷町公民館）と伊丹久子さん（草の実会）の報告を中心に研究討論。

四月　「社会科学学習をいかにすすめるか」について、串田稔光氏（八王子青年の家）の報告をめぐって討論。

五月　現代社会学講座（有斐閣）第二巻「地域生活の社会学」の第一章と第二章を中心に、小川利夫氏が報告、『社会教育では地域（住民）をどうとらえるか』を、（一）社会教育の性格と地域（住民）、（二）地域（住民の）生活と社会教育の二つの側面から検討。

六月　先月に引きつづき、「地域生活の社会学」の第四章「都市化過程と地域生活の構造」を中心に徳永功が報告。都市化の本質、東京都の特殊性、三多摩の問題状況などを検討。

七月　「社会教育職員としてどう生きるか」―その悩みと誇りについて、小川正美氏（三鷹市教委）の報告を中心に、自由な話し合い。

八月　国会議員の長谷川正三氏と都議会議員の実川博氏を囲んで、東京都、特に三多摩の社会教育や文化問題について自由に語り合い、励まし合った。
九月　第四回社会教育推進全国集会の報告を中心に研究。
十月　「青年の家における社会教育の考え方」について、岩浪伊一氏（八王子青年の家）と東寿隆氏（八王子青年の家）の報告をきき研究討論。
十一月　『月刊』十二月号、那須野隆一「青少年における対策と教育」を中心に研究討論。報告者は坂本雅光氏（国分寺教委）。
十二月　諏訪・湖泉荘で長野県の公民館主事たち現代社会教育研究会の学者達と交流。三多摩社懇から参加者は、徳永功、佐々木忍、東寿隆の三名。

以上の紹介からも読み取れるように、会のすすめ方が会員の実践報告を中心にして、その中から問題点や研究点をとりだして検討するというようになってきたのは、以前とくらべて大きな進歩であるといってよいであろう。内容的にも、先月の研究の上に今日の討論が積み重ねられるような、テーマに一貫したつながりが感じられるのは、研究内容の深まりを示すものとして評価できる。さらに、「くにたち婦人教室の構想」がやや不充分、不徹底ではあったが、会議の討論と研究に支えられながら、実際に「くにたち婦人教室」として開設実施されてきたことは、新しい可能性を指示するものとして、注目してよいのではなかろうか。

3　三多摩社懇の役割

三多摩社懇の存在理由は、「三多摩の問題は一つである」という自覚の上で、三多摩の変革のために、社会教育の側面から何か積極的な試みをなしうることでなければならない。

無論、会員相互の親睦と激励の場であり、心のふるさととしての連帯感、信頼感に支えられたものでなければならないけれども、それはあくまでも、「三多摩をどうするか」という目的意識を通してのことでなければならないと思う。

それでは、三多摩社懇は今後具体的に何をしたらよいのだろうか。

その一つの仕事としては、東京都における三多摩問題の意味を明らかにし、三多摩における社会教育問題をはっきりつかむ中で、自治体変革、都政変革に迫りうる基本的な方向と課題を追求することが考えられる。

これはいわば、三多摩社懇のビジョンの確立であり、具体的な活動をすすめるための戦略の設定である。しかし、一口に三多摩問題といっても、そこにはさまざまな地域とあらゆる問題があるわけだから、まず会員たちのおかれたそれぞれの状況を的確に把握することが手はじめになる。

この仕事は自分のしようとしている活動の意味を客観的に評価する意味でも大切であるが、社会教育の果す役割を、さまざまな民主化運動、文化運動、労働運動、政治運動の中で明らかにする点で特に重要である、と考える。

第二の仕事としては、学習活動をすすめるための具体的な学習内容の検討が考えられる。例えば、婦人学級や青年学級をすすめるときに、どういう内容の講座をどのように組むべきであるか、という問題、または社会科学の学習といったときに、どういう問題やテキストを使えばどうなるのかという教材やカリキュラムの問題である。私たちが社会教育で考えている「学習」は、学校教育のそれと比較すればその内容はきわめて単純で大雑把である。

学校教育と同じであってよい筈はないけれども、もう少しキメ細かな検討が必要であると思う。そして、できうれば、三多摩社懇公認の実際に使えるテキストや、プログラムを作成したい。

たとえば、憲法学習のためのプログラムとテキストを婦人向き、青年向きに組み立てること。店員たちに賃労働の本質や、資本と労働の骨組みを理解させるために、どういう教材をどう使うべきか、などなど。

その点で、昨年三月、伊丹さんが報告した草の実学習講座の計画は、一つの見本として大変貴重な意味をもっているると思われる。

今後、三多摩社懇で、この面に関する研究が一層盛んになることを望みたい。

第三の仕事としては、単に自分のいる町や市の枠内だけでなく、ひろい三多摩の地域のなかで、連合的な活動をすすめていくことが考えられる。

これからの社会教育の活動は、なにも一つの地域や町に限定しなくともよいと考えられるし、三多摩社懇の頭脳をよせあつめて、どこかで実験的な学級や講座が試みられてもよいのではないか。

昨年の、「くにたち婦人教室」にその糸口をみることができるが、もっと本格的、積極的な取り組みのできる何かを育てたいものである。

また、公民館や、地域の学習グループを青年の家で結びつけ、発展させるといった意識的な試みも計画したいものである。

以上、三多摩社懇は、三多摩の社会教育のなかで、理論と実践の両面において先駆的、指導的役割を果たすべきであると考える。

そして、その足どりの中で、長野や千葉や栃木の、心ある仲間たちともつながり合いたいと思う。

8 「三多摩テーゼ」について　作成時の回想

原題――「三多摩テーゼ」作成当時の回想
掲載誌――「戦後三多摩における社会教育のあゆみⅦ」東京都立多摩社会教育会館、一九九四年九月

「新しい公民館像をめざして」が東京都教育委員会の責任で発行されてから、早くも二〇年を迎えたという。これがいわゆる三多摩テーゼとして全国的に読まれ、都市公民館の在り方に一定の刺激を与えてきたとされているが、現時点ではどうであろうか。厳しい評価の上で、補足すべき点を補足し、これからの公民館の進むべき方向について、輝ける指針としての位置を保ちつづけることを期待したい。

さて、このテーゼをまとめようという直接の動機は、図書館並みに、公民館建設にも東京都から補助金が支出されることにあった。

周知の通り、東京都は昭和四六年度（一九七一年度）に、美濃部都知事の発案で「図書館を市民のたまり場・集会の場に！」という図書館政策が都の中期計画に位置づけられ具体的に「建設費の二分の一補助、備品費の三分の一補助の三年間継続」が予算化されたのである。これはまさに画期的な施策で、その結果、三多摩には忽ちのうちに図書館が続々と設置されるに至った。全く目を見張るような素晴らしい変化で、これによって三多摩の社会教育の状況が大きく前進したことはいうまでもない。しかし、当時の三多摩においては、住民運動のひろが

り（一九七〇年は住民運動元年とされた）と学習権思想の高まりを背景にして、「住民のための自由な集会の場や意欲的な学習活動の機会を保証するための施設」として『公民館』を求める声が非常に高まっていた。都公連が広く三多摩の社会教育団体や活動グループを通して行った調査では、自治体にいま一番欲しい施設として、公民館は図書館を上廻っていたほどである。

当時、私は国立市公民館長として、古いイメージを脱却した新しい都市公民館の活動を意欲的に実践しながら、未設置の自治体に公民館の設置を促していかなければならないと使命感を燃やし、都公連という組織を通して積極的な働きかけを実行していた。

こういう時に出されてきたのが、かの図書館政策である。それを知った時に、凄いという驚きと共に、しかし不公平ではないのかという不満の気持ちが強かったことを忘れることができない。都の社会教育行政は一体何を考えているのかという不信の念をもったことも確かである。それに、「図書館を市民のたまり場・集会の場に！」と美濃部都知事は考えを述べているが、知事は何か錯覚しているのではないか、集会室が一つか二つしかない図書館がなぜ市民のたまり場や集会の場になりうるのか、全く現実的ではなく、その役割を果たすべき施設は当然公民館をおいてない筈であると反発した。しかし、美濃部知事にこのような考え方をとらせた裏には一つの象徴的な出来事があった。それは或る時地方の公民館が美濃部教授（東京教育大学）を講師に依頼しておきながら理不尽にも断ってきたことである。この事実と古いイメージが重なり、公民館は考慮に値しない、反動的な施設としてしか評価されなかったのだろうと推察された。また、そのような評価は当時美濃部知事のブレーンの一人であった市川房枝さんも同様であった。

しかし、そのような事情があったにせよ、公民館設置についても図書館と同様の建設補助を都の施策として具体化させせなければならないと考え、できるかぎりの努力はしたつもりである。

都公連として正式に都教委に要請し、働きかけたことは勿論であるが、都教委だけを攻めても駄目で、知事およびそのブレーンの考え方を変えてもらわなければ、到底都の中期計画にはのらないことが明らかになってきたのである。そこで、まず知事のブレーンとして中心的に活躍していた小森武氏に会うことにした。小森さんは国立市の文教地区指定運動以来のおつき合いで、市民大学セミナーの講師を快く引き受けていただいたこともあるし、特に奥さんは公民館党といわれるほど熱心な活動家でもあったので、どうか力を貸して下さいと懇願した。また、武蔵野市から選出されていた実川都議（社会党の長老議員で実力派として認められていた）にも会見をお願いし、会食しながら、親しく懇談したことも思い出される。しかし、公民館設置について、一応理解していただいたものの政策化にはいたらなかった。これは公民館とは何かというイメージアップが我々の側にも必ずしも明確ではなく、そのために相手を充分に説得できるアピールができなかったのだ、という反省を強く持たざるを得なかった。

そこで、都の政策、計画の中に公民館を明確に位置づけさせるためにも、何はともあれ『鮮明な公民館像』を画き出す必要があると考え、それを都公連の緊急課題とした。当時発足間もなかった立川社会教育会館は、公民館職員の研修と連帯の大切な機関としての役割を果たしており、仲間同然の存在であった。当初会館の副館長であった内田和一氏（その後、都教育庁社会教育部成人教育課長）は理解も深く、人柄的にも親しみのあった人で、何かと相談に乗ってくれたり、共に考えてくれる同志であった。

初めはテーゼをつくる作業を都公連の事業としてやり、それに都が補助金を出すということでどうかと内田さんの助言があったが、それよりは、むしろ都の責任で行い、作業は我々公民館職員がやる形にしていただきたいと懇願したところ、内田さんも納得し、努力しようということになった。幸いなことに、直前まで立川社教会館で事業係長をしていた藤田博氏が社会教育主事室長として都教委に復帰されていたので、話はスムースにすすみ、都教委の責任で「公民館資料作成委員会」が設置されるに至ったのである。

作成委員会は活発な議論を重ね、予定の回数をはるかにオーバーして、熱心に作業すすめたこともいまでは快い思い出である。

かくして三多摩テーゼはまとめられたが、肝心の公民館建設に対する都の補助制度は実りのないままで現在に至っている。

国立市社会福祉協議会事務局長（元国立市教育長）

9　公民館三階建論について

原題——公民館三階建論について
掲載誌——『住民の学習と資料「社会教育・４つのテーゼ」』社全協資料委員会、一九七六年九月号

公民館三階建論は三多摩社会教育懇談会の中で確認され、あたためられ、実践的に理論化されていったものであるが、そもそもの発案者は小川利夫氏である。

小川氏は公民館三階建論について次のように述べている。

「それはもちろん、公民館の建物を三階にするということではない。そうではなくて公民館活動の形態と内容を、そのようなものとして組織し、発展させることが、これからの社会教育行財政および社教職員の主要な任務の一つではないか、というのである。すなわち、一階では、体育・レクリエーションまたは社交を主とした諸活動がおこなわれ、二階では、グループ・サークルの集団的な学習、文化活動がおこなわれる。そして三階では、社会科学や自然科学についての基礎講座や現代史の学習についての講座が系統的におこなわれる」（「都市社会教育論の構想」三多摩の社会教育・一九六四・一二）。

三多摩社会教育懇談会というのは、まず「月刊社会教育」の勉強会から出発したのだが、最初の集りがもたれたのは六一年六月である。

三多摩においては、当時は現在とは全く状況がちがっており、たとえば小生についていえば、当時東京都で二〇館ほどしかなかった公民館の連絡会と北多摩社会教育研究協議会といった、いわば行政上の会以外に横のつながりは全くなく、どこにどういう人がどんな思いで活動しているのか全く見当がつかないといった有様であった。

そこで、なんとかして自由に、広く、思うことを何でも云い合える仲間がほしい、そのような仲間のグループをつくろうと意欲し、とりあえず「月刊」の勉強会を開こうと当時の月刊編集長の斉藤峻氏と相談して、小生の気づくかぎりの人たちに呼びかけてみたのだった。そして三回ほどつづけたあと、「月刊」の勉強会だけではなく、もっと具体的、実践的に討論をしたいということから、三多摩という広い地域の中で、社会教育に関心をよせるものなら誰でも自由に語り合おうという気持ちをこめて「三多摩社会教育懇談会」が六一年九月から発足したのである。会費は年一〇〇円、毎月一回定例会（第二土曜日）、世話人として佐藤忠恕（武蔵野市図書館長）、岡内重信（都立八王子図書館副館長）、藤田秀雄（立正大学講師）、徳永功（国立町公民館主事）の四人、事務局は国立町公民館においた。

当時、三多摩では社会教育についての唯一の自由な集団であったこの三多摩社懇には、いろいろな人たちが参加して交流を深め、活発な議論を交し、かつ激励もし合って、大変緊張感と充実感のあふれるものであった。なにしろ、月一回土曜日の午後に国立に出掛けることが秘密でなければ参加できない会員がいたほど、この会は或る意味ではこわい、しかし魅力のある会だったといえよう。そんなわけだから、会の終った後は必ず赤チョウチンでの二次会となった。むしろこの二次会の方が三多摩社懇の中身の濃い実質的なふれ合い、刺戟し合いの場であったのかもしれない。

三多摩社懇のめざしたものは「三多摩の問題は一つである」という自覚の上で、三多摩の変革のために社会教育の側面から積極的な試みをしようということで、およそ三つの課題を掲げて歩みをすすめた。

第一は、東京における三多摩問題の意味を明らかにし、三多摩における社会教育問題をはっきりつかむなかで自治体変革、都政変革に迫りうる基本的な方向と課題を追求すること。

第二は、学習活動をすすめるための具体的な学習内容の検討。

第三は、単に自分のいる町や市の枠内だけではなく、ひろく三多摩の地域のなかで、連合的な活動を具体化し、すすめていくこと。

ここではくわしい経過を報告できないが、この三多摩社懇に小川利夫氏が参加されるようになったのは六三年の秋ごろだと記憶する。いま現在も意気盛んな小川氏はいまよりも幾倍か血気盛んで、大いに飲み、高らかに歌い、そして熱っぽく論じたのであった。思うに、小川氏の独創的で重厚でしかも切れ味抜群の理論は、書斎でのたゆみない研鑽の結果というよりは、もっと感性豊かな、詩的直感というようなものがまずあって、それを飲んでは語り、語っては飲む反復のなかで、次第に一つの形となって実を結んでいくのではないだろうか。公民館三階建構想はまさにその典型といってよかろう。

小川氏が提唱した三階建論の発想の底には富田博之氏のレポート「上海工人文化宮」（月刊社会教育No.50一九六二年一月号）があったのではないかと思われる。

同じ時期、小生も公民館主事の大事な仕事の一つとして「公民館施設の設計とその推進」を強調していた。当時は施設のもつ積極的意味は殆ど問題にされなかった。（たとえば、同時期に出された下伊那テーゼには施設論は全くない。）小生は、都市化状況の中で孤立化している新しい地域住民のために、一人でも気軽に行ける憩いの場、いろいろな人と連帯をはかる社交の場、文化要求をみたす教養の場などの多面的な魅力をもつ施設の必要性を強調していたのである。そして、小生もまた冨田氏の報じた「工人文化宮」にヒントをえて、公民館三階建論をイメージし、小川氏との酒的談論の中でその構想をにつめていったのである。既に国立公民館はその果たすべき基本的役割を

1　住民の自己解放の場（多面的、魅力的な施設）

2　集団的な学習と文化創造の場

3　継続的な政治学習

と定めて、日常的な実践活動をすすめていたのだが、三階建論のイメージをえてからは、さらに一層具体的に、そして構造的にリファインしていくことに役立っていったことは疑いない。あえていえば、公民館三階建構想は、小川氏の発案したイメージを国立公民館の社会教育実践の中で試行的に肉づけられ、不充分ではあるが、まさに実感的に理論構築がなされていったといえよう。

（社会教育推進全国協議会常任委員／東京・国立市教育委員会）

10 「下伊那テーゼ」について

原題――運動と学習と施設
掲載誌――『日本の社会教育第9集『現代公民館論』』東洋館出版社、一九六五年十一月

この論文は、「公民館の仕事を『民主的な社会教育活動の発展につくすこと』と規定し、公民館主事の役割を『働く国民大衆の人間的な解放に役立つ学習・文化運動の組織化である』ととらえる」という視点から、公民館主事の性格と役割を追求しようと試みている。だから、この論文を読んでまず感じることは、公民館主事の性格と役割を狭い枠の中で考えるのではなく、何よりも基本的な矛盾をもつ日本社会全体のしくみの中で追求しようとしている姿勢と態度である。我々は、これを基本的に正しい姿勢であり、態度であると支持したい。しかし、階級的視点のダイナミズムが強調されすぎているために、学習の本質や運動の中味が厳密に分析されず、従って公民館主事の性格と役割が、その特殊性や専門性において充分に明らかにされなかったキライがある。特に、「これからの主事の役割」と「具体的な仕事」という、この論文の主要であるべき部分が極めて荒っぽく、かつ非具体的に扱われていることが、我々にとっては甚だものたりないし、不満である。以下、一、二の点について意見を述べてみたい。

1　学習と運動との関係

「これからの主事の役割」(二ノ3)の中で、『国民的教養のあり方』はどうなのかという問題について、われわれはまず働く国民大衆の運動の中から学ばなくてはならない」とし、その理由として、「これらの運動の中で行われる学習活動は、その時々の、当面する問題のみをとりあげることが多く、その内容を羅列するだけではわれわれの社会教育の内容にならないのは勿論であるが、その幅において、量において又、実践でたしかめられてきたという点において、今の時代における『国民的教養』のあり方を示しているといってよいだろう」といっている。そして、「これらの運動の中で行われている学習活動を分析し、それを一般化し系統化する仕事」が、主事のとりくむべき第一の仕事であるとしている。

学習内容を働く国民大衆の運動から学ぶことは必要ではあっても、この論文では、働く国民大衆の運動とは具体的に何をさしているのか、それがまずはっきりしていない。むしろ、わかり切ったものとして、極めて簡単に考えられているようである。また、大衆の学習活動が大衆運動とどうかかわり、つながっているのか、運動がどう組織されていくのかも極めてアイマイである、さらに、「働く国民大衆の運動の中で行われる学習活動は、今の時代おける『国民的教養』のあり方を示している」と書かれているが、分裂、混迷非統一の状況にある現実の平和運動や労働運動などを、総体としてどうとらえようとしているのか、そこが甚だ疑問である。

また、「これらの運動の中で行われる学習活動を分析し、それを一般化し系統化する仕事」が主事のすべき第一の仕事とされているが、言葉の厳密な意味で、そんな大変な仕事は我々には到底できそうにない。主事も主事なりにつかむ必要はあるにしても、どうつかむのか、どこまでつかめるのか、実際にはなかなか難しいのではないか。我々に実際できることは、せいぜいそれらを分析した諸政党や労働者の全国組織の機関紙や報告書を読むこと、及びいろいろな研究者や評論家の論文を読み、そこから学ぶことぐらいではないのか。このところは、つまり、事実問題としても、厳密さを欠いているのだと思う。むしろ、大衆運動を指導する理論こそ学ぶ必要があり、その理論を検討し、確かめる点において、自分たちの身近で行われている諸運動を分析してみることが必要である、と考えるべきではなかろうか。

提案論文を読んだ範囲内だけで判断すると、運動の中での教育宣伝活動と社会教育の学習活動とを区別して考えてはいないようである。その結果、当然の帰結として、運動の中での教育イコール社会教育である、という立場で論を進めているようである。我々は、運動の中での教育宣伝活動と社会教育の学習活動を次のように区別して考える。

まず、運動の中での教育宣伝活動の対象は、当面の運動にとってすぐに戦力になりそうだと判断されるものに大体限られる。さらに、その内容は、当面の運動を推進するために直接関係あるものに限られる。これに対して、社会教育はかなり趣を異にする。政治に対する基本的な態度を堅持し、それを目標とはするが、しかし、特定の運動の戦列に参加させることを直接かつ当面の目標とはせず、従って、運動の戦力にすぐなりそうな人も、そうでない人も、全てを対象とする。だから、内容の面でも、運動の推移にすぐ役立つか否かというようなせい急な判断をせず、運動に参加している人たちからすれば、かなり遅れたこと、関係ないことでも、それが現在の主要な関心であり、興味の対象であるなら、それをそのまま社会教育の学習内容としてとりあげ、その段階でのものの感じ方、すじみちの考え方を明らかにしていく。そこに社会教育の独自の大切さがあると考える。

つぎに、都市及びその近郊では、生産点と生活点が一般的には分離しており、労働運動や平和運動などは、職場の労働組合などを通して、生産点において行われているのが現状である。そして、一方実際に行われている社会教育の諸活動は生活点において存在しているのであり、しかも、その対象は家庭の主婦と一部勤労青年が中心部分を占めているのが、偽りのない実状なのである。だから、多くの場合、働く大衆の運動と公民館は殆どつながりを持たないまま、公民館活動が行われており、その学習内容も、対象となる階層に応じないものである。このような実状をどう評価するかが問題ではあるけれども、しかし、このような状況への冷静にして客観的な分析なしに、学習と運動について考えることは現実遊離の論になる恐れがあると思われる。

2 学習内容の編成と施設の関係

「学習内容の編成」(二、4、(1))の中で、社会教育の中で行われる学習文化活動について、三つの主要な柱として

1 人間疎外をのりこえる力を養うものとしての学習活動

2 人間精神を創造的に発展させていくものとしての文化活動

3 健康的な肉体をつくりあげていくスポーツ活動

の三つをあげながら、「とくに公民館主事が中心的な課題としてとりくむものとして1の学習活動をあげる」としている。その理由はなぜか説明されていないが、我々は、そこに運動としての公民館活動のみが重視されており、三つの主要な柱を構造的に把握することを怠っている安易な態度を読みとらねばならない。これは一人の人間の人間形成にあてはめてみても極めて明らかなことである。他の二つの主要な柱の担当者は別にいるのか、或いは、本当に主要なのは一つだけなのか、明確な説明がほしい。

我々は、三本の主要な柱を、その規定そのものに問題点を感じながらも、まさにその言葉通りに評価したいと考えるのだが、この論文では三本の主要な柱といいながら、特に(1)の柱に重点をおくという考え方になるのは、「人間解放のねがい」を達成するためといいながらも、当面民主化を進めるために直接支配体制にぶつかり、

闘争していく大衆運動とつながるためには、いま1の学習こそが急がれねばならない仕事であり、2や3の活動はその限りでは附随的《ツケタシ》なものでしかないという考え方が基本にあるからだと読みとれる。

それに、公民館に関係する団体活動をみても、学習活動を中心にすすめているグループやサークルの他に、たくさんの文化団体やスポーツ団体や趣味の団体が現実に存在していることがわかる。

我々も、趣味やスポーツだけに関心を奪われている人間が学習を意欲する人間に成長していくことが重要だと考える。また、そこにこそ公民館の存在理由があり、公民館主事の役割があると考えたい。しかし、だからといって、提案論文のように1だけを切り離してとりあげるのではなく、2も3も同時に必要で大切な部分として、全体的なつながりの中で生かしたいのである。

その意味で、この論文の主要な欠点は「公民館施設論」がないことである。三本の主要な柱は、さまざまな住民要求の「よりどころ」としての施設構想の中でのみ有機的、構造的にとらえられるのではなかろうか。

我々は、公民館施設について、いわゆる「公民館三階建論」なるものを確認事項として持っている。即ち、一階では、体育・レクリエーションまたは社交を主とした諸活動がおこなわれ、二階では、グループやサークルの集団的な学習、文化活動がおこなわれる。そして三階では、社会科学や自然科学についての基礎講座や現代史の学習についての講座が系統的に行われる。それは勿論、公民館の建物を三階にするということではなく、公民館活動の形態と内容をそのようなものとして組織したいという「施設の構想」である。

特に都市化が進み、急速な人口増加がみられる我々の地域では——これはただ三多摩地域だけでなく、日本全体の一般的現象ではなかろうか——活動や運動に関係をもたない、或いは持ちえない人間が、多くの場合、ばらばらで、孤立した状態におかれているのが実状である。それらの個人に働きかけて、集団化、組織化を進めるためにも、まずさまざまな要求に応えうるための施設、拠所が準備されなければならないと考える。

3　公民館の職場について

この論文に欠けているもう一つのものは「公民館の職場論」である。それは、あとがきの「飯田、下伊那地方では、市の支館、町村公民館の主事はおおむね一人であり、しかも他職を兼務しているものも少なくありません」という実状に見合っているものであるけれども、この現状を打破するためには、まず如何なる「公民館のあるべき職場」が必要とされるのか、その点に全然ふれられていないのはどういうことか。そういうことに何もふれることなく、いきなり、最低都市段階の主事組織を基礎に県段階、全国段階の主事組織の必要が説かれるのは、運動論としては理解できても、やはり片手落ちであり、論理の飛躍というべきであろう。

また、「職能別労働組合」という発想は、それなりに理解できるが、この論文の文脈からすると、何か唐突の感をまぬがれないし、そもそも自治体内部における在り方という点でも問題である。

兎に角、一番重要なことは、自分の職場である公民館をどうするかということである。だから、おおむね一人しか居ない自分の職場をどう発展させて、複数の専任職員のいる場所にしていくかがまさに問題にされるべきである。いかに飯田、下伊那地方でも、今の状況でよいといえるわけはなく、またどんなに小さな村であっても、たった一人の主事だけでは十分にキメ細かな活動は期待できない。この点についての検討がなかったのは、公民館の重要な行財政論の確立の意味からも、大変残念なことといわなければならない。

※このまとめは東京都三多摩社会教育懇談会の四回の討論に基づき、さらに、進藤、奥田、徳永の三人が共同して作成したものである。（文責・徳永）

11 「公民館」から「青年の家」へ

原題――「公民館」から「青年の家」へ
掲載誌――『月刊社会教育』国土社、一九六六年六月号

(1)

東寿隆さんが「青年の家から公民館へ」という文章を『争鳴』欄に書くから、それに対して率直な感想なり、意見なりを寄せてほしいというので、承諾し、期待して東さんの文章を読んだところガッカリした。

つまらない雑文を書くより、むしろ静かに蓄積すべきだと考えている最近の私であるが、かなり親しい仲間の東さんが特に公民館について書くから、ぜひ君に反論してほしいというので、彼の書いたことについての感想なり反論ならば、感じたことや思ったとおりのことを書けば済むだろうと、けなげにも承知したのであった。

しかし、東さんの文章について、私が改めて反論を書くほどのものは殆どないように私には思われる。何故なら、東さんは青年の家の職員として、青年の家における社会教育をどのように主体的にとらえ、どのような可能性をイメージされているのか、そして、そのような主体的立場から公民館活動に何を望み、期待するのか、具体的な事例をあげて提言するというのではなく、ただ一般的に、青年の家の考え方と公民館というより、公民館的施設についての希望を語っているにすぎないから、私としては「ああソウデスカ、ソウデスカ」と思っていれば

それで済むと思われるからだ。

それでも私が書かなければならないのは、全く時間的理由からである。私が東さんの文章を読んだ時が六月号の原稿締切日間近かだったために、既に五月号に予告までしてある手前、雑誌を編集する立場からは今さら断られては困るという事情に、私は私で、月刊支持者の一人として同情したからにほかならない。こんなことは書いてはいけないこと、また大変読みづらいことにちがいないぐらいは承知しているつもりだが、感じたまま、思ったままを率直に書くという『争鳴』欄だから、あえて書いておきたい。

さらにいえば、そもそも「青年の家から公民館へ」というテーマの設定そのものがよくわからない。「争鳴」欄が笹島論文をめぐる反響によって生まれたのならば、どうしてもっとピンとくるような、反論が沢山でてくるようなテーマを設定しないのだろうか。笹島論文とそれをめぐる反論にしたところで、まだギリギリのところ、胸をつきあげるところが殆どでていないように私は思っていたし、どうせやるなら月刊編集部もこの問題を徹底的につきつめてみたらどうかという期待もあった。そんならお前がまずやってみたら、とすぐに言われそうだから、この問題について一言私の感想を述べておく。

笹島論文をめぐる一つの重要な問題は「社会教育における党派性の問題」だと思われる。それは批判者たちの文章の行間からも垣間見られたところだ。だから、こんどは批判者たちが、自分の手だけは汚さないような、或いは奥歯に物のはさまったような批判にとどまらず、堂々と正面切って一番言いたいところを述べてみたらどうか。それならば、笹島論文の支持者である私も及ばずながら大いに意見を出したい。そして、このやりとりの中から、社会教育における統一戦線の問題、或いは社会教育と大衆運動のかかわりの問題もはっきりしてこよう。このことは「社会教育と労働者教育」（泉信三・九八号）「社会教育の内容編成の視点について」（碓井正久・九九号）「戦後二〇年の社会教育をどう評価するか・提案」（福尾武彦・百号）など今年になってから世に問われた月刊社会教育の主要論文を読んでも、何れもその辺のところを意識して書かれているとすぐにピンと感じられたことだ。『争鳴』第一号の宮崎氏だって、総合社会教育施設不用論を唱えながら、最後には「行政社会教育はこれら革命的な運動に対しては何ができるだろうか」などと聞き捨てならぬ台詞をはいている。であるなら、「文句があるなら言ってみろ」という姿勢ではなく、まず自ら正々堂々と論を張ってみたらどうか。そうもいかない事情もあるのだよ、と、諸条件に気をくばるのは結構だが、そのくせ腹の中ではあいつは結局本物ではないから駄目だなどと、勝手にうぬぼれている傾きが感じられるのは、決してほめられた態度ではない。

（2）

さて、前置きが長くなったが、本題に移ろう。公民館から青年の家へ何か言うわけだが、「青年の家」について、私は全国で百館近くあるといわれる施設を全部知っているのではない。数カ所の施設に十回程度泊まったにすぎない。しかし、十回の経験だって大切な経験にちがいないから、まず私の経験の範囲内で実感したことを述べることにしよう。

まず、御殿場の国立中央青年の家。ここには二度泊まったが、二度とも印象はすこぶる悪い。もう二度と来るものか、と思ったものである。最初のときは、間近に見る朝焼けの富士に感激したが、兵舎のような寒いベッドに寝かされ、昼は昼で自衛隊の戦争ごっこの騒がしさ（大砲が撃ちこまれ、旧式の飛行機まで出動していた）の中で何がしかの話し合いをしたのだが、私は外のこと、この青年の家の社会的環境に気を奪われて、話し合いどころではなかったことを覚えている。馴れてしまえばさして苦にならないのかもしれないが、青少年の研修の場としては、自衛隊と隣り合わせはどうしてもまずいと思う。自然的背景の素晴らしい所だから、全国各地からやってくる青年たちはきっと或る種の新鮮な感激を味わうにちがいない。そして、朝は六時起床、国旗掲揚、ラジオ体操から始まって、夜は十時消灯といった規律ある生活に一種の充実感を実感するのではないだろうか。そこに自衛隊のラッパが鳴りひびき、演習現場を目の当たりに見せられたら、ひょっとしたら軍隊生活に憧れを抱く者も少なからず出てくるのではなかろうか。これは或いは文部省が青少年育成のために意図的にここを選んだのではなかろうか、などと考えざるをえなかった。

二度目に泊まったときは幸い自衛隊の練習を間近に見ることはなかったが、二泊した二晩とも風呂に入れてもらえなかった。その理由は、ラジオ体操の後での係員の説明では、ただ渇水期のための水の制限というだけだったが、すぐにこれは自衛隊でどんどん使うので、こちらはその犠牲になっているのだという情報が聞こえてきた。正確に調べたわけではないので真偽のほどはわからないけれど、二日もつづけての（実際には我々は二日だけだったが、かなり長くつづいていたらしい）迷惑をかける説明に、昨日も今日も、「今日は風呂はございません」といった紋切り型の説明には一片の誠意すら感じとれなかったので、これは何かあるなと勘繰られても致し方はあるまいと思ったものだ。

明日は解散という前の晩は、青年の家職員が室内でのキャンプファイヤーを指導し、楽しくかつスピーディなお別れパーティをたくみにリードしてくれたが、それは我々にはなかなか真似のできないほど手馴れたものだった。しかし、青年の家の職員はこんなことを毎日繰返していて、一体どんな生き甲斐があるのだろうかと思った。酒を飲んではならぬ青年の家だから、どこか町の飲み屋か或いは宿直室の片隅かで、くたびれはしても、たいした充実感のない（と思われる）一日の生活をひそかに味わっているのかなと、勝手に思い、そこへいくと公民館主事は一人の人間とトコトンまでつき合える地域社会の中で結構自分のやりたいことを自由にやれるし、やりたいことが直接自分にひびいてくる大変張り合いのある仕事をしているのだなあ、とこんなところで妙な一人合点をしたものだ。

次は、東京の青年の家。東京の青年の家は四つとも全部、都心を離れた郊外にあるが、まずどれもこれも施設の貧弱なのが気にくわない。大東京都の二五〇万人の青少年を対象とする施設だというのに、大体部屋数は少ないし、特に遊ぶ場が少ない。あるのはフォークダンスと卓球ができる程度のホールだけである。東京の青年の家は、東さんによれば、施設提供型に属するとのこと。それならば、なおのことさまざまな施設を用意したらどうか。山は近くにあるが、屋内体育館とプールぐらいはどうしても欲しいものだ。

貧弱な施設はともかくとしても、ここを利用した印象もあまりよいものではなかった。或る館では、青年の家に入ると同時に、所長が長々とお聞かせ的な訓辞を述べられ、その熱意に感心しながらも、実のところは閉口した。或る時は、消灯後、寝床で話し合ったら、見廻りの職員から「話をやめなさい」と一喝された。そこは離れで仲間うちだけだったのだから、なんとかもう少し言いようもあったのではないかと思ったものだ。そのくせ、「お早うございます。みなさん起床の時間です。」という場内アナウンスは録音を使っていると聞いて、何だかこちらが操られているみたいで、嫌な感じがした。職員の態度もおおむね融通のきかないお役人といった感じが強かった。そういえば「下駄（便所の）をきちんとそろえましょう」とか、「他人のご迷惑にならぬように」とか、形式だけのことに随分と神経を使っている感じが強い。そのこと自体決して悪いとは言えないけれど、旅館に較べるまでもなく、何となく窮屈な感じのすることは確かである。サービス精神より指導意識の方が過剰になっている故だろうか、と考える。まあ、朝、日の丸をあげたりはしない、というのがせめてもの慰めであろうか。

（3）

さて、色いろとあえて悪口を並べてみたがそもそも「青年の家」とは一体何なのか。全国青年の家協議会が三十六年にまとめたという「青年の家」の規定は「青年の家は宿泊を伴う集団生活を通して自主的精神にみちた心身ともに健全な青少年の育成をはかる教育機関である。……」（傍点筆者）とのことだが、私の疑問は、青年の家は果たして教育機関であるのか、ということだ。教育の概念規定を正確にいうことはできないけれど、教育とは一人の人間の認識を変え、そして発展させるための継続的な営みである、と私は考えているのだが、とすると、教育機関としての「青年の家」では一体何を教育の中身として行っているのであろうか。私は、「青年の家」は教育機関ではなくて、教育的施設であるし、またそうあるべきだと思う。だから、その職員も下手に教育者を気取らずに、むしろサービス精神に徹するべきだと思う。青年の家を利用する集団の指導者やリーダーはその集団の中にいるではないか。それをその集団のさまざまのこともよく知らない者が、一定の規律（それもみんなが同意したものではない）を押しつけて、どうして教育といえるのか。私は宿泊施設でありながら十時消灯というのは致命的な欠陥ではないかと思う。無論、翌日山に登るという連中は早く眠るべきであろう。だが、青年の家には山に登る青年だけが泊まるのではない。職場をはなれ、親元をはなれた青年たちが夜を徹して自由に語り合うことの大切さ、教育的な意味については、青年の家の職員だってわからぬ筈はあるまい。そんなときウイスキーの一本ぐらいあったところで決して責められるべき事柄ではないのだ。そんな議論を東さんとも他の職員ともしたことがあるが、彼らの反論は「規則は規則だし、職員の勤務時間にも限度があるから」というもの。これでは全く本末転倒である。規則は利用者ぬきで勝手に作られたものだから、利用者の便利なように変えるべきだし、職員の勤務条件もできるだけそれに合わせるべきだ。職員も労働者で大変だから、などとそんなところに気易く労働者の連帯を言わないでほしい。

私は、とにかく、青年の家が現在のような状態で運営されつづけるとしたら、私たちが大切に考えている公民館に集う勤労青年の一泊研修会を青年の家で行うことはできない、と考えている。どうかわかってもらいたい。商工青年学級に来る青年の多くは住込みの店員や工員である。彼らは、組織労働者が実働八時間及至七時間を主張しても、依然として朝は七時頃から夜は八時過ぎまで働かざるをえない状況にいるのである。公民館に集まれるのは八時半がやっとという者も多い。休日も無論ばらばらで一致していない。こういう青年たちがやりくりしてやっと一年に一度一泊の機会がもてるのである。だから、彼らにとってはこの機会こそ、自由にゆっくりきれいな風呂につかり、誰に気兼ねすることもなく大いに騒ぎ、そして心ゆくまで仲間と語り合うことが必要なのである。そのときは、酒を飲みたい者にはそれを許し、男女を簡単に分離させることなく、一晩ぐらい徹夜したって構わないと思う。大体「青年の家」では性の問題には特に気をつけるのだそうだが、私は青年というものは集団の中にいる限り妙な真似はする筈がない、と確信している。こうした条件の悪い青年たちの要求を抱擁できる運営をとらない限り、私はできる限り、青年の家は利用すまいと思わざるをえないのだ。

一方では、会社の職員研修や企業内の教育に、青年の家が大いに活用されていると聞く。これは当初では多分予期しなかった、いわば招かれざる客というわけだろうが、しかし、馴れてしまえば上得意の嬉しいお客にもなりえよう。

青年の家の職員に聞きたいことは、こんなことで一体よいのだろうかということだ。現状で満足というなら致し方ないけれど、もしそうでないのなら、どう現状打開の道を考えているのか、ぜひ聞かせてほしいものだ。そして、公民館主事の私としては、公民館の大切なお客さんを、同様に青年の家でもかけがえのないお客さんとして扱いうる運営の方法を工夫してもらいたいと願ってやまないし、またそれなしに職員同士の真の連帯などはかれる筈がないと思う。

（東京都国立町公民館主事）

12　図書館にひとこと

原題――図書館にひとこと②―図書館の専門的役割とは
掲載誌――『月刊社会教育』国土社、一九七七年十月号

ここ数年来、図書館がほぼ全国的に、地域社会に設置され、住民の身近なところまで普及してきたことは、日本の社会教育にとってまさに画期的な飛躍といってよいでしょう。しかも、市民の求める図書を自由に気軽に貸出すという基本的方針の上に、「三つの方法と五つの条件」といった利用者サービスの具体的な方策を実践的に確立し、まさに「市民のための図書館」をめざしていることは全く素晴らしいことと云わなければなりません。そのような図書館の有難さ、社会的役割を充分に認めた上での話ですが、図書館には、いや図書館職員の考え方には大きな問題があるのではないでしょうか。

それは森崎震二編著『いま図書館では』（草土文化）を読んでも感じたことですが、図書館職員は端的に云って、本なら何でも多く貸出しすることができさえすれば、それで住民は賢くなり、社会は前進するといった「楽天主義」の上に、自己満足してしまっているのではないかということです。「住民が求めるもの」なら、何でもできるだけ早く提供すること、それが住民の基本的な権利を資料的に保障することであり、つまり「学習権の保障」であるという考え方が図問研（図書館問題研究会）で確認されているそうですが、私はこの考え方は大変形式的であり、

一番大切なものがぬけているのではないかと感じないわけにはいきません。ここから導き出されるものは「学習権の保障」がどれほどなされているかはつまり「登録率」や「利用率」や「年間借出冊数」で決まるということになってしまいます。

「住民の求めるもの」とはいっても、その「要求」の基礎には、マスコミの宣伝性、テレビの影響　趣味実益的関心といったものが大変強く作用していることは否定できません。かといって、そういう「住民の要求」を軽視するわけにはいきませんが、しかし、それがすべてというわけには決していきません。それなら「貸本屋」と同じになってしまいます。私の考えでは、住民は本当はもっと真剣なものを求めているのです。住民の一人一人は自分の気持ちの中では、自分の生き方や考え方に刺戟を与えてくれるもの、潜在的な問題意識を触発してくれるものを求めているのです。しかし、それが多くの場合、何であるのか、何を読めばよいのかわからないところに問題があるのです。だから、「住民の本当のねがい」に一つの刺戟を与え、自己変革を促す本との出会いを触発する、そういう役割こそ図書館職員がはたさなければならない本当の専門的な役割なのです。

何となく本を読みたいのだが、何を読んだらよいか分からないといった住民の気持ちにどう専門的に応えていくことができるのか。それには住民が置かれている地域の実情を積極的に、的確に探ることが必要でしょうし、公民館などの学習事業に参加している人たちの気持や自主的な集団活動の実体とつぶさにふれ合うことが大切な課題になってきます。読書の本当の意味は、ただ何でも読みさえすればよいものではなく、結局のところ、何をいかに読むかにかかっているのです。

（国立市教育委員会）

13 社会福祉と社会教育

原題――社会福祉と社会教育
掲載誌――『小川利夫社会教育論集第２巻』亜紀書房、一九九八年一月号

わが国の高齢化はかつて人類が経験したことがなかった規模と速度で進んでいる。福祉の先進国といわれるスウェーデンが長い時間をかけて着々と地域福祉のための環境整備や住宅ケアの体制を具現化していったのに対し、その三倍半のスピードで高齢社会となってしまったわが国では、地域福祉の体制はいちじるしく立ち遅れており、しかも、家族依存の伝統的な福祉観が依然として根強く支配している。介護保険制度が漸く日程に上ってはきたが、その内容は大変不充分なものであり、国民の納得を得られるものではない。

今日、人々の生活は豊かになり、明日の糧を心配することはなくなったが、その反面、みなが長生きできるようになったために、老後の不安がそれだけ大きくなってきたことが問題である。「不安」をなくして、安心、安全の保証の上に、日常生活の中で一人ひとりの市民が多様な選択肢に恵まれ、豊かさとユトリを実感できるような地域社会を実現させることが何より緊急の課題であるといわなければならない。

このような状況の中で、社会教育と社会福祉の現状はどうなっているのだろうか。

社会福祉の現場に居て感じたことだが、福祉の分野で展開されている諸活動に参加している人々の中に、公民

館や社会教育で学習した人或いは現に学習している人が殆ど皆無といってよい程見当たらないことである。なぜだろうか。その理由として二つのことが考えられる。

一つは、福祉の分野が依然として古い福祉観に支配されていることである。福祉の実戦部隊の中心は現在も民生委員が占めており、その民生委員は名誉職として市行政を通して国から任命され、行政の福祉協力員を兼務し、その日常活動は行政事務の下請けが殆どであるといっても過言ではない。社会福祉協議会には市民が自由に参加できる部会がいくつかあるが、ここに参加している人たちは人間的誠意をもった、真面目な人たちではあるが、どちらかといえば、きちんとした学習の上で、問題認識を明らかにした後に動き出すというよりは、先ず動こう、実践することが大切だと思っていることである。そして、その実践の中身は従来から続いてきたものが多く、代表的なものは共同募金や歳末助け合いなどの募金集めであるが、全市をあげてのバザーなどは大きな年中行事の一つになっている。近年活発になってきたボランティア活動も新しい息吹を感じさせるものはなく、篤志家による慈善的活動の域を出ていない場合が多い。福祉の分野でいま一番大切なことは学習だと考えるのだが、それが決定的に欠けているために、全体的に古い世界のイメージをかもし出しており、そのことが学習に意欲をもつ人たちに対して魅力のない、別世界の領域として意識されてしまっているのではないだろうか。

社会教育の学習者たちが福祉の参加しないもう一つの理由は、その「学習」そのものにあると考えられる。福祉問題、特に老後問題が社会教育における重要な学習テーマであるという問題意識は公民館主事や社会教育専門職なら誰でも持っている筈である。しかし、にも拘らず、公民館或いは社会教育の学習は現実を直視し、地域を変えていくという意欲を失い、カルチュアセンターばりの「教養主義」に堕してしまっているのではないか。そのことは、大橋謙策氏が指摘するように、「学習の展開は講師まかせで、職員が住民と直接向かい合い、住民の学習の展開や発展を把握し、援助し、助言する機会が弱くなってきた」結果であるということになる。だからこそ、大橋氏は公民館主事は「コミュニティ・ワーカーとしての職務を通して、住民が認識を高め、問題を解決する実践力を身につけられるよう援助し、機会をつくること」を重要な役割にすべきだと主張しているのだが、全く同感である。私自身の経験でも、最近二、三の社会教育の現場に接してみて、学習内容にも疑問をもったが、学習終了後のアフターサービスが決定的に足りないことを実感している。

何はさておき、地域福祉の問題は現代の地域、自治体の緊急にして最大の課題であるという認識の上に立ち、危機意識を深め、実践的意欲を強めること、その上で、「学習」に変革への想いをこめて企画を練ること、公民館主事や社会教育専門職にいま一番期待したいことはそのことである。

公民館主事が社会福祉の現場に接し、地域の状況を的確に把握し、社協職員と連携を密にし、地域変革の、或いは地域コミュニティ形成の実践的戦略、戦術を具体的に模索し合うことが重要である。それにつけても、「社会福祉とくに地域福祉は現代の地域、自治体の最大の問題である。それだけに、地域の住民運動その他総力をあげた合力なしには、一時的な解決も一場の夢と化する」（小川利夫）ほどの大きさと拡がりをもつ問題である以上、それぞれが最も適切で、不可欠の活動を自己の役割として自覚すべきである。そして、それぞれの役割を統合し、リードできるのは公民館（社会教育）であると考える。社会教育法第二〇条「公民館の目的」はいまこそ新たに見直されるべきであろう。

（元東京都国立市公民館長／前社会福祉協議会事務局長）

解説

徳永功さんの仕事 日本公民館史のなかで

東京学芸大学名誉教授
日本公民館学会初代会長
小林 文人

出会い

徳永功さん（以下・敬称略）と小林は同じ世代である。戦後一九五〇年代前半の朝鮮戦争下に学生生活を送り、後半から六〇年代にかけて社会教育の道を歩いてきた。それから現在までほぼ半世紀の道のり、いわば同行の士である。

徳永がその創設を担った国立市（当時は町）公民館の正式開館は一九五五年。その頃、小林は九州にいた。社会教育の道は、いろんな意味で徳永が一歩先を歩いてきた。たとえば「月刊社会教育」への登場は一九五八年十二月号の久野収氏との鼎談（小林は六一年一月号）。社会教育推進全国協議会については、徳永は結成準備委員の一人であり、一九六三年発足時からの運営委員、一九七〇年より副委員長（四年間）であった（小林は六八年より運営委員）。加えて日本公民館史に光彩を放つ国立（くにたち）公民館の創設の中心にあり、そこに至る市民活動や、公民館創成期の企画運営と条件整備に携わってきた経歴を考えると、徳永は小林にとってむしろ瞠目の先輩の存在であった。

二人の初めての出会いは多分、一九六一年の日本社会教育学会だろうと思われる。学会史をみると第一回研究大会（六三年、東大）において、宿題研究「公民館の研究」部会報告者として二人の名前が並んでいる。司会は小川利夫氏（日本社会事業大学・当時）。この研究プロジェクトは二年後に学会年報『現代公民館論』（小川利夫編、一九六五年）へと結実した。そこに徳永功「公民館活動の可能性と限界」が収録され、多くの注目を集めた。小林も同書に「社会教育計画と公民館」を書いている。

数年を経て、小林は九州から小金井の東京学芸大学へ転じ（一九六七年）、縁あって国立に住むこととなった。この年は国立が市政をしき、東京に美濃部革新都政が誕生した年、国立を含む三多摩は激動の時代であった。私は引っ越し作業が一段落して、早速に市民として旧公民館（木造）に出かけた日のことを憶えている。その後、一九八〇年杉並に居を移すまで、国立市の社会教育・公民館活動にどっぷりつかって過ごす十三年間があった。公民館運営審議会、社会教育委員会議、図書館建設審議会、公民館改築委員会、芸術小ホール建設委員会などの委員として市の社会教育に関わり、あるいは中学校ＰＴＡ会長等として市民活動の一角にいた。この時期、徳永は公民館の副館長、館長あるいは社会教育課長を歴任した時期であった。徳永にまず非公式に要請され、小林も期待に応えたい思いから委員をつとめてきたような関係でもあった。二人はよく語り、ときに論じ、愚痴を言い合い、飲みかつ歌い、思い出深い付き合いを重ねてきた歳月。沖縄へ、のちに中国などへ一緒に旅した仲でもあった。

公民館史を担う世代

日本公民館史のなかで、国立市公民館の歩みは、語り継ぐべき幾つかの重要な特徴をもっている。地域の民主主義を求める運動から公民館が胎動したこと、自治的に公立公民館が創り出されていく過程、本格的な公民館事業体系の追求など、公民館としての積極的な創造の歩みが注目された。当時、まわりの公民館に強い刺激を与え、学会等でも公民館論議の焦点となってきた。その歩みの中心に徳永がいた。各地の公民館の一般的な風景とは異なる国立公民館の独自な展開は、徳永の意欲、叡智、情熱に負うところが大であった。

一九五五年の公民館の発足は、公民館の空白地・東京のなかでは遅くはないが、全国的な公民館史から見れば、決して早い出発ではない。公民館設置の文部次官通牒（一九四六年）、いわゆる初期公民館の時期から十年近くが経過している。戦後初期の公民館啓蒙運動期を担った群像たちを第一世代とすれば、徳永はいわば第二世代に属することになる。

しかし初期公民館の時代は、教育委員会法や社会教育法などの制度的基礎がまだ定まらず、文字通り草創の試行錯誤の過程にあった。それでも戦後特有の地域再建・郷土復興の課題に挑戦した運動的実践が「優良公民館」表彰等として記録されているが、職員集団の形成も未発であり、制度的な定着や蓄積にはなかなか結びつかなかった。事実、その後の町村合併の嵐に吸収されたこともあり、初期公民館の多くは姿を消していった。

社会教育法の施行（一九四九年）に続いて、旧教育委員会法による公選制教育委員会が市町村に一斉設置（一九五二年十一月）される。市町村教育委員会を一つの制度的前提とし、社会教育法の公民館条項を法的基礎にして、公立公民館が展開し始める。公民館史はこの段階で初期公民館の時代から大きく脱皮し、全国の市町村に公立公民館が普及する時代がやってくる。次官通牒からは六年余が経過した頃である。ここで公民館は単なる一般行政施設ではなくなり、教育行政の独立性の枠組に位置づいて、専門的な社会教育機関としての方向を発見することになる。東京では国立公民館がその典型的な歩みを拓いた。

自治体の自治性、教育行政（公選制教育委員会）の独立性、社会教育機関としての専門性の原則を目指して、新しい公立公民館の制度創設と骨格づくりに取り組んだという点では、徳永たちの世代が実質的に最初の世代ということになろう。

地域民主主義の運動のなかから

徳永は一九五〇年代の「くにたち公民館—創設期の歩み」について、いくつかの記録（「月刊社会教育」一九七〇年八月号など）を書いているが、実に興味深い内容である。読むたびに当時の（若かりし頃の）意気盛んな徳永の相貌が浮かんでくる。自分たちの住む町をいい町にしていこうという自治への思いと誇りが伝わってくる。学生の文化サークル活動が地域市民運動と結合していく姿も見えてくる。あれからすでに半世紀を経過した現在、なお新しい響きをもって迫ってくるものがある。

その特徴をいくつか取りあげてみる。何よりも地域の民主化や政治刷新を求める市民運動、そして青年・学生（一橋大学）を含む市民サークル活動・文化運動など、草の根からの運動的な公民館設置の取り組みがあったことである。当時、青年の文化サークル「土曜会」（徳永は活動の中心にいた）は、パンフレット「公民館はどういうものか—国立町に公民館の設置を願うにあたって」（一九五三年）を作成しているが、社会教育法条文を援用した質の高い内容である。公民館開館の二年前、住民に向けて「立派な公民館を是非誕生させたい」という趣旨の訴えであった。（国立市公民館創立三〇周年記念誌、八五年）

周知のように日本公民館の一般的な設置形態は、社会教育法の基礎に基づきながら、多くは行政主導により「施し設ける」（施設）かたち、住民は客体としてそれを受ける流れが大部分であった。例外的に、たとえば木曽御料林解放運動を視野に入れた信州・妻籠公民館の誕生（一九四六年）、あるいは原水爆禁止署名運動の拠点となった東京・杉並区立公民館（一九五三年）など、運動との関連をもった公民館がないわけではない。いわゆる「村づくり町づくり」と連動した公民館の事例もあった。国立の場合は、首都圏における文教都市の、学生や知識人を含む市民たちの、地域民主化と「町の政治」刷新等を求める（その意味で政治的な視点をもった）運動の拡がりのなかから公民館創設の歩みがすすめられた。日本公民館史における市民運動による公民館づくりの典型的な事例ということができよう。その後、一九七〇年代の三多摩など首都圏に広汎に拡がった公民館・図書館づくり運動の先駆をなすものであった。

上記「土曜会」の活動は、実際に「のちの公民館活動の内容を用意することになった」（徳永「くにたち公民館―創設期のあゆみ」）点が重要であろう。公民館の開設以前に、コーラス、人形劇、演劇、詩、読書、新聞などサークル活動や、図書館活動等が活発に動いてきた。「文教地区指定運動」や「町政懇話会」等の活動のなかでは講演会や政治学習もあったに違いない。まさに「はじめに住民の学習ありき」（『長野県公民館活動史Ⅱ』二〇〇八年）であり、この歴史が公民館の「主体性の確立」（徳永・前掲「あゆみ」）や、公民館事業編成における市民的視点の追求に結びついてくるのであろう。

創造の歩みと構造化の試み

公民館発足時に徳永はまず公民館運営審議会委員（実質的には職員の役割）となるが、正式に職員となるのは職員給与が認められる翌年（一九五六年）のことであった。施設は旧自治体警察署の転用、市民の集会機能を実現していくために一歩ずつ改造していく歩みであった。旧警察の部屋を壊しながら、市民に開かれた空間を創造する作業、その流れのなかから、ホールの新設（六一年）、集会室の増設（六三年）、保育室・青年室の新設（六七年）などが続く。すべて市民諸団体の「積極的な努力と運動によってかちとられたもの」と徳永は述懐している。これが一九七〇年代後半になると多元的な市民参加による公民館改築の論議となり（いくつかの妥協を経て）本格的な現在の公民館施設が実現する。七〇年代を経て八〇年代の公民館活動の高揚は、この新しい施設（公民館保育室、わいがや喫茶・青年室、市民交流ロビー、ホール、公民館図書室等）を拠点とする展開であった。当時、小林も公民館運営審議会委員、改築委員として参加していたが、委員会の活発な議論と熱気はいつまでも忘れない。木造の旧公民館のたたずまいとともに今も脳裏に深く残っている。

施設の作り直しは施設空間の創出の過程であったが、併行して職員集団の形成の歩みがこれに重ねられていく。当初はゼロであった人的体制が、年を追うごとに次第に充実していく。それも量的な集団化にとどまらず、専門職集団としての質的な充実が求められた。国家法制において公民館主事の専門職的位置づけは不備である。それだけに国立では自治体として主事専門職化の努力をしてきた点が重要である。教育委員会規則として「公民館指導係の職員は、社会教育主事又は主事補をもってあてる」（公民館処務規則第四条）こと、公民館主事の機構上の位置づけ、課長職としての副館長等の制度上の改善だけでなく、職員相互の専門的力量の尊重、職務の自律性、討議や研修の活発化など、公民館運営上での努力や工夫があった。公民館職場の、ときには論争を含む自由な雰囲気が印象的であった。

あと一つ、徳永の公民館創設の仕事は、当然のことながら公民館の事業編成をどうすすめていくかに大きな力点があった。一九五五年の出発からの十年は、その骨格づくりの歳月であったと思われる。注目を集めた徳永論文「公民館活動の可能性と限界」（社会教育学会年報『現代公民館論』、一九六五年）は、その挑戦の記録である。求められる人間像、新しい市民像、それに応えようとする公民館活動の三つの役割論、具体的な事業計画、諸講座の編成など多彩である。とくに一九五七年から始まる現代教養講座（連続講演会方式、申込者が殺到したという）、さらに歴史・思想・経済についての集中講義方式（一九六四年〜）、そして「市民大学セミナー」方式（一九六六年〜）への発展は、市民の学習の構造化と公民館事業の構造的編成・体系化への取り組みと言えるものであった。公民館の事業を構造的に組み立てながら、その中心に「私の大学」「市民の大学」としての公民館イメージをくっきりと浮かびあがらせることになった。日本公民館史に残る鮮やかな足跡である。

公民館三階建論と三多摩テーゼ

公民館活動の〝構造化〟に関して、すぐに思い出されるのは「公民館三階建論」(一九六四年)であろう。徳永の呼びかけにより一九六一年に始まった「三多摩社会教育懇談会」(略称・三多摩社懇談)、これに二年ほど遅れて参加した小川利夫氏(当時は三多摩が主な活動フィールド)、年齢的には三十歳代を中心とする若い世代の活発な論議から「三階建論」は提唱された。その具体的な実像として、国立公民館の「三つの役割」(住民の自己解放の場、集団的な学習と文化創造の場、継続的な政治学習)の実践があったことを見逃してはならない。上海工人文化宮の紹介に刺激されつつ、小川の「感性豊かな詩的直感」や「飲んでは語り、語っては飲む反復」(徳永)の議論から生まれたが、国立公民館の存在がなければ、この構想は世に出なかったのではないかと推測される。従来の農村型公民館の立地条件とは異なる都市化の激しい三多摩という土壌に開花したいわば都市型公民館像であった。公民館とは何か、いかなる役割を果たすべきか、と模索する公民館関係者に、分かり易い言葉で、具体的かつ構造的なイメージを用意した「三階建論」の意義は大きい。

そして一九七〇年代へ。都市化が進み都市問題が激発する状況のもと、「三階建論」をさらに発展させる方向で提唱されたのが東京「新しい公民館像をめざして」(三多摩テーゼ、一九七三〜七四年、東京都パンフレット)であった。小林は「三階建論」の論議には加わっていない(まだ九州にいた)が、「三多摩テーゼ」づくりでは徳永とともに東京都が委嘱した「資料作成委員」の一人であった。一九七二年から七四年にかけて続いた楽しい論議が忘れられない。国分寺市公民館の進藤文夫氏なども一緒で、当時の躍動する三多摩各地公民館の実践潮流に背を押されるかたちで、「新しい公民館像」を描いた記憶が蘇ってくる。市民だれにも理解できるような表現で、公民館「四つの役割と七つの原則」が提起された。構想づくりの基礎には、国立市公民館はじめ三多摩各地の公民館の実像があったのである。

社会教育専門家のなかには、公民館三階建論と三多摩テーゼを同一視する人がいるほど、両者は同根の構想であり、都市型公民館像として同じ系譜に属していると言えよう。しかし、前者から後者への発展をどう打ち出すか、当時の論議のなかで強く意識されたことであった。この間にはすでに十年の歳月があり、地域の「新しい公民館を求める住民運動の高まり」（同「はじめに」）は、国立にとどまらず、大きな展開をみせていた。公民館の基本的役割は、三つの役割だけでなく、「文化創造の場」を特立した四つの役割となり、さらに運営についての七つの原則、具体的な施設空間の表示、とくに公民館職員論（七つの職務論を含む）の体系化が盛り込まれている。同パンフの最終頁には「公民館主事の宣言」五項目が掲げられているが、この部分は、とくに徳永の主導によって作成されたことを記しておきたい。

いまひとたびの

ここまで書き進めてきて、与えられた紙数が尽きてしまった。徳永の仕事はもちろんその後も精力的に続く。小林は三多摩テーゼに関わった数年後に沖縄研究に目を移し、東アジアとの交流に追われるようになった。しかし三多摩を忘れたわけではない。その後、三多摩テーゼについて、公民館「事業論」が弱いこと、住民自治やマイノリティへの視座が少ないこと、公民館の地域創造に果たす役割こそが重要であり、都市型を超える公民館の展望を拓く必要を書いたこともある。（小林「三多摩テーゼ二十年」、徳永「テーゼ作成の回想」『三多摩における社会教育のあゆみ』Ⅶ、多摩社会教育会館、一九九四年）

徳永の仕事は、その後は公民館のステージから大きく跳躍して、国立市の政策企画行政に携わり、さらに教育行政全般を束ねる教育長の要職を八年もつとめた。国立市公民館だけでなく、図書館や郷土文化館や芸術小ホールを含む自治体の社会教育・生涯学習の計画化とその発展に重要な役割を果たしてきた。

しかし日本公民館史から見ると、徳永の仕事は一九八〇年頃から公民館に限定されるものではなくなった。小林は心の隅で「いま日本の公民館に徳永さんがいたら、どんな発言をするだろうか？」と考えたときがあった。日本の公民館の退潮が続くなか、現代的な公民館の再生の議論を〝いまひとたび〟赤々と燃やしたい、とくに公民館主事（社会教育職員）の専門職化へ向けて全国的な組織と運動を一緒に始めたい、そんな夢をもっている。

個の自立と地域の民主主義をめざして

徳永功の社会教育

2011年11月25日　初版発行

著者　徳永　功
〒186-0005
東京都国立市西1-15-1

発行者　大塚智孝
発行所　株式会社エイデル研究所
〒102-0073
東京都千代田区九段北4-1-9
TEL. 03-3234-4641
FAX. 03-3234-4644

装幀　堀木一男（デザインコンビビア）
本文DTP　大友淳史（デザインコンビビア）

印刷・製本　中央精版印刷株式会社

ISBN978-4-87168-498-9　Printed in Japan